JN033513

ポスト資本主義時代の地域主義

草の根の価値創造の実践

真崎克彦・藍澤淑雄

編著

明石書店

序　文

　本書の刊行間近の2024年初頭、能登半島地震後の処置が問題になっています。政府対応の初動の遅れ、支援物資やマンパワーの不行き届き、被災者の生命や健康や安全を守れない避難施設、先行きの見えない生活再建計画、などです。これまで経済「大」国たろうとするあまり、生活保障の取組みが二の次にされてきたツケではないか、とまで一部メディアで報じられています。

　経済「大」国志向の問題は、政治資金パーティーをめぐる裏金問題でも白日のもとにさらされました。「パーティー券」という名目の実質的な「献金」制度で、高度経済成長期の旧弊に他なりません。政治家が企業の意をくむことで経済を循環させ、規模を拡大した「成功」体験から離脱できません。

　その旧弊が「目も当てられない」現況に行き着いたことは、大阪・関西万博（2025年4月開幕予定、世論調査で「開催の必要なし」の回答が大半）をめぐる悶着からも明白です。被災地復興からカネ・モノ・ヒトを奪うことが懸念されるのに、政府は決行予定を見直そうともしません（執筆時点）。

　こうした中、「公（おおやけ、「皆」にとって善いこと）」とは何なのかが、ますます問われています（本書の第2章参照）。これまで政府首脳や企業幹部などの権力者が「公」の決定を牽引してきましたが、今後はその過程で声が顧みられにくかった人たちや集団の福利にも資する、「皆」のためになる「公」観念を構想し直し、その実現の方途を検討しなくてはなりません。

　本書ではその手がかりを探るべく、「ポスト資本主義」（非資本主義的な原理による体制への移行）時代の「地域主義」のあり方を考察します（第1章）。国内外を問わず昨今、生活困窮や環境破壊、紛争や人権侵害が収まる気配を見せません。その背景には、利潤追求やその元手たる資本の増殖を際限なく進めようとする資本主義のグローバルな広まり、という背景事情があります。その結果、人の暮らしや生命への危機が世界各地で高まりました。

＊　＊　＊

　こうした現況に抗うべく、国内外で非資本主義的なローカル経済の振興が活性化してきました（第3、4、5、6章）。資本主義では建前上、経済活動を「自由」市場に委ねることで「豊かな」社会づくりが実現することになっています。し

かし、現実には政治と企業の癒着が示す通り、市場経済は権力者の過剰な「自由」に行き着きます。対するローカル経済ではそうならないよう、人どうしのつながりや自然との共生を大事にしながら、人の生存・生活に資する「豊かさ」という、万人のための「自由」を推進します。

　そうした「豊かさ」が地域住民主体で希求されるようになれば、社会のレジリエンスを高めることにもなります（第7、8、9章）。レジリエンスとは、従来の暮らしを守り、危機に応じて適宜、暮らし方を変えていく社会の力です。地域主義に即して、自然や文化などを背景としながら地域の人たちが一体感を持って政治的・経済的な自主独立を追求すれば、環境破壊や生活困窮化などのグローバル課題の広まりから暮らしを守り、草の根から課題対処を進める土台としてのレジリエンスが地域社会に備わってきます。

　以上のような地域づくりは、子どもの成育に好ましい環境を整える意味も持ちます（第10、11章）。子どもや保護者にとって、日々暮らす地域で他者と信頼関係を築くことが大切です。そうしたつながりがあることで、子どもたちは居場所を見つけて伸び伸びと過ごせますし、地域で子どもたちを見守れる下地ができます。困難を抱える親子の孤立やその背景にある社会の分断が目立つ今日、地域でいかに信頼や絆を育められるのかが、ますます問われます。

　大学教育においても、地域と関わる活動が注目されるようになりました（第12、13章）。学生や大学関係者は地域に関わる機会を通して市民感覚を養うことができます。生活圏のローカリゼーションを進め、地元の経済振興や社会づくりを地域住民の手で行うことが求められる中、地域の関係者も学生の学習意欲やアイデアを寛大に受け入れ、立場や考え方が違うからこそ従来はなかった着想を得て、それに基づく新たな活動につながることがあります。

＊　＊　＊

　権力者による過剰な「自由」が横行し、「目も当てられない」世情となる昨今、哲学者のマルクス・ガブリエルは「倫理資本主義」を説きます（『世界史の針が巻き戻るとき』PHP新書、2020年）。他方、「ポスト資本主義」論はしばしば「資本主義か否か」といった対立構図で語られ、「倫理」的な資本主義の可能性は否定されます。しかし、そうしたスタンスでは相手をやり込めることに力が注がれ、対立構図がより堅固になりかねません。

　そうではなく、対立をめぐって異なる価値が併存する中、それらの「あいだ」に新たな高次の価値を共創する姿勢が欠かせません（第14章）。ガブリエルは対立生起の根源問題として、自らの価値と相容れない他者を非人間化する（意思疎通が不可能な存在として貶める）、という人の性向を挙げます。そして、その克服の方途として「意味の場」（社会事象を支える価値体系）という概念を提起します。たとえば資本主義称揚論の背後には、「自由」な経済取引で富を最大化することをよし、とする「意味の場」があり、それに賛同する人たちを非人間化してはなりません。賛同者を取り巻く「意味の場」を受け止め、そこに働きかけてこそ、問題解決の本質が見えてきます。

　資本主義の賛否で衝突し合う「意味の場」どうしが完全には相容れ得ない点を前提としつつ、新たな価値（「意味の場」）の創造が望まれます（第15章）。混迷を極める時勢の中、哲学者の千葉雅也は「単純化したら台無しになってしまうリアリティがあり、それを尊重する必要がある」と述べます（『現代思想入門』講談社現代新書、2022年）。本書の各章が示唆するように、地域をめぐっては種々の「意味の場」がせめぎ合いますが、だからこそ、そこに可能性に満ちたリアリティを見出せます。この点を踏まえて、地域にてより価値ある別の「意味の場」をどう構築できるのかを検討すべきではないでしょうか。そうせず、地域の複雑な状況を「単純化したら台無し」になりかねません。

＊　＊　＊

　本書は、国際開発学会『市場・国家との関わりから考える地域コミュニティ開発』研究部会（2019年10月〜2022年9月）の全報告者（国外の報告者は除く）による共著です。部会を支えてくださった学会関係者の方々に感謝申し上げます。お一人ずつお名前を挙げることは紙幅の関係上、差し控えます。

　末筆ながら、明石書店の大江道雅様と森富士夫様には本書だけでなく、共編者が出会うきっかけとなった『変容する参加型開発』（2008年）以来、数々の著書で多大なお力添えを賜ってきました。心より御礼申し上げます。

2024年2月
真崎 克彦
藍澤 淑雄

ポスト資本主義時代の地域主義—草の根の価値創造の実践—
目　次

第一部　協同性に根差したローカル経済

第三部　地域のつながりで育つ子ども

第四部　地域と関わり合う教育

はじめに

第1章

ポスト資本主義時代における地域主義

真崎　克彦

Ⅰ．ポスト資本主義─「対抗」と「構想」のバランス

ポスト資本主義（資本主義とは異質の原理による体制への移行）が緊要課題となっている。地球規模で自然環境を踏みにじり、富の偏在を強める資本主義体制は「限界」を迎えた（斎藤 2022b, pp.69-72）ためである。資本主義とは利潤やその元手となる資本を無限に増殖させようとするシステムを指し（岩井 2006, p.80）、次のように正当化されてきた。経済活動を市場原理（モノ・サービスの自由で自発的なやり取り）に委ねれば、売り手と買い手にとって望ましい取引や分業が実現され、全体として効率よく富を増やす経済体制が構築される。

しかし、こうした成長至上の考え方では、経済人類学者のカール・ポランニーが指摘した通り、経済を「形式的な意味」（経済合理性や効率性の観点）で把握することになり、「実質的な意味」（人間の生存・生活との関わり）をとらえ損なう（若森 2015, pp.187-188）。環境破壊につながろうと、自然災害の原因になろうと、感染症の発生に加担しようと、経済格差が広がろうと、各々の経済主体による利潤の追求が重んじられ、そうして経済の量的な拡張が優先的に追求される。資本主義にはこうした陥穽がある。

それでも以前、「先進」諸国では蜜月時代があった。雇用主と労働者の双方に儲けをできるだけ公平に分配するという暗黙の了解のもと、経済成長に応じて労働者の所得が増えた時代である。しかし、蜜月も1990年代末に終焉し、労働分配率（利潤に占める労働者の取り分）が低調となった（水野 2012, pp.66-70）。その背景には1970年代の後半以降、国内における安い労働力の調達が難しくなり、市場の需要も飽和状態に近づいた上に資源価格も高騰し、利潤拡大の余

地が狭まったことがある（岩井 2006, pp.81-83）。

　それにつれて資本主義の重点は「ナショナル」単位から「グローバル」な成長追求に移り、次の末期的状況を生んだ（水野 2012, p.12）。第一は、労働分配率の低下による「先進」諸国内での格差拡大や生活困窮化である。第二に、経済グローバル化による貿易や資本流入、技術革新の広まりを享受した「新興」諸国が登場し、それら諸国で生活水準が上向いた一方、地球全体では市場競争の圧力と自然環境への負荷が増した。第三は、国境をいとわずにグローバルに儲けを求める金融経済（「マネーでマネーを生む」利潤追求）[a]の肥大化である。金融経済は今では、実生活上の必要やニーズのためにモノ・サービスを交換する実体経済を凌駕するようになっている。

　こうした事態を是正する鍵は、「ローカル」な経済循環の推進に見出せる（広井 2015, p.190）。地域内に経済機会やコミュニティ的なつながりを生み、過度の成長追求やそれによる自然破壊や生活困窮化を抑制する。そうすれば市場競争や効率性による利潤追求の「過剰の抑制」や富の「再分配の強化・再編」といった、資本主義の課題対処に向けた道が敷かれる（広井 2015, pp.206-209）。

　経済思想家の斎藤幸平によると、「過剰の抑制」や「再分配の強化・再編」を実現するには、資本主義を斥けなくてはならない。「既存の資本主義という枠組みの中では、いかに問題を解決しようと努力しているふうに見せかけていたとしても、その体制を維持するためのまやかしでしかない」[1]（2022b, pp.76-77）ためである。その上で SDGs（持続可能な開発目標）、ESG（環境・社会・企業統治）投資など、自然環境や人間社会の保全を顧慮した「より良い資本主義」[b]（グリーン資本主義）を論外に置く。

　このような議論は、現行体制の悪弊に断固として「対抗」する勇気と確信を与える（大澤 2023, p.360）。ポスト資本主義に必須の姿勢である。同時に、別体制「構想」[2]の追求が覚束なくなる、という課題もはらむ。資本主義を「説明し尽くす」ことでポスト資本主義像を「理解できたもの」にしたい、という論者に遍く見られる性向（山本 2017, p.65）のためである。それでは現行体制に内在

用語解説 [a] 金融経済：実物（モノ・サービス）のやり取りではなく、金融資産（通貨や株式や債券など）の取引による経済。
　　　[b] ESG 投資：資産形成だけでなく、環境保全や社会課題への貢献、企業統治の健全性も踏まえて投資先を選定する資産運用。

する「複合的かつ重層的な動き」(占沢 2017, p.26) をとらえ切れず、かえってポスト資本主義推進の方途を「説明し尽くす」ことができなくなる。

そうではなく、資本主義への「対抗」と「複合的かつ重層的な動き」を踏まえた「構想」のバランスを図る必要がある。現行体制では成長至上の資本主義だけでなく「より良い資本主義」、そして地域主義に即した「ローカル」単位の経済振興の動きも存する。それらは個別に展開されるのではなく、「隠れたつながり」を持つ。その「つながり」に着目した上で、どうすればシステム全体が良い方向に進むのかを探究すべきではないのか (Wahl 2016, p.83)。

さもないと総合的視座を持たずに特定面に光を当てる、という近代的価値に陥る。近代的価値とは、単純な論理のために万人受けし、世界大に広まった諸観念である (佐伯 2015, pp.83-84)。その最たる例が、「市場競争で富を増やせば暮らしは良くなる」とする安直な資本主義称揚論である。同じように「より良い資本主義」を「まやかし」だと安易に切り捨てて論外に置くと、資本主義称揚論と同根の単純な論理という近代らしさになびきかねない[3]。それでは現在の常識範囲 (近代的価値) 内にいながらそれ以外のすべてを変えようとする、という「本末転倒」になってしまう (大澤 2023, p.359)。

資本主義をめぐる課題対処は、そのような単純な論理では立ち行かない。こうした観点より「複合的かつ重層的な動き」に絡めて「ローカル」単位の経済循環の推進を説くのが、1970年代より日本国内で提起されていた地域主義である。次節では、ポスト資本主義が求められる今日、地域主義がいかに有用な視座を提供し続けるのかを考察したい。

Ⅱ. 地域主義の概要——「複合的かつ重層的な動き」の重視

地域主義が提起された背景には、当時の日本にて「ナショナル」な高度成長が果たされ、市場や国家の管理・支配[c]が強まっていたという時勢があった。結果として地域の衰退が進み、後者の再建を謳う声が高まっていた (玉野井ほ

用語解説 [c] 市場や国家の管理・支配：自らの労働力を賃金と引き換えに「売る」人が増えるとともに、「良き」労働者になるよう幼少期より公教育で教え込まれるようになり、暮らしの諸側面 (生活保護、医療、年金など) でも国家に「頼る」度合いが高まった状況。

か 1978, p.v)。地域が住民主体の「人間の生活領域」としての性格を弱め、外部企業や公共事業による投資に生計を頼った「資本の活動領域」へと転じてきた（岡田 2012, p.203）帰結である。

　高度成長は経済的自由や貧困削減とともに、責任感と相互扶助の後退ももたらした（玉野井 1978, p.15）。無責任な大量生産・大量廃棄社会の出現、その帰結たる環境破壊やエネルギー問題（玉野井 1978, pp.10-11）、相互扶助に基づく地域共同体の減退、農業意欲の低下と出稼ぎのような不安定兼業の増加、山間集落を中心とした地方の過疎化（玉野井 1978, pp.8-9）といった後退である。

　地域主義ではそうした中、「地域に生きる生活者たちがその自然・歴史・風土を背景に、その地域社会または地域の共同体にたいして一体感をもち、経済的自立性をふまえて、みずからの政治的・行政的自律性と文化的独自性を追求する」（玉野井 1990, p.88）。人どうしの顔が見える地域を生活基盤として、人間と自然の正常な物質代謝を軸としながら（自然）、できるだけ地域内の生産や交易を基盤とした生計を営む（経済）。また、住民主体で定めた方針に即して地域運営が進み（政治・行政）、地域の風土や歴史に根差した景観や行事も継承され、発展していく（文化）。自然、経済、政治・行政、文化が重なり合う地域本来の姿の追求（岡田 2012, p.203）である。

1　地域を包摂する「ふくらみ」

　玉野井芳郎をはじめとする地域主義の提唱者は、地域の定義を無理に統一せず、「言葉にふくらみと、豊かな内容をもり込み、〈地域〉の生活を充実させること」に力点を置いた（玉野井ほか 1978, p.iv）。たとえば清成忠男は、基礎的な生活単位の町村、それらの文化的・経済的な拠点たる市、そして市が複数集まって形成される地域圏の3タイプの地域を措定する（松下ほか 1982, p.122）。

　そうした「言葉のふくらみ」は、地域主義が地域だけを重視するわけではない（増田 1978, p.21）点にも表れている。地域主義と相通ずる内発的発展論[d]を提唱した鶴見和子は、玉野井の著作集の編者として、地域主義の特性を次の通り解説する。「地域共同体から出発して、より大きな地域社会へ、国家へ、そし

用語解説 [d] 内発的発展論：近代的発展像（資本主義、工業生産、民主主義などの広まり）を一律的に当てはめず、地元の風土に即した地域独自の発展像を住民どうしで探るよう説く理論。

て国家をこえる地域と地域のつながりへ、小さいものから大きいものへと、積み上げてゆく」(鶴見 1990, p.260)。

同様の「ふくらみ」は、自然・生態系の面にも見て取れる。自然空間の質的差異に根差した多様性保全の重要性は、対面生活圏に限定されない。それらが組み合わさった地域圏、そして国総体の風土に内在する多様性の保全も大事であり、そうして自然的差異への顧慮は、世界各地の自然・生態系を重んじる地球的意識にまで広がる(玉野井 2002, pp.57-58)。

さらには、中央を包摂した複数的個性を志向する点にも地域主義の「ふくらみ」が見て取れる。東京も個性的な一地域になり(玉野井 1990, p.27)、そこを首都とする近代国家も(東京を含む)各地の個性を活かした多中心型の制度になる(玉野井 1990, p.89)。そうして「複合的かつ重層的」に地域自立を推進する。しかもそれに照応して、中央をあるべき姿へと復位する(玉野井 1990, p.86)。

また、地域主義の「ふくらみ」は、経済の地域内循環が併せ持つ限界にも絡む。地域内循環の推進には中央政府や地方自治体の役割が大切となる(増田 1978, p.39)。地域には資源分布や気候・風土による形勢の差異があり、場合によってはその是正を公権力で行う必要もある。さらには地域主義には広域の市場経済との関わりも無視できない(玉野井ほか 1978, p.v)、他所の経済循環に(交易や外部資本・技術の受入などで)巻き込まれながらも、地域的特性を有する産業を確立することが大切になる(清成 1978, pp.52-53)。

2 近代による「裁断」の超克

以上の地域主義の「ふくらみ」は、次のように表すことができる(広井 2015, p.179, p.204)。①暮らしに必要なモノ・サービスはできるだけ地域内で生産し、②そこで賄えないモノ・サービスはより広域市場で交換し、③地域間の再分配を政府・自治体が担う。つまり、地域は外生的な文明の果実(②③)を享受しつつも、それらが暮らしを過剰に支配しないよう地域主体の動き(①)を活性化する(玉野井 1990, pp.152-153)。もちろん今日、経済活動による環境負荷は臨界点をいつ超えてもおかしくなく(斎藤 2020, pp.62-63)、自然・生態系に適合した産業構造への転換が必須である(玉野井 2002, p.55)。

地域主義はこのように、市場や国家の優位性を前提として地域生活を軽んじ

る「近代主義による裁断を越えたところ」を目指す（玉野井ほか 1978, p.v）。その序列化に抗して、上記の鶴見の引用にある通り、地域から出発して広域の市場や国家とのつながりを築き直す。そうして市場や国家の管理・支配のもとでの地域の衰退に歯止めをかけるべく、地域にくわえて市場と国家も射程に入れた総合的視座を目指す。

　たとえば前出の斎藤は、反資本主義の「脱成長コミュニズム[e]という到達点」（2020, pp.195-198）を提起する。資本主義に断固として「対抗」する大事な視点である。同時に、それだけでは資本主義か否か、という単純な二項対立の近代的「裁断」を下すことにならないだろうか。そうした「裁断」を回避するには特定の「到達点」のみを引き立てず、それを一要素として包摂した「複合的かつ重層的な動き」を斟酌しながら、別体制「構想」を探るべきではないか。鶴見も「あらかじめ到達点を設定しない社会変動論」が必要であると考え（赤坂ほか2015, p.58）、「何ものも排除せず」に考察するよう説く（鶴見 1999, p.344）。

　もちろん反資本主義の「到達点」は、次の現実に注意を向けるという大事な役割を果たす。今日、自主独立の拠点になり得ないばかりか、解体の危機に瀕する町村や小都市が散見される（赤坂ほか 2015, pp.69-70）。こうした地域疲弊は、富の偏在と多数者の困窮を生む資本主義に負う（斎藤 2020, pp.234-239）。だからこそ地方疲弊の是正には資本主義への「対抗」が欠かせない。

　同時に、地域主義による「構想」づくりは「虐げるものをはね返すというだけでは片づかない」課題である（玉野井 1990, p.219）。「資本主義の機構のなかに組み込まれているという現実」に鑑みて、いかに「実体分析に立って実現していくかの方法と条件の模索」が欠かせない（山本 1982, p.134）。

　なぜなら、反資本主義はいくら「それ自体として」正論であったとしても「私たちにとって」は直視したくない課題であり（大澤 2021, pp.193-200）、背を向けがちとなる（大澤 2021, pp.212-216）ためである。「共同体による干渉も国家による命令もうけずに、みずからの目的を追求できる」（岩井 2006, p.85）と思わせる資本主義の魅惑に多くの人は浸かっている。

　ただし、これは現状甘受の勧めではない。反資本主義も「主流文化の外にあ

用語解説 [e] 脱成長コミュニズム：成長至上の資本主義からの離脱（「脱成長」）とともに、暮らしの自律的・水平的な共同管理の推進（「コミュニズム」）への移行を説く思想。

るもの」になり切れず、そこに「吸収」されかねない（Fisher 2022, pp.8-9, 電子書籍）点を踏まえた、「実体分析」の勧めである。経済思想家のマーク・フィッシャーのこの議論を解読した谷川嘉浩によると、「主流文化」とは「インスタントで、わかりやすい感覚やコミュニケーション」を軸とする、資本主義のもとでの消費主義である（2022, p.44）。

　資本主義か否かを問う反資本主義も「わかりやすい」二項対立に則っており、「インスタント」に万人に伝わりやすい。その点で、資本主義の「主流文化」に「吸収」されやすい面がある。そうならないよう（反資本主義の「対抗」スタンスを堅持しつつも）「インスタント」には示すことのできない、実質的なポスト資本主義の「構想」を探ることが欠かせない。谷川がフィッシャーの議論に絡めて論じるように「「すっきり」と「もやもや」を使い分ける」必要性である（谷川2022, pp.50-53）。「もやもや」とは、一筋縄ではいかない「複合的かつ重層的な動き」を踏まえた「実体分析」である。[4]

　断固たる「対抗」姿勢は万人に「わかりやすく」、その必要性を社会に知らしめる力になる一方、資本主義にも都合が良い。万人受けしやすい分、手本として資本主義に組み込まれやすい面を併せ持つからである。歴史的に見ても、反資本主義の側が資本主義の悪弊を解明し、別体制の構想を練る間に、資本主義の側でそれをヒントに修正が図られてきた（Roth 2015, p.111）。そうして、資本主義は反対勢力を取り込んできた。[5]

　この歴史を踏まえると、不徹底で穏健にすぎないにせよ「目の前の問題を暫定的かつ部分的に解決」しながら、資本主義の「内から」正論に漸近していくことが望まれる（大澤 2021, pp.17-21）。こうした議論は「概念整理や明晰化を生業とする研究者にフラストレーションを募らせるかもしれない」が、それはあくまで論者の側の問題である（山本 2017, p.70）。鶴見も持論の内発的発展論を手放しで称揚する一部の反近代化論者の姿勢について、それで「社会を全部切られたらどうなるの」と困惑していた（赤坂ほか 2015, p.232）。

III. 地域主義の推進——「関係論的な発想」の発揚

　では、地域主義に資する「実体分析」をどう進めれば良いのだろうか。その

鍵は、こちらが正しくて向こうを変えなくてはならないとする「個体的な発想」ならぬ、「関係論的な発想」にある（小熊 2012, pp.349-372）。そうしてそもそもの問題構造をひも解き、一見対立するしかない異論の間に高次の関係性を見出し、より永続的な解決の展望を開こうとする。

　斎藤の脱成長コミュニズム論は、資本主義の悪弊に「すっきり」とした姿勢で臨む勇気と確信を与える。同時に「個体的な発想」より「より良い資本主義」を論外に置くために「もやもや」とした「複合的かつ重層的な動き」が見えず、逆に資本主義か否かという二項対立の近代的価値を体現している。『さらば、資本主義』を著した社会思想家、佐伯啓思によると、そうした近代的価値は対立と衝突による混沌を生む（2015, p.88）。脱成長コミュニズム論に対して「もっと資本主義を！」（柿埜 2021, p.196）と反論する書物が出版されたように、異論を架橋できない混沌状態に行き着く。

　そうならないよう「関係論的な発想」で諸論を射程に入れた「実体分析」が求められる。そのためには、「何か「世界」なるものが、われわれの外にあって、そこで問題が発生しているのではなく、われわれもそこに含まれ、いやがおうでも当事者になってしまっている」（佐伯 2015, p.89）点を自覚する必要がある。斎藤自身も日本各地の取材録で省察するように、現場に出向いて関係者と語り合いながら、持論を「学び捨てる」こともいとわず、課題対処の方途を探ることが欠かせない（2022a, pp.196-219）。

　では、そうした「関係論的な発想」が地域主義の推進にどう資するのだろうか。近代の問題が「もやもや」感を二の次にした「すっきり」とした「裁断」にあるとしたら、近代の末路たる成長至上の資本主義に向き合う際、同根の近代的「裁断」を下してはいけない。こうした趣旨より以下に考察を行う。

1　従来型からシステム思考への転換

　「関係論的な発想」を採るのが、システム思考[f]である。そこでは、「他者がわれわれを取り巻く問題の責任者であり、変わらなくてはならない張本人である」（Stroh 2015, p.28, 電子書籍）とする「個体的な発想」が戒められる。代わりに

用語解説 [f] **システム思考**：課題をめぐる諸要素のつながりを踏まえて全体像を明らかにすることで、より実効性のある課題対処のあり方を探るアプローチ。

次の「関係論的な発想」に立つ。「われわれは気づかずに問題を自らつくり出しており、自身の身の処し方を変えれば、問題解決を大いに制御し、それに影響を与える力を持つことができる」(Stroh 2015, p.28, 電子書籍)。

　問題が「気づかずに」生起する背景には、論者の間で遍く共有されてきた従来型思考(Stroh 2015, pp.26-29, 電子書籍)がある。従来型思考では時計職人が時計を分解・修理するように、問題原因(たとえば成長至上の資本主義)を特定してその対処に取り組む。しかし、それでは機械論的(機械修理のように問題を見なす)で還元主義的(問題原因を特定パーツに求める)になり、問題をめぐる諸構成要素の相互関係に注意が向かない(Wahl 2016, p.79)。問題構図を単純にとらえる点で、誰もが理解できる先述の近代的価値に即した思考である。

　システム思考では、冒頭でふれた諸要素の「隠れたつながり」を踏まえて、「3地平(Three Horizons)」モデルが採られる(たとえばLeicester 2020, pp.46-50, 電子書籍 ; Hodgson 2020, pp.48-51, 電子書籍)。H1が利潤追求や開発主義に偏重した成長至上の資本主義、対するH3は市民主体で「ローカル」な地域循環による環境保全や社会運営に取り組む(脱成長コミュニズムで承認されるような)動き、そしてH2は「より良い資本主義」を指す。

　図1が示す通り、ゆくゆくはH1やH2によってH3が支えられるような位置関係へと勢力図を変えるべく、「いままで周辺にいたもの(中略)を真ん中にもっ

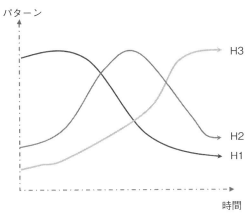

図1　「3地平」モデル
出典：Hodgson 2020, p.48のFigure3.4を基に筆者作成

てきて」各地で独自の発展経路を見出す（鶴見 1999, p.344）。そのために、H3のみに頼るしかないと考えず、H1やH2も含めた複数関係者の対話による未来構想の共創を目指す（Wahl 2016, p.147）。そのプロセスは包摂的で参加型、非独断的で協調的となる（Wahl 2016, p.147）。

　もちろん「3地平」の絡み合いいかんで、どう展開するのかは変わってくる。だからこそ「航空機を空中に浮かせたまま、新たに現れるさまざまな未来状況に合わせて再設計を進める必要がある」（Leicester 2020, p.50, 電子書籍）。そうして「相反する可能性のある複数の未来シナリオ（たとえば悲観と楽観の両側面）に向き合い、未知なるものや独創性に出くわす余地を残す」（Hodgson 2020, p.68, 電子書籍）。

　たとえば、地域経済振興で知られる東和地区（第3章の事例）は、局所的で暫定的にせよ、H1やH2によってH3がサポートされる「余地」の存在を示唆する。有機農業用の堆肥を製造する東和の地場産業は、地元の食品会社やスーパーチェーンより食品残渣を調達する。また、ある大手航空会社は機内誌やウェブショップを通じて、耕作放棄地をブドウ畑に転換して製造される地元産ワインを販売していた。さらには、ある著名な旅行業者は東和で民宿を経営する有機農家と組んでツアーを開催する。

　こうした「余地」に鑑みれば、「より良い資本主義」の旗印のもとでいくら自然環境や人間社会を顧慮しても「まやかしでしかない」と論じる先述のH2批判は、独断的で非協調的にならないだろうか。H2称揚論は「一部の都合のいいところだけを切り出したりしていないかをもっと丁寧に見ていかないといけない」（斎藤 2022b, p.83）と言うが、逆にH2批判も「いいところ取り（功罪の「罪」のみに着目）」になっていないのだろうか。

　そうならないよう、システム思考による総合的な視座が望まれる。「第一の地平（H1）の課題に取り組むとともに、第三の地平（H3）の種を育てる必要性を受容する成熟した視点」を通して「イノベーションのポートフォリオ」を作成する（Leicester 2020, p.50, 電子書籍、括弧内は引用者）。現行体制の修正（H1）と抜本改革（H3）、そしてそれらを架橋し得る「より良い資本主義」（H2）を包摂した多様な「ポートフォリオ」づくりが大切となる。

2 多様な経済論による「主従」関係の超克

　システム思考では以上の通り、システム転換の「すっきり」とした青写真は描かれない。さもないと「システムを取り代えれば問題解決が図られる」というポスト資本主義論によくある誤謬（山口 2020, pp.182-185）に陥るからである。そうしてシステム（や論者自身）を「主」に置いて（論者以外の）人間を「従」に据えてしまうと、持論を「学び捨てる」こともいとわずに課題対処の方途を探る、という上記のスタンスも取れない。

　反資本主義の「すっきり」とした青写真づくりを志向して、「より良い資本主義」を「まやかし」と見なす問題提起も、実質的には「形式的な意味」（経済合理性や効率性の観点）で人間を振り回す資本主義と同じく、人間の主体性を軽んじた同根の「主従」観を標榜していないだろうか。そうではなく「もやもや」としながらも、生活者が「実質的な意味」（人間の生存・生活との関わり）を主体的に追求できる「余地を残す」地域主義が求められている。

　この点を考える上では、現行体制に内在する差異に着目した多様な経済論（Gibson-Graham 2008）が有用である。成長至上の資本主義に牛耳られてきたように思える現行体制内にも、営利企業による市場向け生産以外に種々の交換形態がある。身の回りを振り返ればわかるように、暮らしに必要なモノ・サービ

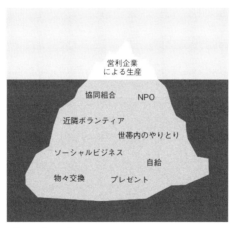

図2 経済の「氷山」モデル
出典：山本 2017, p.63の第1図を基に筆者作成、下図は https://rivercitymalone.com/politics/why-we-support-dave-merrick-for-malone-town-justice/ を使用

スが協同組合や NPO などの非営利組織によって生産されることもあるし、近隣ボランティアや世帯内の無償労働で賄われる場合もある。そもそもの営利部門自体も、社会的企業が存在するように一枚岩ではない。

　実際、東和が例示するように、「3地平」の内の H1 も営利で覆い尽くされておらず、H2 や H3 とつながって「想定外」の動きを生起せしめることがある。この点については、多様な経済論者の J.K. ギブソン・グラハム (Gibson-Graham 2003) による「ローカル倫理」概念の3つの構成要素、「差異の尊重」、「偶発性の認識」、「地域の能力向上」で説明できる。H1 も H2 も H3 も「差異」に満ちていて、それら「3地平」の関わり合いから「偶発性」が生まれ、それが「地域の能力向上」を後押しすることもある。

　このように、H1 から H3 までの種々の経済主体の関わりを通して、地域でさまざまな動きが生まれる可能性があり、それを踏まえてシステム全体の展開を検証する必要がある。鶴見の「何ものも排除しない」思考様式の大切さである。多様な経済主体の間に完璧な論理的整合性がなくとも、それらが「共感」を通じてつながることで、そこから別体制「構想」の端緒が生まれ得る (山本 2017, p.65)。あらゆる主体に内在する「差異」[7]を媒介とした (それまで接点のなかった大手旅行業者と有機農家のタイアップのような) 連携による「構想」づくりの潜在性である (大澤 2023, p.426)。

　地域には勢力図変容の萌芽になるような種々の動きがあり、だからこそ論者も地域住民と接する中、前述の通り、持論を「学び捨てる」ことも含み置いて考察を進める必要がある。ポスト資本主義には、(「より良い資本主義」は「まやかしでしかない」といった) 異論を受けつけようとしない「個体的な発想」ではなく、(「未知なるものや独創性に出くわす余地を残す」というふうに) 異論間に高次の関係性を見出そうとする「関係論的な発想」が求められる。

　どのようなシステムであれ、それを動かす人間が変わらない限り、システムは豊潤をもたらさない (山口 2020, p.184)。代替システムの青写真づくりを通して、ポスト資本主義実現の方途を「理解できたもの」に済ませがちな論者が「変わらない限り、システムは豊潤をもたらさない」のではないだろうか。既述の通り、「何か「世界」なるものが、われわれの外にあって、そこで問題が発生しているのではない」。だからこそ、われわれ「自身の思考・行動様式をどのよ

うに変えるのか」(山口 2020, p.185) が大事となる。

　脱成長コミュニズムのような「すっきり」とした「対抗」策から、ポスト資本主義の実現に資する要素を学ぶ。同時に、地域に内在する「もやもや」とした「差異」と「偶発性」を尊重しながら、それらに即した「ローカル倫理」の発揚を通した「地域の能力向上」による「構想」づくりを行う。そうして特定の「対抗」ビジョンを含めた種々の可能性を斟酌した試行錯誤により、未来「構想」のあり方についての経験知の蓄積を進め (山本 2017, p.65)、「目の前の問題を暫定的かつ部分的に解決」していく。

　そのようにして「近代の暴走を生み出した一番の根本にあるのは一体何かということをある程度理解できれば、よりどころとする価値観が少しずつ変わっていく」(佐伯ほか 2023) のではないだろうか。その「価値観」とは「無限に自己(の富や自由や情報)を拡大したい」という人の性 (佐伯ほか 2023、括弧内は引用者)である。それが「富を増やせば暮らしは良くなる」とする利潤追求寄りの資本主義称揚論とともに、それへの対処法を「理解できたもの」にする論者に都合の良い反論を生んできたのではないか。

　双方に共通した「個体的な発想」の超克のためには、H1からH3までを斟酌した「関係論的な発想」による省察が求められる。そうして資本主義への「対抗」とポスト資本主義の「構想」づくりのバランスを図るとともに、論者ではなく生活者を「主」に置いた地域主義を進める必要がある。

　地域主義では「人間としての誇りを持つ、とりかえられないものを大切にする」(玉野井 1990, p.222)。それは資本主義か否か、といった二項対立というよりは「複数的個性にみちたさまざまな地域」を尊ぶことであり、何より生活者の「自主と自立を基盤としてつくりあげる経済、行政、文化の独立性」の追求である (玉野井 1990, p.114、傍点は引用者)。

Ⅳ. まとめ—ポスト資本主義に向けた価値創造

　以上を踏まえて、本書では「目的遂行」型に対置される「価値創造」型 (吉見 2016, pp.68-70) の探究を進める。前者では特定の「到達点」を定めた上でそれに向けた道筋を考察するのに対して、後者ではそれも含めた「複合的かつ重層的

な動き」の中からヒントを手繰り寄せる。そのために、成長至上の資本主義で二の次にされてきた「ローカル倫理」やそれを構成する「差異の尊重」、「偶発性」、「地域の能力向上」を斟酌しながら、われわれ「自身の思考・行動様式をどのように変えるのか」を探究する。

　こうした価値創造の要諦の一つが、貨幣で計られる「価値」（損得勘定という「形式的な意味」）の重視から「使用価値経済への転換」である（斎藤 2020, pp.300-302）。「使用価値」（人間の生存・生活総体を考慮に入れた「実質的な意味」）の重視への転換を進める上では、上述の斎藤の取材録に登場する人類学者の石原真衣の表現によれば、「特権性から排除されている人びとの生」が力の源泉となる（2023, p.141）。そうした人たちは、競争社会の勝者では持ちにくい固有の経験や傷、あるいは他者どうしのケアの思いを持つからである。その生活実感には、ポスト資本主義社会に求められる手がかりが詰まっている。

　幸いなことに本書で詳述される通り、「特権性」志向ではない人たちによる地域主義は、世界各地でさまざまな形で実践されている。それら百花斉放の事例は現行体制を変容せしめ、別体制に向けて歩を進める糸口を示唆する。どのように「経済」（第一部）を振興し、生活の「レジリエンス」（第二部）を高め、「子ども」（第三部）を守り育て、将来世代の「教育」（第四部）を進めれば良いのだろうか。これらの問いに取り組む各章より、ポスト資本主義時代の「価値創造」のあり方の手がかりを得ていただきたい。

　本書は全篇、現地調査を通して社会変容の機会を探り、その実現可能性を高める方途を考察し、希望を手繰り寄せようとしてきた研究者によって著されている。読者の方々には是非とも、本書所収の国内外の諸活動を学びながら、それぞれの持ち場でどのような思考・行動様式が求められているのかを考える機会としてくだされば、執筆者一同にとって幸甚である。

　冒頭で述べた通り、現行の成長至上の資本主義の重点は「ナショナル」単位から「グローバル」規模に移った。結果的に経済合理性や効率性のような「形式的な意味」が前景化し、格差拡大や環境破壊を始めとする末期的現象を生起せしめた。同時に、世界中の動きをより丁寧に検証するならば、それらの問題が世界を覆い尽くすわけではないことも分かる。「実質的な意味」を大事にした「ローカル」な動向は熱を帯び、活況を呈している。

　こうした現況を踏まえて、現行体制への「対抗」を起点としつつ、別体制の「構想」に資する思考や行動を促す。そのためには多様な経済論につらなるアクターネットワーク論を提唱したB.ラトゥールの次の指摘が役立つ。問題と「批判的に距離を取る」代わりに、諸要素が複雑に絡み合った現実の中に入っていき、自らも当事者となって問題に「批判的に近づく」(2019, p.477)。問題解決にまつわる「複合的かつ重層的な動き」を踏まえてどのように当事者として身を処すことができるのか、について考察いただきたい。

読んでみよう、学んでみよう

1．小熊英二 (2019年)『地域をまわって考えたこと』東京書籍
　　＊地域の安定性の上に築かれてきた日本社会が、地域衰退とともに不安定化する中、課題対処に取り組む諸地域から未来づくりのヒントを探ります。
2．藻谷浩介監修・Japan Times Satoyama推進コンソーシアム編 (2020年)『進化する里山資本主義』ジャパンタイムズ出版
　　＊貨幣価値にくわえて非貨幣的価値 (社会の調和や自然の保全など) を重んじた「里山資本主義」振興に取り組む地域社会や起業家が紹介されています。

注

1) この主張には、他者を「非人間化」しがちな (意思疎通が不可能な存在として貶める、「序文」参照) 人の性向が表れ出ている。同趣旨より斎藤はSDGsも「大衆のアヘン」と呼んで「危機から目を背けさせる効用しかない」と言う (2020, p.4, 傍点は引用者)。しかし、「アヘン」に薬効があるように、「資本主義という枠組み」のもとでの「人間」の営為にも功罪両面があるのではないのか。
2) 「対抗」と「構想」は、多様な経済論 (III-2節参照) に基づく筆者の語用である。資本主義の構造的課題に「対抗」してその解決に注力するとなると、困難さが前景化されて無力感を醸成しかねない。そうならないよう、多様な経済論では「非」資本主義的活動を含む、経済諸実践が重なり合う「複合的かつ重層的な」現実を認識した上で、そこからポスト資本主義「構想」を漸進的に手繰り寄せようとする。そうして「対抗」と「構想」の均衡を図る。
3) この点は「資本中心主義」(Gibson-Graham 2008, p.263) とも換言できる。資本主義を全面否定すると皮肉なことに、称揚論と同じく資本主義に「重き」を置いてしまう、という問題である。そのためマルクス主義 (初期) の発展段階説のように「やってくる世界を変革する地ならしにならず、むしろ従来の土俵 (「資本中心主義」) を堅固にする」(Gibson-Graham 2008, p.614、括弧内は引用者)。

4）　何らかの「エージェント」（首謀者）を見立てて、そこに批判を向けると「すっきり」するが、上すべりしかねない。たとえば利潤追求に偏重した企業を批判しようにも、「そこにあるものは責任を負えない」（Fisher 2022, p.65, 電子書籍）からである。当該企業は「すべての背後にある罪深いエージェント」というよりは、「資本」という「究極原因（＝主体ではないもの）の制約・表出」にすぎない（Fisher 2022, pp.69-70, 電子書籍）。この点は「より良い資本主義」も同様である。「より良い資本主義」も「責任を負えない」からこそ、後述するように、システムを「主」に考察するのではなく、そこに関わる等身大の人間を「主」に据えた視点が大切になる。そうすると「すっきり」とした批判ができずに「もやもや」するが、そうしてこそ「実体分析」が可能になるのではないだろうか。

5）　歴史を振り返ると、最初は救貧法のような事後救済に限定されていた資本主義の延命策が、社会保険のような事前介入へと拡大してきたことがわかる（広井 2015, pp.151-156）。「資本主義がそのシステムを順次 "社会化" してきた―あるいはシステムの中に "社会主義的な要素" を導入してきた」（広井 2015, p.156）。

6）　上記の注1）でふれた「非人間化」の問題にも絡む。

7）　システム思考の大家、ドネラ・H・メドウズいわく、組織単位では現状に「対抗」する動きがないように見えても、その内部の構成員間で別「構想」づくりが案出されることもあり、そこに一縷の望みがある（2015, pp.58-65）。しかも近年、国内の H1 企業の間で副業・兼業が広まっており、社員が本業外で H2 や H3 寄りの活動に取り組みやすくなっている。そうした時代趨勢の中、企業の垣根を越えた社員の協働によるソーシャルビジネス起業を支援するプラットフォームも生まれている（たとえば竹井 2023）。

参考文献

赤坂憲雄・鶴見和子（2015）『地域からつくる―内発的発展論と東北学』藤原書店。

石原真衣（2023）「知識人とはなにか―先住民フェミニズムと〈ケアし合う社会〉へむけて」『現代思想』第51巻第1号、132-143頁。

岩井克人（2006）『二十一世紀の資本主義論』筑摩書房。

大澤真幸（2021）『新世紀のコミュニズムへ―資本主義の内からの脱出』NHK 出版。

大澤真幸（2023）『資本主義の〈その先〉へ』筑摩書房。

岡田知弘（2012）『震災からの地域再生―人間の復興か惨事便乗型「構造改革」か』新日本出版社。

小熊英二（2012）『社会を変えるには』講談社。

柿埜真吾（2021）『自由と成長の経済学―「人新世」と「脱成長コミュニズム」の罠』PHP 研究所。

清成忠男（1978）「地域主義と金融」玉野井芳郎・清成忠男・中村尚司編『地域主義―新しい思潮への理論と実践の試み』学陽書房、52-60頁。

斎藤幸平（2020）『人新世の「資本論」』集英社。

斎藤幸平 (2022a)『ぼくはウーバーで捻挫し、山でシカと闘い、水俣で泣いた』KADOKAWA。

斎藤幸平 (2022b)「資本主義から脱成長コミュニズムへ」高橋弘樹編『天才たちの未来予測図』マガジンハウス、65-111頁。

佐伯啓思 (2015)『さらば、資本主義』新潮社。

佐伯啓思・斎藤幸平 (2023)「「脱成長」と新しい社会、富や欲望、再考の先に　佐伯啓思さん、斎藤幸平さん対談」毎日新聞2023年3月13日付け夕刊。

竹井智宏 (2023)「会社の垣根を越えて「資本に縛られない連帯」をつくることは可能か―メンバーがともに成長する「グループ経営 as a Service」という仕組み」『スタンフォード・ソーシャル・イノベーション・レビュー日本版』5号、123-125頁。

谷川嘉浩 (2022)『スマホ時代の哲学―失われた孤独をめぐる冒険』ディスカヴァー・トゥエンティワン。

玉野井芳郎 (1978)「序　地域主義のために」玉野井芳郎・清成忠男・中村尚司編『地域主義―新しい思潮への理論と実践の試み』学陽書房、3-17頁。

玉野井芳郎 (1990)『地域主義からの出発 (玉野井芳郎著作集第3巻)』(鶴見和子・新崎盛暉編) 学陽書房。

玉野井芳郎 (2002)『エコノミーとエコロジー―広義の経済学への道 (新装版)』みすず書房。

玉野井芳郎・清成忠男・中村尚司 (1978)「はしがき」玉野井芳郎・清成忠男・中村尚司編『地域主義―新しい思潮への理論と実践の試み』学陽書房、iii-vi頁。

鶴見和子 (1990)「原型理論としての地域主義」玉野井芳郎『地域主義からの出発 (玉野井芳郎著作集第3巻)』(鶴見和子・新崎盛暉編) 学陽書房、258-277頁。

鶴見和子 (1999)『コレクション 鶴見和子曼荼羅IX 環の巻 内発的発展論によるパラダイム転換』藤原書店。

広井良典 (2015)『ポスト資本主義―科学・人間・社会の未来』岩波書店。

古沢広祐 (2017)「いまを生きる意味―自分・世界・宇宙・未来」高野雅夫編『持続可能な生き方をデザインしよう―世界・宇宙・未来を通していまを生きる意味を考えるESD実践学』明石書店、9-33頁。

増田四郎 (1978)「地域主義の展開―民衆レベルの意識改革がカギ」玉野井芳郎・清成忠男・中村尚司編『地域主義―新しい思潮への理論と実践の試み』学陽書房、21-39頁。

松下圭一・清成忠男・森戸哲 (1982)「地域社会の革新をいかに進めるか」『現代のエスプリ』176号、118-131頁。

水野和夫 (2012)『世界経済の大潮流―経済学の常識をくつがえす資本主義の大転換』太田出版。

メドウズ，ドネラ H. (枝廣淳子訳) (2015)『システム思考をはじめてみよう』英治出版。

山口周（2020）『ビジネスの未来―エコノミーにヒューマニティを取り戻す』プレジデント社。

山本英治（1982）「解説　地域主義の思想」『現代のエスプリ』176号、132-134頁。

山本大策（2017）「サービスはグローバル経済化の抵抗拠点になりうるか―「多様な経済」論との関連において」『経済地理学年報』第63巻、60-76頁。

吉見俊哉（2016）『「文系学部廃止」の衝撃』集英社。

若森みどり（2015）『カール・ポランニーの経済学入門―ポスト新自由主義時代の思想』平凡社。

ラトゥール，ブリュノ（伊藤嘉高訳）（2019）『社会的なものを組み直す―アクターネットワーク理論入門』法政大学出版局。

Fisher, Mark (2022) *Capitalist Realism: Is There No Alternative?* (2nd edition). Hampshire: Zero Books.

Gibson-Graham, J.K. (2003) "An ethics of the local". *Rethinking Marxism 15*(1), pp.49–74.

Gibson-Graham, J.K. (2008) "Diverse economies: Performative practices for 'other worlds'". *Progress in Human Geography 32*(5), pp.613–632.

Hodgson, Anthony (2020) *Systems Thinking for a Turbulent World: A Search for New Perspectives*. Abingdon: Routledge.

Leicester, Graham (2020) *Transformative Innovation: A Guide to Practice and Policy for System Transition* (2nd edition). Axminster: Triarchy Press.

Roth, Steffen (2015) "Free economy! On 3628800 alternatives of and to capitalism". *Journal of Interdisciplinary Economics, 27*(2), pp.107–128.

Stroh, David P. (2015) *Systems Thinking for Social Change: A Practical Guide to Solving Complex Problems, Avoiding Unintended Consequences, and Achieving Lasting Results*. White River Junction: Chelsea Green.

Wahl, Daniel C. (2016) *Designing Regenerative Cultures*. Axminster: Triarchy Press.

第2章

「公共」の再審と地域社会
―「私」を開き「共」を通じて「公」と向き合う地域社会の実践に向けて―

中西 典子

Ⅰ．はじめに

　とりわけ2000年代以降、「分権型社会」や「新しい公共」、「地方自治体と住民との協働」という用語が政府文書において相次いで掲げられてきた。そこでは、少子高齢化／人口減少に伴う不透明な未来社会への不安や危機意識の拡大のなかで、行政サービスへの依存姿勢から脱却し、自立した個人が主体的に関わり相互に支え合うとともに、行政や民間を含めた多元的な主体が参加し活動の担い手となって協働的な社会を構築していくことが期待される。そしてその実践舞台となるのが地域社会である。戦後の高度経済成長期における急激な都市化によって、いわゆる「地域社会の解体」が始まり、その後のグローバル化や情報化のもとで、身近な地域社会の人間関係はますます希薄化してきている。その一方で、とくに近年では、深刻化する自然環境の破壊や頻発する自然災害、高齢化により拡大する社会保障、担い手不足で消滅していく伝統文化、制度疲労を起こしつつある学校教育等々、日常的な暮らしに関わる問題領域が顕在化してくるとともに、それに対する人々の関心も高まってきている。このように、ゆらぐ現代社会のなかで、暮らしの場としての地域社会の機能や対応力が、いま改めて問い直されようとしている。

　以下では、「公共」という視点を主軸として、これまでの「公」と「私」、「官」と「民」という関係をいま一度吟味し直すなかで、地域社会の公共的課題への対応可能性を展望していきたい。

Ⅱ. 地域コミュニティへの着目と「新たな公共」

1 「自助・共助・公助」にみる「日本版補完性原理」

　地域社会が政策的に注目されたのは、1969年の国民生活審議会調査部会による報告書『コミュニティ─生活の場における人間性の回復』および1971年の中央社会福祉審議会による答申『コミュニティ形成と社会福祉』であった。ここでは、急激な経済成長によって従来の地域共同体が崩壊し、生活の場における諸問題が生み出されているなかで、かつての共同体とは異なる新たな地域社会＝コミュニティを地域住民が主体的に形成していくことが求められた。後者は、コミュニティを存在概念よりも当為概念（あるべきもの）とし、「公共的生活施設・環境条件の体系」（p.289）であるコミュニティ形成の方向を、「公私分離の原則」による機能分担に基づき相互補完的に捉えるべきとしている。

　1980～90年代にかけては、「住民参加型福祉社会」というスローガンの下に政策的戦略としてのコミュニティ像が引き継がれ、家族介護を前提とした日本型福祉の破綻に取って代わるものとして、地域社会を基盤とした住民相互の支え合いが奨励されていく。折しも1995年の阪神・淡路大震災を契機にボランティア活動に対する関心が高まったことも拍車をかけた。また、この時期に「自助・共助・公助」という表現が用いられ始め、1994年の『21世紀福祉ビジョン～少子・高齢社会に向けて』では、「「自立と相互扶助」の精神を具体化していくために〈中略〉地域を基盤とし、個人や家庭、地域組織・非営利団体、企業、国、地方公共団体などが各々の役割を果たす」（p.31）ことが求められた。ここで示される「自助・共助・公助」は、何よりもまず「自立した個人」の形成（＝「自助」）が重視され、自立が困難になった場合に家族や地域社会で支え（＝「共助」）、さらに地方自治体や国が支える（＝「公助」）という重層構造として捉えられる。里見賢治（2013）によれば、2000年版の『厚生白書』では、「自助」、「共助」（家族・地域社会）、「公助」（公的部門＝社会保障）の役割分担とみなされていたものが、2006年の「今後の社会保障の在り方について」（内閣官房長官の私的懇談会による報告）では一転して、自ら働いて自らの生活を支える「自助」を基本とし、これを「共助」（生活のリスクを相互に分散する社会保険）が補完した上で、自助や共助では対応できない困窮等の状況に対して「公助」（公的扶助や社会福祉）

を位置づけるという「特異な共助・公助論」となっている点が指摘されている。

　このように、「自助・共助・公助」という政策用語は曖昧で厳密な定義がなされておらず、概念的に批判される要素が強い。また、自助が最優先されて公助は最終手段という思考も恣意的であると言わざるを得ない。この点は、1994年の経済同友会による『新しい平和国家をめざして』において取り上げられた「サブシディアリティーの原則」を想起させるものである。この原則は、「個人で解決できることは個人で、地域で解決できることは地域コミュニティで、さらには、市町村、都道府県、そして国へと問題解決の範囲を徐々に移行させてゆく」(p.7) ことであり、個人＜地域社会＜地方自治体＜政府という階層性の下に、下位レベルで解決しえない分野のみを上位レベルが補完するものと捉えている。当時、この原則が「自助・共助・公助」とセットにして論じられた経緯もあり、いわゆる「補完性原理」の歪曲であるとして批判もなされていた。この補完性原理は、1992年に欧州共同体 (EC) 加盟国が締結したマーストリヒト条約において取り入れられたことで知られるが、ここでの解釈は、超国家的な存在である EC が各主権国家の自治を侵害しないことを前提にしつつ、一国家において限界がある場合はそれを補完するという意味合いになる。しかしながら日本では、この「自治」という考え方が「自助」に変換され、英語に訳すことができない「公助」が付加され、果たすべき役割の序列化がなされている。2020年の自民党総裁選で後の首相となる菅義偉氏が「自助・共助・公助」を「めざす社会像」として掲げたことは記憶に新しいが、すでに20年以上にわたって不明瞭な概念を改めて取り上げねばならないほど、日本社会で「自助」、「共助」、「公助」は現実化してこなかったともいえる。

② 政策的に奨励される「新たな公共」と「分権型社会」

　「日本版補完性原理」の背景には、1980〜90年代の行財政改革があり、関谷昇によれば、「社会保障など国家が負担する要素を削減していくことを重視する新自由主義の思想と連動」し、「財政再建を意図した国家関与の大幅削減と行政の合理化・効率化を図るという意味において地方分権が志向されている」(関谷 2007, p.93) 点が指摘されている。本来、国 (中央政府) から地方自治体への権限委譲であるはずの地方分権改革が、前者の役割縮小と後者への責任転嫁と

化すならば、それは委譲ではなくむしろ「自治権の侵害」(同上, p.94) となる。

　また、1990 年代の一連の地方分権改革をまとめた『地方分権推進委員会最終報告—分権型社会の創造：その道筋』(2001) では、「自己決定・自己責任の原理に基づく分権型社会を創造していくためには、住民みずからの公共心の覚醒が求められる」とし、「地方公共団体による行政サービスに依存する姿勢を改め、コミュニティで担い得るものはコミュニティが、NPO で担い得るものは NPO が担い、地方公共団体の関係者と住民が協働して本来の「公共社会」を創造してほしい」(p.10) と訴えている。ここでの「分権型社会」が物語るのは、権限を正当に委譲する本来的な地方分権ではなく、「日本版補完性原理」に基づく「自助・共助 (互助)」であり、実際に同報告では、今後は「住民自治の拡充方策が最も中心的な検討課題になる」(p.12) とされている。しかしながら日本における住民の法的地位は脆弱であり、少なくとも日本国憲法では住民が地方自治の主体であると読み取れるものの、地方自治法の規定では消極的かつ与えられた範囲内での権利行使という限定的な位置づけでしかない。したがって住民の「共助 (互助)」に重点を置く「分権型社会」は、その前提となる住民自治の積極的な位置づけなくしては困難である。

　2000 年代以降、「分権型社会」は「新たな公共」とリンクさせつつ展開していくことになる。総務省による『分権型社会における自治体経営の刷新戦略—新しい公共空間の形成を目指して』(2005) では、従来の「官民二元論」に基づく行政への依存や画一的な公共サービスの提供から脱却し、行政と民間がともに「公共」役割を担い、地域における様々な主体の参加・活動によって、「地域にふさわしい多様な公共サービスが適切な受益と負担のもとに提供されるという公共空間 (=「新しい公共空間」) を形成すること」(p.13) が提起されている。また同年の経済財政諮問会議「「日本 21 世紀ビジョン」専門調査会報告書概要—新しい躍動の時代 深まるつながり・ひろがる機会」では、「目指すべき将来像：豊かな公・小さな官」として、「小さくて効率的な政府」、「非政府が担う「公」の拡大」、「自立的な分権社会」が掲げられており、「日本版補完性原理」が踏襲されている。さらに、厚生労働省の「これからの地域福祉のあり方に関する研究会」の報告書 (2008) では、地域における「新たな支え合い」(共助) をめざして官民協働で「新たな公」を創出することが求められ、国土交通省も同年に

「「新たな公」によるコミュニティ創成支援モデル事業」を実施している。

　このように、中央政府が旗振りする「分権型社会」は、行政が公共サービスを提供する従来型のスタイルではなく、地域の多様な主体が官民協働で「新たな公共」を構築して公共サービスを担っていくことが奨励されるが、ここで協働する「官（政府）」と「民」は、対等なパートナーとして位置づけられているというよりも、「小さな政府」を補完するエージェントとしての要素が強くみられる。

III. 地域社会と「公共」をめぐる問題

1　「コミュニティの再発見」にみる地域社会の位相

　いわゆる「団体自治」[a]に重きをおく地方分権から「住民自治」に重きをおく「分権型社会」[b]へのシフトは、新自由主義的な規制緩和や民営化とも共鳴しつつ、地域社会がクローズアップされることになる。ここから導かれる「地域（コミュニティ）の再発見」は、ある種規範的な価値理念を実現すべき中間的位相として位置づけられる。それは、一方での諸個人にとって制御不能な公権力社会と、他方での私的領域に自閉化した「ミーイズム社会」との隔絶のなかで、その間を埋めようとする試みでもある。

　「コミュニティの再発見」は、もともと1990年代後半の英国における労働党ブレア政権が、いわゆる「コミュニタリアニズム」を浸透させたことに端を発するが、こうした地域コミュニティへの注目は、その後の保守党政権においても、「ビッグ・ガバメントからビッグ・ソサエティへ」というスローガンの下に引き継がれてきた。[1] もっとも、保守党政権の主眼は、前労働党政権とは異なり、行政が担う公共サービスから脱却し、地域住民など諸々のアクターが関与して管理運営・提供していくことにより、公共サービスの効率化やコストを

用語解説 [a] 団体自治：日本国憲法における「地方自治の本旨」として、「団体自治」と「住民自治」が位置づけられており、前者は主に国と地方自治体との関係、後者は国家における主権在民を示している。
[b] 新自由主義：政府が積極的な財政支出を行い雇用や社会保障を進める「大きな政府」に対し、市場経済における自由競争を奨励して財政支出を極力抑える「小さな政府」として、政府の役割縮小を図るものである。

削減して政府の介入や財政支出を縮小していくというものである[2]。その意図する内容に温度差はあるものの、こうした地域コミュニティへの着目は、保革いずれにおいても等閑視できないものとなっている。

渋谷望(1999)は、「コミュニティの再発見」について、新自由主義によって促された公共領域の貧困化を道徳的共同体としての地域コミュニティが肩代わりする点を指摘している。そこでは、コミュニティでのボランティア活動が「自己実現」の一環として称揚され、コミュニティ内存在としての主体は「義務」と「責任」を果たす主体として「アクティブ・ソサエティ（活力ある社会）」を創出することが期待される。そしてこうしたコミュニティへの包含（インクルージョン）のための「活動の倫理」は、逆説的にも、資格や能力のある市民とそうではないマージナルな者とのあいだに新たな分割を打ち立てる選別の原理として機能することを問題視している。

地縁・血縁集団への帰属意識が稀薄化し、諸個人が多元的な時空間にうつろう高度情報社会では、多様でつかみどころのない情報やコミュニケーションが取り巻き、近代とは異なる「匿名化された権力」（A.メルッチ）が、単一化＝アトム化した個人に対し複合的に浸透する。中久郎(1999)は、個人の「唯一性」と「単一性」に着目し、前者が、「公共・（開かれた）共同」位相に連動され得る理想的な希望的観測のもとに評価されてきたのに対し、後者の単一性＝アトムとしての個人は、（排他的に）自己利益の最大化を図ろうとする功利主義的＝エゴイスティックな個人主義として、差異＝唯一性にもとづく個人の「自律性」から区別されるとしている。したがって、個別主義的な私的共同体への自閉化や行政の代替手段という限界を超えて、個人の唯一性を論拠とした公共＝開かれた共同を、地域社会という位相においていかに実現していけるかという点が問われざるを得ない。

2 「公共」の名の下で不可視化される排除と「閉じるコミュニティ」

日本で「公共」といえば、「公共事業」や「公共施設」、「公共の福祉」といった内容が想起されるが、2022年度からは高校の公民科でも「公共」が導入され、政策的に提起された「新たな公共」が様々な場面で課題化（制度化）されている。しかしこうした「公共」の解釈は一様ではなく、公＝おおやけの伝統を持つ日

本では、公行政や公共事業に象徴されるように、国家や政府のイメージが強い。また、高度経済成長期には、「公共」の名の下で多数派の利益が優先される大規模開発も行われてきた。

　梶田孝道（1985）は新幹線公害を事例に、「受益圏」と「受苦圏」（受忍圏）という視点から「公共」をめぐる問題を考察している。新幹線建設によって多くの国民が便益を得ることになるが、その一方で、騒音や振動、電波障害などの受苦（受忍）を強いられる一部の沿線住民が存在する。ここでの受益圏は国民全体（新幹線の利用者）に拡散しているのに対して、受苦圏は、新幹線建設によって家屋の移転を強いられる沿線住民や、新幹線を日常的に利用する機会を持たず騒音・振動等の被害のみを受ける沿線住民となる。つまり、広範で圧倒的多数（マジョリティ）の前者に対して、後者は局地化された少数者（マイノリティ）であり、多数決原理の「公共」の名の下では、不可視化されざるを得ない。したがってこうした大規模な公共事業は、広範な社会の要請に基づくという理由でもって加害−被害の構造を不可視化させ、その解決策も困難となる。

　「公共」の名の下で不可視化される排除の例として、路上生活者があげられる。例えば、NPO法人「ホームレス支援を考える会 オープンハンドまつやま」の活動では、以下のような問題提起がなされている。橋の下で暮らす高齢女性の荷物が突然撤去されてやむなく公園に移動したところ、近隣商店街から「公園に住むおばあちゃんの臭いが気になる」という苦情が市役所に寄せられた。また、飲料・軽食を持って安否確認をしていると、近隣住民から「犬や猫と同

写真1　松山市内の地下通路に貼られた警告（「オープンハンドまつやま」より提供）　　写真2　公共空間に設置されているベンチ（「オープンハンドまつやま」より提供）

じで、エサをやると居着くからやめて」と抗議される。さらには、国土交通省と松山市の連名で「ここは公共の場所ですので、荷物などを置かないでください」といった警告が貼られ（写真1）、公共の場所にあるベンチは、肘掛けの仕切りが地面まで伸び、路上生活者がベンチの上や下で寝ることを阻止する（写真2）。

　H. アーレント（1973）は、「公開性」を特徴としている「公的領域」が、非常に限られた統治領域、非人格的な管理の領域へと消滅した点を指摘しているが、地域住民からの苦情は、公共の場が閉鎖的な私的空間になっていることを意味する。公共の場を利用できるのは社会的規範によって承認された人々であり、この事例では、住民票により地域社会の構成員として承認された地域住民である。住民ではない路上生活者は「社会の規律化のプロセスになじまない不適格者」（吉原 2007, p.53）として、公共の名の下で排除されていく。

　地域社会が異質な他者を排除して自閉化する現象は往々にしてみられる。自らの地域にいわゆる「迷惑施設」が建設されることを反対する 'NIMBY (Not In My Backyard)' や、近年では、'Gated Community' に象徴されるように、治安のために周囲にフェンス等を張り巡らし、出入り口では警備員が不審者を監視する地域コミュニティが増加している。もともとアメリカ郊外の高級住宅地にみられたが、日本の大都市圏でもセキュリティタウンとして導入されてきている。こうしてみると、地域社会は、世代も職種も多様な人々が暮らす理想郷ではなく、むしろ異質な他者を排除し同質な人々で構成される空間となっている。玄関ドアには常に鍵がかかり、監視カメラが至る所に設置されている地域の社会的なまなざしは、日頃から素性や人格を知っている人々ではなく、匿名の他者となる。そこでは、逸脱行為に対する制裁もまた人格的なものではなく、刑罰法規にもとづく補導や取り締まりの対象と化してしまうのである。

IV. 地域社会の公共的課題への対応可能性

1　日本における「公（おおやけ）」の伝統と「公＝官／私＝民」の二元論を越えて

　日本では、古代より、人々とは切り離された上位の権力体系を「公（おおやけ）」としてきた歴史がある。水林彪によれば、上に位置するものが常に「おおやけ」となり、下に位置するものが常に「わたくし」となる「「公＝私」の重層

構造」がみられ、「私」が「公」的なものから自立せず、「「公」の世界に「私」が不断に侵入していく」（水林 2002, p.13）ものとして捉えられる。つまり「公」と「私」は、上下の序列構造のもとで相互浸透しており、この点は、'Private' が 'Public' に包摂されず常に並存する関係にある欧米とは対照的である。

「公共」と訳される欧米の 'Public' の語源は 'Publicus'='People' であり、政府を 'The Public' と表現することもある。このことは、「人々」から「国家」へという開かれた概念を意味し、「私」から「公」への連続性がみられるが、日本のように、上位概念の「公」と下位概念の「私」が相互浸透しているのではなく、「私」が確立していることによって、「私」から信託された「公」が生み出されるという認識である。

しかし 'Public' のように人々の信託によって成り立つ国家という観念が根づいてこなかった日本では、「滅私奉公」という言葉にみられるように、人々としての「私」よりも国家の「公」が優先され、「私」が対等なかたちで「公」に開かれていく道を閉ざしたまま、自閉的な「私」が「公」への依存や従属を強める構図となっている。金泰昌は、「私」（自己）の確立＝「自分で判断するという知性的・道徳的自立・自律」の発達があってはじめて「公」が生み出されるとした上で、「「公」と「私」との間でバランスが取れた関係を構築する」（金 2002, p.23）ことの重要性を指摘している。また、「開いて分け合う方向を「公」〈中略〉閉じて守る方向を「私」」（金 2001, p.240）と捉えており、ここからは、「官」と「民」それぞれに「公」と「私」という両側面があることが示唆される。つまり、「公＝官」／「私＝民」の二元論ではなく、「公＝官＋民という構造」であり、「官と民というアクターが共同で支えるシステム」（藪野 2002, p.334）にこそ、本来の「公共性」が見いだせるということである。従来のような、「国家＝官」が公権力を正当化する論理として「公共」が用いられ、その名の下に「官」主導による多数派利益の是認と少数派の受忍が強いられてきたこと、また、「公共事業」が選挙と絡んで政治家の私益と結びついたり、各省庁の縄張り主義が反映されたりしてきたことは、官民に共通する（はずの）「公」が専ら「官治」化するとともに、「共」という領域を喪失させてしまったことの弊害であり、こうした「公共」は見直される必要がある。

2 「官」と「民」がともに支える多元的な「公共」へ

18世紀における「市民的公共性」の変貌を取り上げた J. ハーバーマスによれば、新興ブルジョワジーによって担われた市民的公共性の国家権力に対峙する「批判的公共圏」としての機能は、その後、貨幣と権力に媒介される資本制市場経済と官僚制国家の両システムによる「生活世界の植民地化」という局面を迎える。こうしたシステムによる植民地化に対し、ハーバーマスは、自由なコミュニケーション的行為によって成り立つ生活世界に着目し、そこでの自律的な個人による自発的なアソシエーション（結社）を媒介とした合意形成のための言説空間を「自律的公共圏」と名づけ、その新たな役割を展望している（ハーバーマス 1987, 1994）。

特定の人々の間での特定の場所を持った言説空間である「公共圏」に対し、不特定多数の人々によって織りなされる特定の場所を超えた言説の空間として「公共的空間（領域）」を位置づける齋藤純一（2000）は、「公共性」を以下の三点に整理している。一つは、国家に関係する公的（Official）なもの、二つに、共通の利益・財産、共通の規範や関心事など、全ての人々に関係する共通のもの（Common）、三つに、誰に対しても開かれているもの（Open）である。これら三つの「公共性」は全てが同時に成り立つわけでは必ずしもなく、例えば、国家の活動が「公開性」を拒む場合や、「共通していること」が「閉ざされていないこと」と衝突する場合などがあげられている。要するに、「公共性」は一様なものではなく、「官」や「民」の関係性（相互性）によって「公共性」の機能も異なるということである。また、「複数の価値や意見の〈間〉に生成する空間であり、逆にそうした〈間〉が失われるところに公共性は成立しない」（同上, p.5）という見解に賛同する稲垣久和は、①誰もがアクセスしうる空間であり、開かれていること、②人々の抱く価値が互いに異質なものであること、

[c] 新興ブルジョワジー：資本家によって雇用される労働者（プロレタリア）に対し、多少なりとも資本を有する商人や小土地所有はブルジョワと称されるが、とくに市民革命や産業革命によって資本を蓄えた人々（市民）は新興ブルジョワジーと称される。

[d] 官僚制国家：18世紀後半のヨーロッパにおける市民革命や産業革命を経て成立した近代国家は、行政機構の職務権限を有する専門的・階統的・文書主義的な官僚組織が重視される（＝官僚制）国家として位置づけられている。

[e] アソシエーション（結社）：アメリカの社会学者 R. マッキーバーが、コミュニティとの対比で用いた概念であり、共通の生活様式を持つ地縁的な共同体であるコミュニティに対して、共通の目的や関心を持つ自発的・機能的な集団や組織のことである。

③人々の間に生起する出来事への関心があること、を「公共性」の特徴として
あげており、「同質なものだけで形成する空間の外に出て、異質な人々の意見
を尊重すること」(稲垣 2002, p.281)が公共空間を形成するための条件であると
している。

　後藤玲子もまた、「情報が広く開示され、多くの人々がアクセス可能であ
ること(公示性)、特殊な諸条件を一定の論理のもとで整合的に扱いえること
(一般性)、多様なポジションに位置する人々の理性的判断によって受容可能
であること(普遍性)、異なる多様なポジションの個別性・特殊性が広く見渡
されること(不偏性)、自己の私的利益や関心から離れ、それらを反省的・熟
慮的にとらえ返せること(反省性)」(後藤 2003, p.108)として「公共性」を捉え
ている。ここでの「公共性」は、齋藤の規定にみられるような政府や公共機
関に還元されるものでも集団性や共通性にみられるものでもなく、「互いの
追求する利益や関心の相違、目的や価値の通約不可能性」に対し「各人の自
律性を尊重しつつ、互いの関係性を調整していこうとする」(同上, p.108)とこ
ろに存在する。そして、これまでの公共的判断が、「個人の私的な目的や関
心の延長としてではなく、それらとは異質な関心に基づいて形成」(後藤 2004,
p.272)されてきた点を批判し、「個別性への配慮」が、「普遍的ルールに、特
殊で個別的な諸条件を反映しうるような内実を与え〈中略〉抽象的な意味で
の一般ルールではなく、複数の具体的ルールを整序化する」(同上, p.273)こと
を重視する。このことは、「他者の境遇を目の当たりにし、その声に耳を傾
けた個人の経験」が、「特定の他者に対する個別的な「共感」」に留まらず、
「同様の境遇にある人々に共通する必要」に気づき、そのような「〈必要〉の質
的相違に配慮した資源配分方法を考案すること」(同上, pp.273-274)につなが
る。かかる公共的ルールの制定・改訂プロセスへの参加や承認を通じて、「個
人は、自らの私的目的や選好を大切に持ち続ける一方で、自らの幸福や傾向
性とは異なる動機に基づいて、判断し活動する」とともに、「自分の関心を適
正に制約するという、個人の自律的な自由を促す」(同上, pp.274-275)ことと
なる。

　こうした「公共性」の解釈は、財産と教養のある「強い人間」や「理性的人間」
によって構成され、本質的に排他性を内包してきた旧来の「市民的公共性」に

対し、アーレントのいう人間の「複数性」[f]に基づく非共約的な空間が前提される。その上で、共約不可能な異質な他者の存在への配慮とその〈間〉を埋めていこうとする営みそのものに「公共性」が対置される。アーレント的な「生の共約不可能な公共性」と制度化され得る「生の共約可能な公共性」との境界領域の存在を、神戸市の被災地障害者センターの事例から分析している似田貝香門 (2001) は、この「隙間の発見」が当時者 - 支援者の緊張とディレンマを引き起こす「出会い - 組み合わせ」という実践の場であり、ここに個人・私的領域と公共的領域とを架橋する手がかりを見いだそうとしている。

多様な個別性を公共的課題につなげていくことは、社会的不安やストレス、社会的排除や差別、社会的孤独・孤立など、従来の公権力に基づく画一的な対応では解決し得ない問題群が拡大している現代において、なおさら重要である。しかし、個別性を普遍的な基準に読み替えていくにはいくらかの困難も伴う。例えば個別性を政策化する場合、高澤武司 (2000) がいうように、ある程度客観指標によって測定可能なものに限定する必要があるが、そうした指標は皮肉にも全人性や個別性を侵蝕することになる。個別性を尊重しつつ公共性へとつないでいくためには、多様な社会的担い手の存在とその実践や協議・協働の積み重ね、そして相互のきめ細かな調整に基づく多元的・分権的公共性が、議論の前提として考えられねばならない[4]。

3 「私」が開く「公」と等身大の時空間から生み出される地域社会

個々の「私」が異質な他者と出会い、自らを開いて共に生きる原理を普遍化していくプロセスがまさに「公」であり、この意味では「私」の延長上に「公」が存在するといえる。しかし、近代化のなかで、市民の大衆化による私的領域 (Private) の拡大が公的領域 (Public) の衰退を招き、私利益の追求や私的領域への自閉化が「公共性の喪失」(R.セネット) を生み出してきた。もともと政府(「官」) が「公」を占有してきた日本では、「私」と「公」は別個の存在であり、むしろ「共」が「公」的な役割を代替してきた。そのため、「私」と関わる「共」

---

[f] 複数性：ドイツ出身の哲学者である H. アーレントは、ナチスやスターリンの専制支配を全体主義という視点から批判し、人間は誰しも差異や多様性を有する唯一無二の存在であり、共通性や一様性という括り（＝共訳可能性）に収斂されない関係性に着目している。

が「私」と関わらない「公」の所有・管理になると、たちまち他人事になってしまい、「共」によって担保されてきた話し合いや取り決め等のルールが失われ、各自が利益追求に走ってしまうという例が多くみられる。したがって、閉じて守るべき私的領域と開いて分かち合うべき公的領域との双方から成り立つ「生活世界」(ハーバーマス)において、「私」が「公」につながっていくという理解そのものがより重要となってくる。

　元来、「公開性」や「多様性」という視点を含む「公」は、「閉鎖性」や「同質性」を前提とする「共」とは区別されるものであるが、日本の「共」が「公」の代替であった点(入会地の伝統等)を鑑みれば、メンバーシップ的な「共」からオープンな「公」への架橋は比較的容易なはずである。いわゆる「共有地(コモンズ)の悲劇」(G. ハーディン)に対して、地域社会による共同管理の有効性を提起したE. オストロム(2022)が示唆するように、身近な地域社会という場での他者とのコミュニケーションや信頼の醸成、調整とルールづくり、管理の方法など「自治」の仕組みを構築していくことは、「私」を開き「共」を通じて「公」と向き合う一つの契機となり得る。したがって「公共」とは、政府の機能でも多数決原理でもなく、また、「官」としての「公」と「民」としての「共」とが併存するものでもなく、「官」「民」ともに「共」を通じて見いだされる「公」をフォーカスしていく双方の営みとして捉えられる。

　地域社会というと、町内会や小学校区、集落など、往々にして一定の空間範域を前提とした狭小な社会として考えられてきた。そして、グローバル化やIT化が進む現代の社会では、職住分離や近隣の相互扶助を要しない便利な生活様式の普及によって無用の長物となるか、旧態依然の窮屈で煩わしい社会として敬遠されるかのいずれかである。しかし、情報・通信メディアで世界の情報にアクセスしていても、人間が身体的存在である以上、日常の行動範囲は限られている。輸送手段の発達は人々の行動範囲を拡大したものの、それが道路・鉄道・空港など土地に固定された「建造環境」(D. ハーヴェイ)を基盤とする以上、人々がいつでもどこでも任意かつ自由に行動することは不可能である。現代の専門分化した社会はその機能ごとに空間を分節化しており、業務空間や居住空間、アミューズメント空間など、それぞれの空間ごとに編制された施設や交通手段に従って人々は暮らすことになる。時間地理学で知られる

　T. ヘーゲルストランド（1989）は、人々の日常の行動軌跡を時間と空間の三次元座標軸に詳細にプロットすることによって、行動上の時間的・空間的な制約を分析しているが、ここからは、人々が生活に関わるそれぞれの場所との距離を時間に置き換えつつ、日々のスケジュールを調整しながら生きていることが窺える。プログラム化された時空間構造を移動するだけでは、空間に対する豊かな身体感覚は失われてしまうが、O.F. ボルノウ（1988）が「人間の空間性」と表現したように、人は構造化された空間の中にある客体ではなく、方向や道順、距離を克服する手段、立ち寄る商店の位置など、周囲の環境との関わりを身体的に体験する主体でもある。そうした主体のおかれたその時々の状況によって、空間の読み取りは自ずと異なってくる。

　こうしてみると、時間と空間の多様な網の目のなかで、生活世界を構成するそれぞれの主体が実際に行動する場所をめぐる相互の関係性において、地域社会は規定されると捉えられる。もっとも、同じ場所であっても各主体の受け止め方によってその意味内容は異なってくるが、生活者という視点から問題関心を共有し、時間的・空間的に多様な問題領域に関わる主体のあり様によって、地域社会の空間的範域もまた可変的になり得る。実体的完結性をもった地域社会という空間を前提とした「はじめに地域ありき」という発想ではなく、時空間の構造的な連関から生起される場所の問題を地域的課題として受け止めていく社会関係の空間的ネットワークとして、柔軟に位置づけていくことが重要である。

　このような視点からすれば、地域性は失われているよりもむしろ拡大している。災害や環境に関わる社会問題の多くは地域性をもって現れるが、そこでの対応の仕方や利害対立の調整、合意形成など、地域的に取り組むべき課題がある。問題が特定層や特定場所に集中して可視化されにくい場合には、なおさら地域課題化して共通に受け止める土俵づくりが必要になる。こうして形成される地域社会は、様々な問題や矛盾に関わる各主体がそれを共有し、相互の利害を調整しつつ解決に向けて持続的に取り組んでいく公共的な空間である。

　地域社会に関与する各主体は、町内会などの伝統的住民組織もあれば、NPOなどの目的意識的な市民組織、当事者組織、組織に属さない個人、学校、企業、行政機関、議員、各分野の専門家等、より多様性が求められる。とくに

地域的・公共的課題に取り組むにあたっては、全戸包括的な地縁型組織やボランタリー組織、アソシエーション（結社）、専門家がそれぞれのノウハウやスキルを生かした役割を遂行しなければ、解決は困難である。加えて、地域的・公共的課題に責任を持ち、政策につなげていく行政機関としての地方自治体や議会が果たさねばならない役割は看過できない。中央政府の下部機構でありかつ文字通り地域の身近な「自治」体でもある地方自治体が積極的に関与し、リーダーシップやコーディネートの力量を発揮するとともに、一自治体内にとどまらない普遍的な課題として政策化していくことが求められる。そして、地域に関わる諸主体と行政を橋渡しする議員が、（選挙期間だけでなく）常に駆け巡りつつ声なき声を拾い上げ代弁していける地域の環境が目に見えて整えられるならば、豊かな地域社会の実現も可能となる。

読んでみよう、学んでみよう

1. 藤田弘夫（2006）『路上の国柄—ゆらぐ「官尊民卑」』文藝春秋
   ＊街角に見られる看板や標識等の写真を通して、その土地やその国の社会秩序観や人々の日常における公共観を考察する興味深い書です。
2. 齋藤純一・谷澤正嗣（2023）『公共哲学入門—自由と複数性のある社会のために』NHK出版
   ＊異なる人々が社会で共に生きることを追究する「公共哲学」の入門書として、その歴史や理論を紹介しながら、公共的な事柄について論じています。

注

1) ビッグ・ソサエティとは、政府のコントロールではなく人々の社会的責任が推進力となる分権型社会の構築であり、諸個人が政府に依存するのではなく、身近な地域社会の問題に関して自助や互助を通じて解決できる力量を身につけ、その責任を果たしていくというものである（Ishkanian and Szreter 2012）。
2) こうした自立と相互扶助、ボランティア活動を美徳とする考え方は、保守派のネオコミュニタリアニズムとしても捉えられる（Williams, Goodwin and Cloke 2014）。なお、これらに関しては、中西（2016）において詳述している。
3) Official なものとしては、公共事業や公共投資、公的資金、公教育、公安等、法や政策を通じて、ある種の強制や権力、義務を伴うもの、Common においては、公共の福祉、公益、公共の秩序、公共心等があげられ、特定の利害に偏していないというポジティブな含意をもつ反面、権利の制限や受忍を求める集合的な力、個性の伸張を押さえつける

　　不特定多数の圧力というネガティブな側面も有していること、そして Open では、公園
　　等、誰もがアクセスすることを拒まれない空間や情報が想定されている。
4）　この点は、中西（2008）において詳述している。

■参考文献

アーレント，ハンナ（志水速雄訳）（1973）『人間の条件』中央公論社。

ボルノウ，オットー・フリードリッヒ（大塚恵一他訳）（1988）『人間と空間』せりか書房。

後藤玲子（2003）「多元的民主主義と公共性―J. ロールズと A.K. センのパースペクティ
　　ブ」山口定・佐藤春吉・中島茂樹他編『新しい公共性―そのフロンティア』有斐閣。

後藤玲子（2004）「正義とケア―ポジション配慮的〈公共的ルール〉の構築に向けて」塩
　　野谷祐一・鈴村興太郎・後藤玲子編『福祉の公共哲学』東京大学出版会。

ハーバーマス，ユルゲン（丸山高司他訳）（1987）『コミュニケイション的行為の理論
　　（下）』未來社。

ハーバーマス，ユルゲン（細谷貞雄他訳）（1994）『公共性の構造転換（第2版）』未來社。

ヘーゲルストランド，トルステン（荒井良雄・川口太郎・岡本耕平他訳）（1989）「地域科学
　　における人間」『生活の空間 都市の時間』古今書院。

稲垣久和（2002）「日本の宗教状況における公・私と公共性」佐々木毅・金泰昌編『日
　　本における公と私』東京大学出版会。

梶田孝道（1988）『テクノクラシーと社会運動―対抗的相補性の社会学』東京大学出版
　　会。

金泰昌（2001）「総合討論 I」佐々木毅・金泰昌編『公と私の社会科学』東京大学出版会。

金泰昌（2002）「発題 I を受けての討論」佐々木毅・金泰昌編『中間集団が開く公共性』
　　東京大学出版会。

水林彪（2002）「日本的『公私』観念の原型と展開」佐々木毅・金泰昌編『日本における
　　公と私』東京大学出版会。

中久郎（1999）『社会学原論―現代の診断原理』世界思想社。

中西典子（2008）「ポスト福祉国家の公私分担をめぐる比較社会学」『地域創生研究年
　　報』第3号。

中西典子（2016）「英国のローカリズム政策をめぐる地方分権化の諸相（一）―労働党か
　　ら保守党・自由民主党連立を経て保守党単独政権に至るまでの経緯」『立命館産業
　　社会論集』第52巻第1号。

似田貝香門（2001）「市民の複数性―今日の生をめぐる〈主体性〉と〈公共性〉」『地域社
　　会学会年報』第13集。

オストロム，エリノア（原田禎夫他訳）（2022）『コモンズのガバナンス―人びとの協働と
　　制度の進化』晃洋書房。

齋藤純一（2000）『公共性』岩波書店。

里見賢治（2013）「厚生労働省の『自助・共助・公助』の特異な新解釈—問われる研究者の理論的・政策的感度」『社会政策』第5巻第2号。

関谷昇（2007）「補完性原理と地方自治についての一考察—消極・積極二元論に伴う曖昧さの克服に向けて」『公共研究』（千葉大学）第4巻第1号。

渋谷望（1999）「〈参加〉への封じ込め—ネオリベラリズムと主体化する権力」『現代思想』第27巻第5号。

高澤武司（2000）『現代福祉システム論—最適化の条件を求めて』有斐閣。

藪野祐三（2002）「ローカル・イニシアティブと公共性」佐々木毅・金泰昌編『21世紀公共哲学の地平』東京大学出版会。

吉原直樹（2007）『開いて守る—安全・安心のコミュニティづくりのために』（岩波ブックレット No.692）岩波書店。

Ishkanian, A. and Szreter, S. (2012) *The Big Society Debate: A New Agenda for Social Welfare?*, Edward Elgar.

Williams, A., Goodwin, M. and Cloke P. (2014) "Neoliberalism, Big Society, and Progressive Localism," in *Environment and Planning A*, vol.46.

第一部 協同性に根差した
ローカル経済

第3章

地域から掘り起こす新しい「豊かさ」
―東日本大震災を経験した福島県二本松市の取り組みから―

斎藤　文彦

I．はじめに

　20世紀後半の第二次世界大戦後の世界では、開発主義による近代工業化社会の実現が一般的となった。しかし21世紀に入った今日、開発主義への信念は大いに揺らいでいる。現在、人類社会は持続不可能な状況に直面している。耐えがたいほどの不平等の拡大と社会的分断、収入確保のための長時間労働、ますます深刻化する気候危機、といった諸課題は別々のものではなく、一連の関連する問題であり、持続不可能な現状の根源は今世界に広がる資本主義であるとの認識が広まりつつある。さらに、2019年以降新型コロナウイルスの感染爆発が発生し、人類にとって「豊かさとは何か」を改めて突きつけることとなった。

　そこで、今の資本主義の欠陥を克服できる別の経済システムの模索がさまざまになされている。その1つが社会的連帯経済 (social and solidarity economy: SSE) である (Saito 2020)。日本ではまだ一般的にはほとんど馴染みがないが、SSE は諸外国では思想と実践の両面で重視されている。昨今の暴走する市場経済では生産者と消費者が互いに顔の見えない関係として分断されるのに対し、SSE においては互いの交流により商品の生産・消費を通じて絆を深め、お互いがそれぞれのコミュニティーにおける問題解決能力を高め、各種の商業的行為が公共性を持つに至る経済を指す（斎藤 2021）。SSE の主要な担い手は、協同組合や社会的企業である。コロナ禍以前から SSE は世界各地で広がりつつあったが、コロナ禍によって一層活発化した。なぜなら互酬性を基本とする SSE は、グローバル資本主義により阻害された主体性を回復し、社会的保護の拡充にも寄与し、

その結果正義を実現しうると期待されているからである。世界各地の SSE の取り組みは互いに交流しながら、持続可能な社会を構築する大きな社会運動となりつつある。

　SSE の思想的起源とも言えるカール・ポランニー[a]（Karl Polanyi, 1886-1964）は、『大転換』(1944) の中で、資本主義経済のもとで例えば労働力をはじめとするさまざまな生産手段が「商品化」されることを危惧し、それに抗する「社会的保護」との関係性に着目した（Polanyi 1944）。ナンシー・フレイザー（Nancy Fraser, 1947- ）は、ポランニーを拡張し、時代の変化とともに新たな脅威により傷つきやすい人々を「解放」すべき点をも強調している（Fraser 2013）。本研究では、SSE の視点からの考察により、経済が物質的豊かさのみを人にもたらすか否かではなく、各々の担い手が生きがいを感じられるように、経済を社会に埋め戻す可能性を探っていく。

　これまでの常識では豊かさとは「金持ちになること」であると端的に表現できよう。なぜなら、物質的豊かさは所得で表せるとされるからである。しかしながら、この常識は揺らぎ始めている。残念ながら日本の社会人は、世界でも仕事にやりがいを感じる人の割合が大きく劣る。SSE では、多様な人々が生きがいを感じられる社会や経済のあり方を目指す。そこでは、やりたくない仕事をさせられるというよりは、自分の経済活動が地域の他の人々の暮らしにもつながり、互いに支え合っていることを実感できる。SSE では、自分自身が本当にやりたいことを実践するための「時間持ち」となることの方が重要である（工藤 2020）。

　あらかじめ明確にしておきたいが、資本主義と市場経済[b]は同義ではない。市場は資本主義の成立以前から存在するし、市場が市場としての機能を本来的に果たすことは重要である。問題なのは今の資本主義が市場経済を歪め、少数者の利益のために暴走し、多くの環境破壊や社会分断をもたらしていることで

用語解説 [a] **カール・ポランニー**：ハンガリーで生まれ、ナチスに追われ主として英米で活躍。物資の交換形態として互酬・再分配・交換の三様式を指摘した。主著『大転換』は1944年の出版であるが、現在の構造的危機の解決のヒントがあると考えられ、評価は近年ますます高まっている。

　　　　[b] **資本主義**：生産手段を有する資本家が、労働者を雇用し、商品やサービスの生産によって利潤を得る経済の仕組み。資本家は得た利益を再投資し、労働者は自らの労働力を売るしかないため、一度この仕組みが動き出すと容易には止められない。

ある。また、経済成長それ自体が悪なのではなく、成長至上主義に陥って、それ以外の視野が狭まることである（佐伯 2017）。本章が特に着目する SSE は、むしろこのようなまっとうな市場機能の回復や成長の果実のより公平な配分を意図している。

　つまり SSE の理念は経済の民主化である。労働が賃金稼ぎの道具になるのではなく、労働自体に意味があり、それを当事者も関係者も有意義であると感じつつ取り組める結果、「時間持ち」が実現できる。民主化とは通常政治的側面で理解されることが多いが、主体性の確保が主眼となれば、政治的制度においてどのような人の意見も聞き入れられる機会が確保されることと、経済的活動において他の道具にならないことの2つが同時に実現されなければならない。言い換えると、SSE は経済活動が何かの手段である目的遂行型ではなく、労働それ自体に意味がある価値創造型なのである。このようなそれ自体に意味がある主体性の確保によってこそ、ウェルビーイング（well-being）が実現され、人間らしい暮らしの豊かさが担保されるとも言えよう。

　本章は地域に根差した豊かさについて、東日本大震災の前後の時期における福島県二本松市での各種の地域振興活動を通じて考える。とりわけ生産者と消費者の間での共感の醸成は SSE にとっての大きな課題である。その試みが成功すれば、これまで常識とされていた「金持ちになること」以外にも、他者と繋がり、自分の居場所を見つけ、生きがいを感じて暮らしていくといった、多様な豊かさが実現されるであろう[1)]。

II．福島県二本松市の取り組み

1　背景と東日本大震災を乗り越える努力

　2011年の東日本大震災以前から、福島県の各地においては有機農業[c]が盛んであった。二本松市は阿武隈山系のやや西側に位置し、標高は200から500メートルで、山林や農地が混在する中山間地域である。ここは歴史的には飢饉や冷害の多い地域であった。戦後の高度経済成長期の1970年代には、県内でも有数の

用語解説 [c] 有機農業：通常よく使われる化学肥料や農薬をできるだけ避け、代わりに堆肥などを使い、環境負荷をできる限り減らすとともに、安心・安全な食の提供を目指す農業。

蚕の生産地だった。しかし、農業の衰
退とともに人口も減少していった。特
に旧東和町では、養蚕の経験から農薬
の使用には慎重であったため、有機農
業という方向性が示された。平成の自
治体合併はこの地にもおよび、2003年
頃から近隣との協議が始まり、2005年
12月に旧東和町は二本松市に吸収合
併された。その際に多くの住民の間
で、「このままでは置いていかれるの
では」という危機感が高まった。その
ため、2005年4月にゆうきの里東和ふ

図1　福島県二本松市
出典：二本松市ホームページ https://www.city.
nihonmatsu.lg.jp/shigoto_sangyo/kigyouriichi/
youhci/page000830.html

るさと協議会を設立し、「ゆうきの里東和」宣言を発表した。同年10月には当時
農村にはまだ珍しいNPO法人が設立された。この「ゆうき」という言葉には、
有機農業、人びとの関係を有機的に繋ぐ、さらに勇気をもって新しい地域づく
りに取り組むという3つの意味が込められていた。そしてその実現のために、住
民が主体的に取り組んでいくことが重要であるとされた（菅野・長谷川 2012）。
　しかし、2011年3月に東日本大震災が発生し、原発事故による放射能汚染
はこの地にも及んだ。この地域には行政や農協の仕組みに依存せず、自ら考え
て農業を行っていた有機生産者が少なくない。そのため、震災直後から災害を
乗り越えようと農産物の生産・販売で奮闘してきたやや異色の農家が幾つもあ
る。放射線量の測定が何よりも急務であったが、国をはじめとする行政の体制
づくりは遅れた。そこで、震災の翌年から域外の科学者の支援をえた市民が放
射線量の測定を開始した。後の行政の体制が整うまで、この活動は貴重なデー
タを提供してきた。
　また旧東和町では、震災直後から幾つもの有機農家が例えば土壌の外部専門
家などとも協力してきた。その有機農家の一人、菅野正寿は震災直後から新潟
大学をはじめとする複数の外部専門家とともに、田畑での放射線量計測や、放
射能汚染の作物への移行状況について丹念に検証をしてきた。その過程で土壌
中のカリウムは、放射性セシウムと化学的に似ているため、作物のセシウム吸

収を抑えることが発見された。また、土壌の有機物は時間の経過とともに腐食し、粘土や土壌有機物がセシウムを固定し、作物への移行を軽減することが確認された。結果として、米と野菜については、農作物への放射性物質の移行はほぼ抑えられることに成功した（菅野・長谷川 2012; 菅野・原田 2018）。

　その一方で原発事故後、農家は農作物の販路を失った。そのなかでも二本松農園の取り組みは特筆に値する。自らの農作物販売もままならないなか、同業者の農作物も軽トラックにつんで首都圏で販売したり、インターネット販売を個人や企業とも提携して展開したり、さらには都会の消費者に産地の事情を理解してもらう交流事業を展開したり、コロナ禍においてはシングルマザーを社員として雇用したり、最近では貧困家庭への支援としてクラウドファンディングを実施したりと、この農園はその時々の社会問題を的確にとらえて行動している点において他からも一目置かれる存在である（齊藤 2022; 福島里山ガーデンファーム n.d.）。

　驚くべきことに、このような努力もあって、東日本大震災後も他府県からの新規就農者が少数ではあるが途切れることなく続いてきた。自分自身の生計が苦しい中で、新規就農者を支えつつ一緒に歩んできた農家の姿勢には本当に頭が下がる（大江 2015）。

　さらに2022年には、布沢の棚田が「天女舞う棚田の里」として、地域の歴史・文化を継承するのみならず、農業体験イベントなどでの都市農村交流による関係人口の創出が評価され、農林水産省のつなぐ棚田遺産に選定された。全国271箇所のうち、ここを含め福島県では3箇所が選ばれた。

　これら諸々の取り組みの結果、自然にも優しく、また農家もやりがいを感じられる第一次産業を維持発展しようとしてきた取り組みが蓄積されてきたのである。

　しかしながら、福島を取り巻く第一次産業の状況は決して楽観できない。野菜の価格、例えばキュウリなどは、他の産地の価格と比べても見劣りしない程度にまで回復した。しかし、主力の米や牛肉については、生産量は震災前に戻りつつあるものの、価格はまだ農家が納得できる程度にまで回復していない。例えばＡランクのコシヒカリの取引価格はピークであった30年前の価格と比べるとおよそ半値程度であり、福島産米の価格の回復は遅い。その結果、米を

はじめとする産品の利益の多くは、流通業者や大手コンビニチェーンに取られてしまい、生産者たちには還元されていない。このことは、国の政策的な取り組みが貧弱で、農家にしてみればその努力が報われない状況になっていることを意味する。

2　地域おこしの諸活動

　原発事故による影響は今でも残っているが、二本松ではさらに興味深い展開が幾つも見られる。まず1969年に設立された株式会社いちいである。同社は福島県にて食品を主に扱うスーパーマーケット・チェーンである。「郷土を愛し、お客さまと共に歩み、共に伸びる」ことを経営理念とする。地産地消を推進するために、「市場規格にとらわれない、青果物本来の「鮮度と味」を最重要視した商品販売を心がけ、(中略) 生産農家様の担い手としても、微力ながら貢献したい考えを持ち、常に販売側と地域の皆様と一緒に育っていく考えです」としている。同社はオーガニックふくしま安達という生産者グループから農産物を仕入れ販売することで、地域の人々の信頼を得ようとしている (いちい 2023)。

　次は、震災前から地域おこしの1つの目玉であった農家民宿である。震災後も県外からの見学者の受け入れや、若者との交流を通じて、さまざまな形で相互理解を推し進めてきた。各種の体験型教育旅行を普及させるために、グリーンツーリズムの推進母体である「まるっと東和」もちょうど震災の年の2011年に設立された (まるっと東和 2021)。

　また、ふくしま農家の夢ワイン株式会社も注目されている。震災直前から構想され、震災の翌年に設立されたクラフトワイン醸造会社で、「地に足を付けて、背伸びをせず、農家が自然の恵みを素直に引き出してつくる果実酒たち。グラスの向こうに阿武隈ののどかな里山が見えるようなほっとする美味しさ」を提供する。「自然体の自分にふと立ち戻れる、飾らず気さくなワ

写真1　ツーリズム促進のためのアート (著者撮影)

イン」と自らの製品を説明している（ふくしま農家の夢ワイン 2023）。自然の恵みを大切にしつつ、果実の生命力を引き出している誇りが感じられる。このワインは評判となり、今では JR 東日本の寝台特急「四季島」のこだわりの食事に欠かせない存在となっている。

　最後に、エネルギーの地産地消を目指すゴチカンは、2018 年に設立された。「再生可能エネルギーを通じて、持続可能な地域社会の在り方を考え、地域に住む住民の方と一緒に選択肢を作り、その過程全てを共にすることを企業理念とする」と自らを説明している。原発事故に懲りたからこそ、電力をみんなで作りだして、「公共の場」を再生させるという意欲がうかがえる。近年では、農地の上にソーラーパネルを設置し、いわゆる「ソーラーシェアリング」を試験的に導入している（ゴチカン 2018）。

　これらの諸活動は、いずれも震災をはさんでこの地域をより良くしようという志から生まれ、展開されてきたことが伝わってくる。

写真 2　ソーラーシェアリングを案内する菅野正寿氏（著者撮影）

③　オーガニックビレッジ（OV）構想の宣言と今後

　各種の取り組みが展開する中で、2022 年度に国は食料・農林水産業の生産力向上と持続性の両立をイノベーションで実現するために「みどりの食料システム戦略」を表明した（農林水産省 n.d.a）。「みどりの食料システム戦略」は必ずしも有機農業の推進を前面に出したものではないが、これまでの通常の作物栽培が肥料を多大に投入してきたことからすれば、より生態系保全を意図したものと言える。これをうけたオーガニックビレッジ（OV）とは、「有機農業の生産から消費まで一貫し、農業者のみならず事業者や地域内外の住民を巻き込んだ地域ぐるみの取組を進める市町村のことをいい」、この先進的モデルを農林水産省としても支援していくとしている（農林水産省 n.d.b）。

　二本松市では、2022 年 6 月に循環型農業推進協議会が設立された。「有機農

業をはじめとした循環型農業を推進すべく、資材・エネルギーの調達から、農産物の生産、加工、流通、消費に至るまでの環境負荷軽減、食農教育を通じた次世代育成及び持続的発展に向けた地域ぐるみのモデル的先進地区の創出に資すること」を目指していると説明されている。

　この協議会には、生産者、産直センター、地元のスーパー（いちい）、ご当地自然エネルギー企業（ゴチカン）、福島県、福島大学などが参加し、話しあいを重ねた。そして、2023年2月25日に市長によって、福島県において初めてのOV宣言がなされた。宣言の目的は以下である。

　1. 自然と共生する農業、里山を活かす農業の地域内への普及
　2. それら生産された農作物の学校給食を始めとする地域内への普及
　3. 生産者、消費者、事業者との相互交流、理解促進、人材育成
　4. 里山資源・自然エネルギーの利活用（二本松市 2023）

　この宣言は、二本松でのこれまでの各種の取り組みの蓄積の延長線上にある。さまざまな取り組みによって東日本大震災にも打ち勝ってきたからこそ、このOV宣言にたどり着いたのである。

　他方、まだ宣言が出て時間が少ししか経っていないため、宣言の具体化は今後の推移を見ないとわからない。宣言にある学校給食については、まずは有機米の活用から始めてはどうかと考える関係者が少なくないようである。二本松ではこれまでも生徒たちが生産現場を訪れて農業について学んできた。OV構想にある学校給食が実現すれば、将来的には生産者による出前授業などによって、生徒が食と農について考える機会が増えると期待される。つまり、給食は単に食べることにとどまらず食育[d]などのより大きな教育効果をもたらす可能性がある。

　しかしながら、そもそも日本では、有機農業を活用した学校給食の実現が非常に少ない。生産者にとっては野菜は大変だが、お米は貯蓄できるので管理のしやすさがあり、有機米を学校給食に使ってもらうことへの期待は高い。その一方で、利益団体のなかには、既得権益がらみで必ずしもこの構想に乗り気ではないところもあるとされる。まずもって、市に設置された協議会には、農業

用語解説 [d] 食育：食べる行為に関わる多様な事柄と、食べ物を生産する第一次産業への理解を深めようとする活動。学校や地域での取り組みを通じて、資源循環の促進をはかり、持続可能な暮らし方を目指す。

協同組合（JA）が入っておらず、農と食において大きな影響力を持つ JA が「みどりの食料システム戦略」に必ずしも積極的ではないこともあり、今後学校給食における有機農産物の普及がどのようになるのか不確定である。二本松市の農家の中にも、JA に依存している既得権益農家も当然存在する。そうなると、反対を押し切って無理矢理進めても、本来の成果は期待できないであろう。

　そのため、何名かの有機農家は関係者のあいだで、合意できる範囲を広げていくことの重要性を指摘している。ある農家は、まずもって生産者が「根っこをもっと見つめること」が大切であると力説していた。これまでも二本松では、こだわりをもって有機農業を展開してきた農家が一定数いる。そのような生産者たちが、なぜそれぞれのやり方にこだわってやってきたのか？　また何のためにこだわってきたのか？　何のためにそれまでの生活をやめ、農家になったのか？　さらには、なぜ他の場所ではなくここで新規就農したのか？　これらの決断により目指そうとした暮らしぶりとは何だったのか？　これらを振り返り、利害関係者たちへ情報発信していくことが大切ではないかと指摘している。生産者側の「根っこ」からのメッセージは、東日本大震災から12年がたち、さらにコロナ禍を経たことにより、重要性は一層高まっている。都市住民へむけて里山の安らぎを発信することを含め、異なる関係者間の相互理解が今後とも望まれるであろう。今必要な相互理解とは、経済的豊かさや効率性を超えて、どのような価値観を共有すれば、立場が異なる関係者間の相互信頼に発展しうるのかというより根源的な問いかけになる。

Ⅲ．　オーガニックビレッジ（OV）構想が突きつける諸課題

　二本松での OV をめぐる動きを、SSE の視点から考えるとどうなるのであろうか？　第一に、主体性の回復が重要である。その際の主体とは近代化論[e]が想定する個人の主体性ではなく、関係性に裏打ちされた主体性を考えるべきであろう。新自由主義の経済政策では、個人の合理的意思決定が前提にされ、そのために勝ち組は優遇されるが、失敗すればそれは自己責任とされる。しか

──────────────────────

用語解説 [e] 近代化論：遅れた伝統的社会を、より洗練された近代的社会へと変革する多様な行為を正当化する考え方。資本主義も社会主義も、人類はより良い方向に進むとする進歩史観を共有している。

しながら、東日本大震災後やそれ以外の災害で自己責任を問うことは意味をなさない。それゆえに、主体性を考察する際に、人々は傷つきやすいという前提にたち、いかような人もケアを必要とするという事実を直視すべきである。[f]つまり、人間の主体性も個人がバラバラに獲得や回復を目指すものではなく、お互い様の関係性のなかで実現される（ケア・コレクティヴ 2021; Lynch 2022）。

　さらに、関係性に裏打ちされた主体性の回復のためには、利害関係者間の関係性をゼロサム型からポジティブサム型にいかにして変容しうるのかは重要な鍵を握る。OV 構想での学校給食の見込みについて関係者が危惧するように、学校給食を有機農産物によってまかなうことに対しては総論賛成でも、既得権益者にとっては各論反対になりかねない。ゼロサム型の関係性では、誰かの得は別の誰かの損になる。これは利害関係を調整する上でなかなか難しい状況である。それに対してポジティブサム型では、ある関係者の得は特に別の関係者の損にならない。いわゆるウィン・ウィンの関係性である。この状況なら変化を受け入れやすい。学校給食が有機農作物になっても、何か別の手立てを講じ、既得権益者の利益が純減とならないウィン・ウィンに近い状態を作り出せれば、合意はより受け入れられやすくなる。

　第二に、傷つきやすい人間同士が手を取りあって暮らしていくために必要なセーフティネットを考えるには、その設計思想も修正が必要であろう。個人の自己責任ではなく社会的繋がりに基づき、必要とする個人や集団にケアが届くようにしなければならない。ここで、東北地方に残っていた伝統的な講の制度が想起される。なぜなら講は人々が必要とする時に使われる支え合いの仕組みであるからだ。東日本大震災時において講が久しぶりに日の目をみたという例はほとんど聞かないが、しかしながら講の意義については震災をきっかけに再認識されている（東北学院大学政岡ゼミナール・東北歴史博物館 2008）。

　講を現代的状況にそくして、今求められる共有資源や公共財（コモンズ）[g]に

[f] ケア：以前は社会的弱者への配慮や支援を意味した。近年のコロナ禍で、誰でも生活基盤が脅かされることが認識され、社会全体がいかにして持ちつ持たれつの関係性を築けるかが重要とされる。

[g] コモンズ：かつては入会地などが一般的であったが、近代化で多くは失われた。今、自主的ルールによる営みの有効性が再認識され、複雑化しつつある環境危機の解決に資すると期待されている。

作り直すことは喫緊の課題であろう。コモンズでは関係者において自主的な
ルールが定められ、そのルール遵守に関わる制度が明確になることで、外部権
力の介入なしに共有資源や公共財が維持され次世代へ受け継がれていくことが
可能となる（Ostrom 1990）。コモンズの再生には、一方で弱さを抱えた人々で
あっても遵守できるルールが必要であるが、他方でそのルールが非協力的な
「ただ乗り」行為を防げるかにかかっているであろう。柔軟かつ有効なルール
作りは、高齢化による担い手不足のなかで手間のかかる有機農業を展開するた
めには重要である。現代的コモンズが、単なる牧歌的な意味での里山や里海の
保全以上に、地域に暮らす多様な関係者それぞれの立場の違いをも尊重し、
各々がそれぞれの責任を果たす包摂を目指すのであれば、関係者それぞれに
ウィン・ウィンとなるような道筋を見いださなければならないであろう。

　これは第三の解放のあり方にも関連してくる。さまざまな社会的阻害によ
り、生きがいを感じられなくなっている人々の人間性をいかに回復させるの
か？　福島県産の米をめぐる利益配分では、流通業者や全国的小売業者が優位
に立ち、その一方で生産者は不条理な結果に耐えるしかない。作れば作るほ
ど、農家の苦労が報われない状況は明らかに正義にもとる。福島の農家はそれ
ゆえに怒りや、失望感を抱えている。この状況をできる限り迅速に反転し、や
りがいを感じられる状況を作り出す必要がある。この不正義を解消するのに、
OV 宣言は重要な契機とはなり得るであろうが、学校給食の有機化は生産者が
被っている不条理の解消にも資するのであろうか？　二本松という地域の中に
おいては、OV 構想の具体化、学校給食の有機化により、生徒やその家族と
いった消費者と生産者の相互理解は向上すると十分期待できる。しかし、地域
の外には何かインパクトはあるのであろうか？　また、消費者が生産者を単に
利用するのではなく、農の営みを正しく理解し、生産者を尊敬し、命のリレー
を受け継ぎ、後世により望ましい未来を残していけるのであろうか？　域外の
人々とのさらなる相互理解の促進には、今まで以上に工夫された情報発信が必
要になるのではなかろうか。そのような情報発信は、人々へのケアから生ま
れ、相互信頼に支えられていくべきなのであろう。

Ⅳ．地域に根差しつつも開かれた関係性を

　二本松での OV 宣言を軸とした今後の展開は、困難を伴いながらも大きな可能性があるとの期待を抱かせる。この地域での長年の諸活動が OV 宣言をきっかけに相互につながり、相乗効果を発揮するかもしれないと予感させる。これまでみてきたように、震災の前後で二本松においては生産者と消費者を結びつける各種の活動が展開されてきた。食と農を軸としつつも、クラフトワイン生産やグリーンツーリズムの推進、再生可能エネルギーの地産地消など、幾重にも重なる「公共の場」の作り直しが現在進行中である。公共の再創造は多様な関係者をまきこみつつ、場合によっては利害対立を浮かび上がらせるかもしれない。しかし時間と空間を拡大し、多様な人々の繋がりを編み直すことで、単に金銭的な損得関係を超えた関係性を生み出すのではなかろうか。この試みは二本松という一地域に閉じられたものではなく、都会の消費者、域外の人々と開かれた関係性を構築しようとしている。これはまさに個性豊かな人々・多様な関係者がそれぞれなりのやり方で繋がる「関係人口」の拡大であるからこそ、大きな可能性を感じさせる。

　例えば、JR の豪華列車でクラフトワインを味わった人たちは、単なる美味しいワインで良かったという満足で終わるかもしれない。しかしそれがきっかけとなり、農家がこだわって作ったワインの背景にあるストーリーや価値観に目を向けてくれるようになれば、次元の違う消費行動へと展開していく可能性がある。もしかするとストーリーに目を向けることによって東日本大震災以降の福島や東北の農家の多大な努力に思いをはせ、それならば自分も農家を応援し、生産者も消費者もウィン・ウィンの関係を築きたいと考える人々も出てくるかもしれない。このように一過性の満足な消費から、価格よりも価値を重視し、相互信頼による継続的な関係性へと展開することになれば、それがやがて大きな変革へと導かれる可能性もあろう (Gibson-Graham and Dombroski 2020)。地域を軸に、価格や利益のみを重視する経済活動だけではなく、互恵性や助け合いを体現する関係人口が分厚くなれば、それはより大きな社会変革への可能性も切り開くのではなかろうか。そのようになれば、福島米の流通問題といった今なお解決が難しい課題に対してもやがては解決の一助になるのではないかとさえ思える。

Ⅴ．結びに代えて

　世界各地や日本において深刻さをますます深める諸課題は、我々にこれまで通りの暮らしへの変革を迫っている。社会的連帯経済（SSE）という視点は変革にあたっての課題を示したが、他方、変革をそれぞれの地域から「開かれた形」で考えることは極めて意義深いことも判明した。

　二本松でのオーガニックビレッジ（OV）構想の実現は、まだ具体性が見えていないし、今後とも克服すべき課題は少なくない。その一方で、大きな可能性を示しているようにも思われる。OV構想にあるように地域の中において、有機農業、グリーンツーリズム、再生可能エネルギー、といった多様な要素が相乗効果を起こすことになれば、それまでとは異なる経済や社会を実現する可能性はあるように思われる。二本松においては、地域の人々が長年地道な取り組みを積み重ねてきており、それは地域の大きな財産である。そして今後有機農業による学校給食が実現すれば、子供や大人を巻き込んだ食育へと展開し、将来的により持続可能な展望を切り開く人材育成へと展開していく可能性も大いにある。

　そこで実現される「豊かさ」とは、近代工業化社会が今まで当然としてきた目的遂行型の発想に基づく所得の増大だけではないだろう。それに代わって、関係性に裏打ちされた主体性が尊重され、各種のセーフティネットが整い、その結果傷つきやすい人々でも居場所が確保されている状況ではなかろうか。多様なケアを必要とする誰もが、そのままの「自分らしく」暮らせる社会と表現することもできよう。無論、そのような理想的な未来が自動的に訪れるわけではなく、各種の困難を乗り越える必要がある。しかしながら、お金に代わる新しい価値を人々がより尊重し、その上で関係者が互いの理解と信頼を構築しようとするならば、未来への展望は開けるのではなかろうか。「根っこを見直す」と農家自身が表明していることが、価値創造型の発想の大切さを裏づけている。そのような価値観のもとで、持ちつ持たれつの経済的関係性が実現され、生きがいを感じ「時間持ち」となった人々の笑顔が絶えない社会こそが、ウェルビーイングを体現するのであろう。

【謝辞】

本章は龍谷大学国際社会文化研究所の助成による研究成果の一部である。本稿の一部は、2021年ならびに2023年の国際開発学会春期大会において発表し、関係者から有益なコメントを頂戴した。あわせて感謝の意を表したい。

読んでみよう、学んでみよう

1. 藤井敦史編著（2022年）『社会的連帯経済—地域で社会のつながりをつくり直す』彩流社
   ＊日本ではまだそれほど馴染みがない社会的連帯経済についての本格的解説書です。
2. 辻内琢也，トム・ギル編著（2022年）『福島原発事故被災者　苦難と希望の人類学 —分断と対立を乗り越えるために』明石書店
   ＊東日本大震について書かれた比較的近年の本として、被災者をとりまく現状を批判的に考察しており、いろいろと考えさせられます。

注

1) 災害後の復旧・復興過程が単に災害前に戻すだけではなく、よりよい社会へ移行する方が望ましいという視点に立てば、この移行（build back better）において SSE が果たす役割は重要である（Saito 2020）。
2) 福島第一原子力発電所の事故については、日本原子力学会（2020）を参照。

参考文献

いちい（2023）「いちいは福島県を中心に展開する地域密着型のスーパーマーケットです」2023年6月24日アクセス（https://www.ichii-yume.co.jp/）。

工藤律子（2020）『ルポ つながりの経済を創る—スペイン発「もうひとつの世界」への道』岩波書店。

大江正章（2015）『地域に希望あり—まち・人・仕事を創る』岩波新書。

ケア・コレクティヴ著、岡野八代・冨岡薫・武田宏子訳（2021）『ケア宣言—相互依存の政治へ』大月書店。

ゴチカン（2018）「二本松ご当地エネルギーをみんなで考える株式会社」2023年6月24日アクセス（https://gochikan.com）。

斎藤文彦（2021）「10年後の地球に人類はまだ生きているか？　資本主義経済から社会・連帯経済への転換の可能性」関根久雄編『持続可能な開発における〈文化〉の居場所—「誰一人取り残さない」開発への応答』春風社。

斉藤康則（2022）「『二本松農園』の10年」『震災学』Vol. 16、159-174頁。

佐伯啓思（2017）『経済成長主義への訣別』新潮選書。

菅野正寿・長谷川浩編（2012）『放射能に克つ農の営み─ふくしまから希望の復興へ』コモンズ。

菅野正寿・原田直樹編（2018）『農と土のある暮らしを次世代へ─原発事故からの農村の再生』コモンズ。

東北学院大学政岡ゼミナール・東北歴史博物館編（2008）『波伝谷の民俗』東北歴史博物館。

日本原子力学会（2020）『国際標準からみた廃棄物管理─廃棄物検討分科会中間報告』日本原子力学会。

二本松市（2023）「オーガニックビレッジ宣言」2023年7月2日アクセス（https://www.city.nihonmatsu.lg.jp/shigoto_sangyo/nougyo/sesaku/page010506.html）。

農林水産省（n.d.a）「みどりの食料システム戦略」2023年6月24日アクセス（https://www.maff.go.jp/j/kanbo/kankyo/seisaku/midori/）。

農林水産省（n.d.b）「オーガニックビレッジのページ」2023年6月24日アクセス（https://www.maff.go.jp/j/seisan/kankyo/yuuki/organic_village.html）。

福島里山ガーデンファーム（n.d.）「なつかしさ」が「あたらしい」2023年6月24日アクセス（http://www.farm-n.jp/）。

ふくしま農家の夢ワイン株式会社（2023）Farmers' Wine and Cidre 2023年6月24日アクセス（https://www.fukuyume.co.jp/）。

まるっと東和（2021）「東和地域グリーンツーリズム推進協議会まるっと東和」2023年6月24日アクセス（https://marutto-towa.com/）。

Fraser, Nancy (2013) "A Triple Movement?: Parsing the Politics of Crisis after Polanyi," *New Left Review*, Vol.81(81), pp.119-132.

Gibson-Graham, J.K. and Kelly Dombroski (2020) *The Handbook of Diverse Economies*, (Cheltenham: Edward Elgar).

Lynch, Kathleen (2022) *Care and Capitalism*, (Cambridge: Polity Press).

Polanyi, Karl (1944) *The Great Transformation* (New York: Rinehart & Company)〔野口建彦・栖原学訳（2009）『大転換』東洋経済新報社〕.

Ostrom, Elinor (1990) *Governing the Commons: the Evolution of Institutions for Collective Action*, (Cambridge: Cambridge University Press).

Saito, Fumihiko (2020) "Fragile Seed of Social and Solidarity Economy in Post-disaster Affected Areas of Tohoku, Japan," *Quality of Life Journal*, 2020 Issue 2, pp.97–114.

第4章

社会的連帯経済における互酬性の役割
―パキスタンのイスラム金融マイクロファイナンス機関・アフワット―

高須 直子

I．はじめに

　「貧しい借り手たちは、自分たちが見知らぬ人々に助けられたことを知っています。だから彼・彼女らも見知らぬ人々を助けるのです」とアフワット（Akhuwat）創立者のサキブ（Muhammad Amjad Saqib）氏は私に言った。彼はまた、「より良い社会をつくりたいと思ったら、隣人と分かち合うべきだ、という教えがアフワットの根底にあります」と話してくれた。本章は、このアフワットを事例として取り上げ、社会的連帯経済を地域主義の観点から探ることを目的とする。より具体的には、パキスタンにおける社会的連帯経済の実践といえるアフワットという組織が、貧困層に対する無利子のマイクロファイナンス（少額融資）で20年以上拡大を続けていることに着目し、アフワットの特徴のひとつである互酬性[a]の役割につき、地域の特異性も踏まえて探る。アフワットは2001年にサキブ氏と友人たちが貧困層に対し無利子で少額の貸付をすることから始まった。「思いやりと公正にもとづく貧困のない社会」という理念を実現すべく、マイクロファイナンス事業以外にも教育、医療、トランスジェンダー支援、衣料品リサイクル事業なども手掛けている。アフワットは2023年6月現在、パキスタン全土に850以上の支店を持ち、貸付総額2,018億ルピー（日本円にして約1,000億円）、延べ580万件以上の貸付を行い、99.93%という返済率を誇る（Akhuwat 2023）。サキブ氏は2021年にアジアのノーベル賞とも言われるマグサイサイ賞を受賞した。

用語解説 [a] 互酬性：受けた贈り物・助けに対して、お返しを行うこと。相互扶助行為。

　社会的連帯経済には様々な定義や捉え方があるが、本章では (1) 市民が主導し、(2) 利益よりも人々の幸福と環境保全を優先し、(3) 協力、連帯、互酬性、包摂性、多様性、民主的で自主的な運営といった原則に基づく経済活動、とする (Takasu 2023)。地域主義については、玉野井 (1979, p.18) の「地域に生きる生活者たちがその自然・歴史・風土を背景に、その地域社会または地域の共同体にたいして一体感をもち、経済的自立をふまえて、みずからの政治的・行政的自律性と文化的独自性を追求すること」を用いる。西川 (2007, p.18) は「連帯経済は、マクロ (グローバル、ナショナル)、メゾ (中間領域や文化の分野)、ミクロ (個人、家計や企業、団体) の三レベルで存在する」としている。本章ではミクロレベルで存在している社会的連帯経済の実践が、「地域社会に深く埋め込まれたもの」(Teixeira 他 2021, p.266) であるがゆえに、特定の地域における人々の繋がりや規範に頼りつつ、どのような価値を創造しているかを探る。そして、アフワットの実践はマクロレベルに影響を及ぼすものであるか、他の地域でも実現可能なものであるかを考証する。

　社会的連帯経済の実践は、様々な形で行われている。協同組合、社会的企業、マイクロファイナンス、時間銀行[b]、地域通貨、産直運動や地産地消、フェアトレード、コミュニティによる再生可能エネルギー運営などが一例である。これらの多様な市民による経済活動が、民間企業による経済活動や国・地方政府などによる公共の経済活動と如何に異なるかを示す際の理論枠組みとなるのが、経済人類学者のカール・ポランニー (Karl Polanyi) の『大転換 (The great transformation)』(1944/2001) 等における議論を基にした次の3つの論点である。1つ目は、何がその経済活動を動かす原理となっているか。民間の経済活動は「市場」を使い、公共経済は「再分配」を使っている。社会的連帯経済は市場や再分配を利用しつつも「互酬性 (reciprocity)」を優先原理とする、という論者が多く (北島 2016など)、筆者もその立場を取る。2つ目は、社会的連帯経済は「経済を社会に再び埋め込む」活動であること。小池 (2019) は、ポランニーの「埋め込み」について、19世紀以前は経済が社会にとって付随的な存在であり経済

用語解説 [b] 時間銀行：「時間」を交換単位として、「銀行」に参加するメンバー間でサービスをやりとりする仕組み。この仕組みを世界で最初に利用したのは日本だったとされる。詳しくは工藤 (2016) を参照。

は社会のルールによって規制されていたが、経済と社会の関係が逆転し、社会が市場の従属物になった、と説明している。さて、社会的連帯経済がこの関係を再逆転する活動だというのはどういうことだろう？　筆者は、経済を「人々のより良い生活やより良い社会を、それぞれの自然環境と社会状況に合った方法で実現させるための活動」と捉えなおすこと、だと考える。これは地域主義との接点でもある。ポランニーの議論から理論枠組みとして使われる3点目は、社会的連帯経済は労働、土地、それ自体が取引対象となった貨幣という3つの「擬制商品[c]」を、本来の人間、自然、貨幣に戻す役割を持っているということである。

　アフワットが活躍するパキスタンでは、「社会的連帯経済」という言葉は知られていない。それでも、アフワットの活動は紛れもなく連帯を基にした経済活動である。パキスタンのパンジャブ州から始まり、全国に広がったアフワットは、互酬性をどのように使って拡大してきたのだろうか？

Ⅱ．パキスタンとイスラム金融マイクロファイナンスについて

1　パキスタンについて

　アフワットについて語る前に、パキスタンという国と、イスラム金融マイクロファイナンスについて概要を述べる。パキスタンは世界第5位の人口、約2億3千万人を抱える国で、インド亜大陸の北西に位置し、パンジャブ、シンド、カイバル・パクトゥンクワ、バロチスタンという4つの州と、イスラマバード、ギルギット・バルチスタン、ジャム・カシミールという3つの特別地域から成る。2017年の人口調査によると、96％がイスラム教徒、1.73％がヒンズー教徒、1.27％がキリスト教徒である（GoP 2017）。パキスタンの1人当たり国民総所得（GNI）は1,470米ドルで、世界銀行の分類で低中所得国に含まれる。成人一人当たりの月収3,757ルピーというパキスタン国内の貧困線を使った貧困率は2018/2019年度に21.9％だったが（GoP 2022）、UNDPとオクスフォード

用語解説　[c] 擬制商品：売買されるために生まれたのではない人間、自然、貨幣が、「商品（販売するために作られたもの）」であるかのように市場で取引されるようになったことをさして「擬制（fictitious）商品」と呼ばれる。

貧困・人間開発イニシアティブ（2021）によると2017/2018年度の多元的貧困率（所得以外の側面における貧困度を測るもの）は38.3％であった。

2　イスラム金融について

　イスラム金融の特徴には、次の3点が挙げられる。まず、利子の禁止。次に、イスラム社会で望ましくないとされる行為や禁じられている行為への資金提供の禁止。具体的には、不正、詐欺等を伴う取引の禁止、ハラーム（アルコール、豚、違法薬物、ポルノ、ギャンブル等）に関する事項への資金提供の禁止である。3点目は、不確実性、投機の禁止である。1点目の利子の禁止については、鈴木・濱田（2010, p.6）は、貸し手が事業の成否に積極的に関与せずに「時間を通じたお金の対価だけを徴収すること」を禁忌していると述べ、「お金は経済を動かすためには重要な媒体ではあるが、経済の主体は実物経済にあることをイスラーム経済は主張しているといえる」と付け加えている。このことは3点目の投機の禁止にも繋がる。これらのイスラム金融の特徴は、前節で述べた社会的連帯経済の実践は貨幣を本来の役割に戻すものだという考え方や、第1章にある「経済を実質的な意味で捉える」という本書に通底する考え方に共鳴している。

　イスラム金融の形態は色々あり、利用度・認知度が高いのは損益分配方式と呼ばれるムダーラバ、ムシャーラカや、商品・財介在方式と分類されるムラーバハ、イジャーラだが（鈴木・濱田 2010）、本章に関連するのはカルド・ハサン（Qard-e-Hasan；無利子融資）である。カルド・ハサンはイスラムの教えで貧困層に効果的な方法であると奨励され、通常のチャリティー、つまり返済義務のない完全な施しよりも望ましいとされている（Khan 他 2017a）。Aziz & Mohamad（2016）は、ザカート（喜捨）やサダカトゥ・ル＝フィトゥル（ラマダーン月終わりに支払う寄付）は富裕層から貧困層への富の分配を義務づけられ格差是正に繋がるもので、サダカ（寄付）、ワクフ（寄進）、カルド・ハサンはイスラム社会における貧困削減の方法である、と説明している。カルド・ハサンが、自発的な取り組みであり、貧困層を対象としており、チャリティ（施し、贈与）ではなくローン（返済すべき貸付）であること、という3点が本章で重要となる点である。本章では「カルド・ハサン」を「無利子融資」と記述する。

III.　アフワットのケース

１　アフワットの特徴

　2022年時点でパキスタン・マイクロファイナンス・ネットワークに加盟している団体は44で、うち12がマイクロファイナンス銀行、残りはノンバンクのマイクロファイナンス機関ないしそれ以外の組織形態をとる。ノンバンクのマイクロファイナンス機関は預貯金を受け付けることはできない。また、マイクロファイナンス銀行は営利目的で運営されているが、ノンバンクのマイクロファイナンス機関の多くは非営利である（MIX 2020）。イスラム金融マイクロファイナンスとは、イスラム金融の原則に従ってマイクロファイナンスを提供することで、端的に言えば無利子で少額の融資を行うことである。パキスタンにおけるイスラム金融マイクロファイナンスの全体像を示す資料は限られているが、借り手の90%、貸出総額の92% が従来型のマイクロファイナンスであり、イスラム金融マイクロファイナンス機関の借り手は全体の10%、貸出総額だと8% にとどまっている。つまり、2022年初頭、イスラム教を国教とするパキスタンにおいても、イスラム金融マイクロファイナンス機関は少数派である（PMN 2022）。この中で重要な存在が、アフワットである。アフワットの2022年３月時点での借り手は約71万人であり、パキスタン全体のイスラム金融マイクロファイナンス機関からの借り手82万人弱の大多数を占める。

　アフワットの独特な運営方法については Harper (2012) や Khan & Ansari (2018) などの先行研究で述べられているが、貧困層向けマイクロファイナンスの創始者と言われるムハマド・ユヌス氏が設立したバングラデシュのグラミン銀行と直接的に比較したものはほとんど無い。一方、アフワットについて話をすると必ずと言ってもいいほど、グラミン銀行とはどう違うのか？と聞かれる。新型コロナ感染症がほぼ一段落してパキスタンへの現地調査が叶った2022年２〜３月にサキブ氏に面談した際に、同氏も筆者に対しアフワットがグラミン銀行とどう違うのかを人々に説明してもらえると良いと述べた。バングラデシュとパキスタンはマイクロファイナンスの普及率などで大きな違いがあるため、本比較は両アプローチの優劣をはかるものではなく、アフワットが従来のマイクロファイナンスとどう違うのかを浮き彫りにするために試みた。2

つの組織には、次の5点の重要な違いが見られる。まず、アフワットは利子を取るグラミン銀行と違い、イスラムの教えに基づいた無利子融資を実現している。手数料も2022年3月時点一律246ルピー（約170円）で、利子の代わりになるような金額ではない。この無利子融資ということが、恐らく誰にとっても分かりやすく、組織側・借り手側の両方にとって重要な点ではあるが、筆者が注目したのは次の特長で、アフワットの借り手側はグラミン銀行のような出資や預金ではなく、自発的な意思に基づく寄付をしている、という点であり、これは次節で詳述する。3点目は、グラミン銀行では女性のグループ融資をターゲットとしているが、アフワットは個々の世帯を対象としている。4点目は、両者とも無担保融資であるが、いかに返済を確実にするかの方法が異なる。グラミン銀行ではグループを作ることで相互監視を利用するが、アフワットは貸付の実施を借り手の宗教に合わせた宗教施設で行い、それぞれの信仰対象のもとで返済を誓約させることで返済率を高めている。5点目として、アフワットは国際援助機関からの資金はほとんど受けず、国内・地域内のパートナーシップを重視している。これに対し、グラミン銀行は設立当初はかなり国際援助機関からの資金が入ってきていた。では、なぜアフワットは、無利子の融資を名目的な手数料のみで実施するだけでなく、国際援助機関からの贈与を多く受けずに拡大することができたのだろうか？

2　なぜ無利子融資でも拡大しているのか

サキブ氏はアフワットを始める前は公務員であり、2000年時点ではラホールのパンジャブ地方支援プログラム（PRSP）に携わっていた。当時PRSPが貧困層向けの少額融資に課していた手数料は20％を超えており、他の同様のプログラムやマイクロファイナンス機関もそれ以上の手数料や金利を課していた。裕福な人々は10-12％程度の金利で融資を受けられる一方で、貧困層がこのような高い金利を払っていては貧富の差は縮まらない、と感じていた。同じ頃グラミン銀行のユヌス氏と会った際、貧困層が少額の借入に手数料を支払わなければならないのは不当ではないだろうかと述べた。これに対し、ユヌス氏からは手数料について疑問を持つ者は（マイクロファイナンスという）システムを理解していない、無利子融資を自分でやってみたらどうか、という回答を得た

(Saqib & Malik 2019)。これらのことをきっかけに友人たちと自己資金でアフワットを始めた。無利子融資でも継続し、拡大できたのには主に次の３つの理由がある。まず運営管理費を低く抑えていること。このため、地元の人々によるボランティアの活用、支店は小さく簡素な作りにしており、月に一度の貸付の際はモスクや寺院、教会など、借り手の宗教に応じた施設を使うことで費用をかけない。また、支店スタッフには高学歴ではない地元の若者を雇用することで人件費・通勤経費を抑えつつ雇用創出と人材育成に役立っている。次に、これらの運営管理費を、借り手から徴収するのではなく、寄付等で賄っているという点に留意が必要である。このため設立から10年前後に書かれた文献には、この無利子融資の持続可能性について懐疑的であるものが多い。これに対しKhan 他 (2017b) はアフワットの運営開始時の2001年度から2015年度までの収支を表示して、収入が費用を上回ったのは2001年度、2012年度、2014年度、2015年度の４期のみであること、費用を賄えなかった年は貸付原資を当てたことを示した。筆者が2016年度から2019年度までの会計監査報告書から同様に収支比率を算出したところ、全ての会計年度で収入が費用を上回っていた。従って2014年度以降、アフワットは運営管理費を賄うだけの収入を得ており、貸付原資が減っていくという事態を避けられている。無利子融資が実現可能な３点目の理由は、アフワットの場合、貸付原資も無利子である。

　アフワットは、最初の10年間は地元、パンジャブ州ラホールでの事業に専念し、政府からの資金は受け取らずに主に一般市民からの寄付のみで活動を続けていた。しかし当初懐疑的に見られていた貧困層を対象にした無利子の少額融資がほぼ100％の返済率を誇り、支店が次々に増えるに従って注目を集め、2011年にパンジャブ州政府機関からアフワットに対する10億ルピーの無担保無利子の貸付が開始された。その後2018年まで毎年増額され、合計120億ルピーの回転基金[d]となっている。2013年以降はパンジャブ以外の他の州や連邦政府からの同様の無担保無利子の貸付も入り、2022年時点で連邦政府・州政府からの無利子無担保融資総額は200億ルピーになる。そして、これらの政府機関からの貸付は５年という期限があるものの５年後に契約が更新され、貧困

用語解説 [d] 回転基金：貸付後、返済で戻ってきた資金を再度貸付に回す方式の基金。

層への貸付が行われている限り政府に返済する必要がない「回転基金」である
ということ、また、貸付金とは別に、貧困層への貸付にかかる運営管理費用を
支払ってもらっている、ということが特筆すべき点である。なおパンジャブ州
政府からの120億ルピーをもとに、2022年2月時点では累計960億ルピーの貸
付が行われていた。差額の840億ルピーの財源は貧しい借り手からの返済金で
あるとも解釈できる。つまり、アフワットからの借り手が返済をしなければ貸
付原資は目減りしてしまうわけだが、そうなっていない。アフワットの急成長
は政府からの無利子の回転基金だけではなく、借り手である貧困層が確実に返
済をしてきたことによって可能となったのである。

③　カスール県での取り組み

　アフワットのユニークさは、貧困層への無利子融資が持続し拡大していると
いうことだけではなく、その取り組みがコミュニティレベルと国レベルで影響
を及ぼしているということもある。コミュニティレベルの影響を示す好例とし
て、アフワットが2014年から取り組んでいるパンジャブ州カスール県での取
り組みを紹介したい。これはアフワットがドゥンヤ財団と協同で始めたもの
で、コミュニティ開発、経済開発、保健、教育、水と衛生、環境保全という6
つの分野を8つの村で2千世帯を対象にして行われている。2千世帯は110のコ
ミュニティ組織を形成しており、1,338世帯がアフワットからの無利子融資を
借入れている会員、550世帯は借入をしない会員、112世帯が後述する「Ushr」
支援に値する会員であった。カスール県の事業は様々な取り組みが成功してい
て、農産物の収穫が増え、費用が軽減し農家の収入が増え、水や衛生設備など

写真1　カスール県のコミュニティ組織代表の方々との面談（アフワットの職員撮影）

が導入されている。他の村からの見学・訪問を受け入れ、8つの村での事業が、いまでは58の村に広がっている。事業開始前は有利子ローンを借り、ディーゼルオイルを使ってポンプで水を汲み上げていたため燃料費用がかさみ、農作物ができても利払いと元本返済で生活は良くならなかった。無利子融資を受け、共同でソーラー発電方式の井戸ポンプを取りつけるなど様々な取り組みにより、子どもたちを学校に通わせることができるようになり、病院に行けるようになったと話してくれた。

　さて、「Ushr」とは、農産物の収穫を恵まれない人々に分け与えることで、イスラム教の伝統の一部ではあるが、Rasheed（2019）によるとパキスタンではあまり実践されているものではなかった。しかし、アフワットとドゥンヤ財団による事業を通じて連帯の力を再認識した村人は、自分の村にいる最貧困世帯に対し、農産物の収穫の分配や金銭的な援助を行うUshrを始めた。1つの村で始まったものが8つの村に広まり、筆者が訪問した2022年2月時点では累計約390万ルピーの現金と22,600kgの作物が最貧困世帯に手渡されたとのことである。2017年時点で112世帯が援助を受けていたが、2022年初頭には20世帯が「卒業」している。筆者がコミュニティ組織の代表の方々と話した際に、「私は開発援助の世界で長年働いてきて農村開発事業が持続しない例を多くみてきた。カスール県でのアフワットの事業も終了後には成果が持続しないおそれがあるのでは」と聞いたところ、こんな回答が返ってきた。「自分たちは、以前は日々の生活に困っていたけれど、今ではUshrをして（他の人を助けて）いる。Ushrをやめてしまったら（成果が）持続しなかったということだろう」。つまり、自分たちが始めたイニシアティブで、連帯、相互扶助の仕組みを続けられるかどうかがこの事業の成否の基準だという意見とも捉えられる。このことは、国際機関や二国間援助機関による「開発事業」を20年以上見てきた筆者には重要な点だと感じた。その土地の者ではない他者による「介入」から始まる開発事業は、たとえ「住民参加型」であろうとも最終的には資金拠出者（ドナー）がお墨付きを与える「事業目標」が設定され、様々な指標、とくに数値で測ることのできる定量的な指標によって成否の評価を受ける。そういったものに慣れた身には、当初の事業計画にはなく、現在もあくまで村人間でのやり取りであり、資金的にも運営面でも事業によって支援されているものではない伝統的

な相互扶助の仕組みである Ushr を続けることが、自分たちの生活がより良くなったということの証だとすることは特筆に値する。

　第1章にあるように、地域主義には、地域社会から国家への繋がりや積み上がりという特性もある。アフワットが地域から始めた取り組みは、国レベルに発展した。アフワットの成功を受け、パキスタン政府は商業銀行の流動性を利用してパキスタン全国の貧困層に対して無利子少額融資を行う「Kamyab Pakistan Program」を 2021年に立ち上げた。この諮問委員会（Advisory Board）や専門委員会（Technical Committee）にアフワットの創立者であるサキブ氏が入っている。2022年3月に第1フェーズとして 450万世帯を対象に総額 4,070億ルピーの貸付が開始された。このプログラムの新規性は、政府が商業銀行に対して金利を支払うことで商業銀行はそれぞれが保有する資金を使って無利子・無担保でマイクロファイナンス機関に融資し、マイクロファイナンス機関が貧困層への貸付を実施するというものである。本事業開始前、2022年第1四半期時点でのイスラム金融マイクロファイナンス機関からの借り手は 82万人弱、貸出総額が 330億ルピーであったことを考えると、この事業がいかに大規模で無利子少額融資を実施しようとしているかがわかる。

Ⅳ．考察：アフワットにみる社会的連帯経済の互酬性と地域主義

　さて、アフワットの取り組みや成果において、「互酬性」は優先的な原理として働いてきたのだろうか？　グラミン銀行との比較で2点目として挙げたのが、アフワットと借り手、そして借り手同士の関係である。グラミン銀行ではメンバーはグラミン銀行に預貯金を預けたり株主になったりしているが、アフワットは預貯金を受け入れることができず、株式も発行しておらず、数年間会員制をとった時期もあるが、現時点では会員制ですらない。しかし、アフワットにおいて、多くの借り手は単なる借り手ではなく、同時にアフワットに寄付をする支援者でもある。アフワットのおかげで暮らし向きが良くなったので、今度は自分が寄付して他の借り手を支えたい、という元借り手からの申し出により 2008年に「メンバー寄付プログラム」が創設された。今では「メンバー寄付プログラム」という名称は使わないこともあるようだが、このプログ

ラムをきっかけに互酬性が重視され、制度化されてきた。現在では、「借りる
側から与える側に転向（Transforming borrowers into donors）」は、アフワットの
5 つの運営原則のうちの 1 つとなっている。従って、特にビジネスが成功した
あとだけでなく、普通の借り手が日常的に少額で寄付をしている。

　アフワットではローンの貸付はモスクなどの宗教施設にて集団で行われるが、
返済は小さな事務所に個々人が赴くことになっている。この事務所の簡素な
テーブルの中央に寄付用の箱が置かれている。筆者が借り手に対して行ったイ
ンタビューでは、一人当たり 50 〜 100 ルピー（約 25 〜 50 円）の寄付を毎月の返
済時に行っている人が大半である。ある方は他者を支援できることの嬉しさに
ついて語り、別の方は自分の寄付は少額だけれども、それが集まって誰か一人
の貸付額となることを考えて寄付していると語っていた。アフワットは監査報
告書でも、貧しい借り手からの寄付額を可視化している。塵も積もれば山とな
るで、2018 年には 2 億 2 千万ルピー、2019 年には 1 億 8 千万ルピーという大きな
金額が借り手から寄付されている。また、どんなに少額でもきちんと領収書を
出すことで、あなたは寄付をしているのだ、ということを借り手自身にも目に
見える形にしている。また、お金で寄付しない借り手もいて、例えば道端でカ
レー屋を営む人は過去 5 年で 100 人以上にアフワットについて宣伝をしたそうで
ある。T シャツを販売している借り手はアフワットの衣料品リサイクル事業へ
の物品寄付を行っている。このほか、新規の借り手が電気技師として開業する
際に、古参の借り手が技術や営業のコツを教えるなどで助け合っている。

　社会的連帯経済における互酬性について先行研究を調べると、社会的繋がり
の強化、必ずしも金銭を必要としない、様々な方向性がある、関係を対等にす
る、自発的な行動、という 5 つの役割や特徴が浮かび上がる。この中で「関係
を対等にする役割」というのが貧困層を対象とする事業において重要な意味を
持つ。アフワットの関係者へのインタビューからは、イスラム教の教えと共
に、信頼に重きをおいていること、そして寄付をすることで貧困層の借り手自
身の内部で変化が起こっていることが見えてきた。まず、アフワットという組
織が信頼に足る組織であり続けられるように透明性の確保に努めている。独自
のアプリを開発し、携帯電話でアフワットの資金管理・貸出状況が閲覧できる
ようになっていたり、全ての支店に頻繁に訪れることができるよう内部監査の

部門に45人もの職員を雇用したりしている（2022年2月現在）。次に、借り手については、グラミン銀行も同様ではあるが、アフワットからの融資に対して担保を取られない。更に金利が課されていないため、返済が遅れても金利がかさむわけではないので、グラミン銀行他、従来型のマイクロファイナンス機関よりも返済に対する金銭的な誘因が働かない。それでも99.93%という返済率を誇るのは、社会的な誘因があるからで、それを信頼と言いかえることができる。アフワットの借り手は自分たちに与えられた信頼を裏切りたくない、信頼に値する人間であることを証明したい、と確実に返済をする。それに加え、たとえ少額でも寄付をすることで、支援をする人にもなり、社会的に貢献することができるようになった、と自分に対する自信を深めている。

　さらに社会的連帯経済の理論と実践に関する先行研究を踏まえると、アフワットの事例からは、互酬性とスケールアップの対立構造と、アフワットが互酬性を「制度化」することによってその対立構造を克服したことが見えてくる。先行研究の多くが、社会的連帯経済はスケールアップ（事業の拡大）が困難であり、特に組織が重視する価値（例えば環境保全、組合員の福利、社会的弱者の就労支援など）を保ったまま規模を拡大することは困難だと述べている。しかしこれは、互酬性を主導原理とする限りは、ある意味当然のことなのではないだろうか。なぜなら、互酬性は通常知り合いや同じ組織に属するとか近所に住むなど、身近な人々、組合員や会員の間でよりよく機能する原理である。一方で「市場」を主導原理とする資本主義経済組織は、特に交通網・通信網が発達したいま地理的な制約はほとんどなく、会員などの制度的な枠組みがなくても拡大していける。では、社会的連帯経済組織は、市場ではなく互酬性を優先する限り、「顔が見える距離」や「共通の目的を有する会員」を越えて広がることはできないのだろうか。アフワットの事例は、可能だと示している。アフワットはごく一時期を除いて会員制度を取っていないが、借り手の間に寄付ないし他者を助けることへの習慣化を促すことで互酬性を制度化し、さらに透明性を保ち人々からの信頼を保つことで拡大していった。顔が見えない見知らぬ他者からのアフワットへの寄付により、自分たちの借入が可能になっていることを理解し、自分も同様に見知らぬ誰かが無利子融資を受けられるように少額でも寄付をしていく。組合員、会員、近隣住民や身近な人という枠を超えた互酬性

が、アフワットによって可能になっている。

　アフワットの事例を地域主義の観点でみると、何が言えるのだろうか？　前述の通り、地域主義とは「地域に生きる生活者たちがその自然・歴史・風土を背景に、その地域社会または地域の共同体にたいして一体感をもち、経済的自立をふまえて、みずからの政治的・行政的自律性と文化的独自性を追求すること」である（玉野井 1979, p.18）。筆者は、社会的連帯経済が主流派（新古典派）経済学の考え方と異なる点の一つとして、「社会的連帯経済組織は経済合理性以外の「大切な何か」に価値を置いている。その「大切な何か」に対する価値を地域の人々が共有しているとき、社会的連帯経済組織は地域の人々の支援を受けることができ、継続した活動ができる」と提示した（Takasu 2023）。地域の人々が共有している「大切な何か」は、「ローカルの倫理」とも言える。アフワットが事業を始めたラホール地域を管轄するマネージャーが、教えてくれた。「2001 年にアフワットが無利子融資を始めたとき、ここの人たちは信じていなかった。詐欺か何かじゃないかって。でも今では人々はアフワットのことを尊敬してくれている。時間はかかったけれど、アフワットは地元の人々によって大きくなったんだ」。アフワットの場合は、イスラムの教えと人々に対する信頼が「ローカルの倫理」であろう。創立者、職員、借り手、寄付者、ボランティアなど様々な形でアフワットの活動に携わる人々にとっては、信仰を大切にすること、周りの人々に信頼に値する人間であると認められること、誰かの役に立つこと、などが本当の意味での「豊かさ」なのである。そこに価値を置いているということを明確にし、その価値に共感する人々がアフワットとの「一体感」を持つことで、アフワットの「自律性と独自性を追求」することを可能にしている。つまり、アフワットは地域主義を体現している社会的連帯経済の事例とも言えるだろう。

　他の地域でも実現可能か？という問いに対し、アフワットのやり方そのまま、つまりイスラム金融のマイクロファイナンスとしては、イスラム地域における広がりの可能性があると答えられる。しかし貧困層や困難に直面した人々への無利子融資はイスラム教とは関係のない地域でも実施されてきた。例えばナジタ（2015）は江戸時代の日本で、年貢の負担が多すぎて米作をやめた農民を呼び戻し村落を再建するために無利子の貸付が提供されたことを記している。

ブラジルの連帯経済の実践例として有名なパルマス銀行は地域通貨による地元
での利用に限ってはいるが、無利子融資を実施していた（Pozzebon 他 2019）。ア
ルティ（2016）は、グラミン銀行の取り組みが始まったのとほぼ同じ時期に欧
州で連帯金融のモデルが実践されたことを示し、フランスにおける連帯金融団
体などについて述べている。尾上（2016, pp.215-216）は連帯金融の意義は金融の
社会化をすすめ、金融の民主化を促し、連帯金融は実践可能であることだと述
べ、連帯金融には「信頼、評判、あるいは因習というような価格以外のメカニ
ズム」が作用していると説明している。アフワットが20年かけて作り上げ、更
に改善しようと職員が様々なレベルで取り組んでいる仕組みは簡単に模倣でき
るものではないと思うと同時に、他の地域でも実現可能かどうかは「ローカル
の倫理」による、という答えが出てくるように思う。

V. おわりに

　アフワットは過去20年間で貧困層への無利子融資が実現可能であることを
示し、ラホールから全国に拡大してきた。コミュニティレベルでは農村地域で
村人間の互助システムに、国レベルでは商業銀行の流動性を利用した大規模無
利子少額融資プログラムに発展した。アフワットの取り組みは、経済システム
に人々や社会が合わせるのではなく、その社会にあった経済システムをつくっ
て人々や社会をより良くしていくという観点で、経済を社会に再び埋め込むも
のだとも言える。更に、イスラム金融マイクロファイナンスは、貧困層への無
利子融資を実施することで、貨幣そのもので利益を生むのではなく、貨幣は生
活に必要なものを得る手段、つまり擬制商品としての貨幣を、貨幣本来の役割
に戻すことを実現している。アフワットにおける互酬性の役割を分析する中
で、「支援する側」と「支援される側」が入れ替わることの重要性が再認識され
る一方、社会的連帯経済は互酬性を主導原理とすることにより支援する側とさ
れる側という関係性を変えていく可能性を示唆した。

　冒頭に書いたサキブ氏の言葉、「より良い社会をつくりたいと思ったら、隣
人と分かち合うべきだ」という教えはイスラム教のものだが、キリスト教徒で
あるマザー・テレサはこんな言葉を残している。「いつ、世界が平和になるの

かって？　それは、わたしたちが分かち合うことを学んだときです」。この言葉はウクライナやガザで戦争が続いている今、とても重く響く。本書は、ポスト資本主義時代に何を目指せば良いのかを問い直す「価値創造」に取り組むものであるが、本章では「分かち合う」こと、互酬性の価値について掘り下げてみた。分かち合うことが出来る人は、金銭的に豊かな人たちだけだろうか？アフワットの事例はそうではないことを示し、おそらく多くの人が直観的にも経験的にもそうではないことを知っていると思う。サキブ氏は、寄付は必ずしもお金である必要はなく、ちょっとした手助けや微笑みが人を救うこともあると言った。これは仏教の「無財の七施」(眼施、和顔施、言辞施、身施、心施、床座施、房舎施) とも繋がる。アフワットの事例を紹介すると、イスラム教だから成立するのではという質問を受けてきたが、キリスト教も仏教も分かち合いの大切さは説いており、恐らく他の宗教もそうであろう。では、宗教心が必要なのだろうか？　アフワットの事例を社会的連帯経済の理論枠組みから分析し、「地域の人々があるローカルの倫理を共有しているとき、そのローカルの倫理を全面に打ち出している社会的連帯経済組織は地域の人々の支援を受けることができ、継続した活動ができる」という仮説を導き出した筆者はそうは考えない。互酬性に基づいた、分かち合いを実践している社会的連帯経済的な取り組みは世界各地に、日本の各地にも、存在している。ただ、それらはひっそりと点在しているのだろう。本書を手に取った読者が、経済合理性以外の「大切な何か」に価値を置いている社会での分かち合いの取り組みに注目してくれることを願ってやまない。

読んでみよう、学んでみよう

1．廣田裕之 (2016年)『社会的連帯経済入門—みんなが幸せに生活できる経済システムとは』集広舎
　　＊日本では認知度が低い社会的連帯経済ですが、20年前から社会的連帯経済を研究している廣田氏が、世界各国の事例も含め分かりやすく解説している入門書です。
2．馬渕浩二 (2021年)『連帯論—分かち合いの論理と倫理』筑摩書房
　　＊「他者たちに支えられなければ、人は生きられないという真理」を見据え、連帯とは何かを様々な側面から論じています。

■ 参考文献

アルティ，アメリ（尾上修悟訳）（2016）『「連帯金融」の世界：欧州における金融の社会化運動』ミネルヴァ書房。

尾上修悟（2016）「訳者解説　A. アルティの連帯金融論」『「連帯金融」の世界：欧州における金融の社会化運動』ミネルヴァ書房、159-222頁。

北島健一（2016）「連帯経済と社会的経済—アプローチ上の差異に焦点をあてて」『政策科学』23巻3号、15-32頁。

工藤律子（2016）『ルポ　雇用なしで生きる—スペイン発「もうひとつの生き方」への挑戦』岩波書店。

小池洋一（2019）「第9章 ポランニーから共生経済へ」岡本哲史・小池洋一（編著）『経済学のパラレルワールド　入門・異端派総合アプローチ』新評論、303-330頁。

鈴木均・濱田美紀（2010）「序章　地域的多様性のなかのイスラーム金融」濱田美紀・福田安志（編著）『世界に広がるイスラーム金融　中東からアジア，ヨーロッパへ』アジア経済研究所、3-43頁。

玉野井芳郎（1979）『地域主義の思想』農山漁村文化協会。

ナジタテツオ（五十嵐暁郎監訳、福井昌子訳）（2015）『相互扶助の経済：無尽講・報徳の民衆思想史』みすず書房。

西川潤（2007）「序章　連帯経済—概念と政策」西川潤・生活経済政策研究所（編著）『連帯経済　グローバリゼーションへの対策』明石書店、11-30頁。

Akhuwat (2023) Progress report till the month of June 2023. 2023年7月18日アクセス https://akhuwat.org.pk/akhuwat-progress-report/

Aziz, M.N., & Mohamad, O.B. (2016) Islamic social business to alleviate poverty and social inequality. *International Journal of Social Economics, 43*(6), pp.573-592.

Government of Pakistan (GoP), Pakistan Bureau of Statistics (2017) Salient features of final results: Census-2017.

Government of Pakistan (GoP), Finance Division. (2022) *Pakistan economic survey 2021-22.* http://www.finance.gov.pk/survey_2022.html

Harper, M. (2012) Akhuwat of Lahore: Breaking the rules. *Enterprise Development and Microfinance, 23*(1), pp.70-80

Khan, A.A., Kustin, B., & Khan, K. (2017a) Islamic financing principles and their application to microfinance. M. Harper, & A.A. Khan (Eds), *Islamic microfinance: Shari'ah compliant and sustainable?* (pp.1-13). Practical Action Publishing.

Khan, A.A., Ishaq, M.S., Afonso, J.S., & Akram, S. (2017b) Is it possible to provide qard hasan and achieve financial self-sustainability? The experience of Akhuwat in Pakistan. In M. Harper, & A.A. Khan (Eds), *Islamic microfinance: Shari'ah compliant and sustainable?* (pp.17-32). Practical Action Publishing.

Khan, S.R., & Ansari, N. (2018) *A Microcredit alternative in South Asia: Akhuwat's experiment.* Routledge.

Microfinance Information Exchange (MIX). (2020) *MIX market MFI company metadata*, last updated Dec 22, 2020. https://datacatalog.worldbank.org/search/dataset/0038647

Pakistan Microfinance Network. (2022) *MicroWatch: A quarterly update on microfinance outreach in Pakistan.* Issue 63. Q1 (Jan-Mar) 2022.

Polanyi, Karl (1944/2001) *The great transformation: The political and economic origins of our time.* Beacon Press.

Pozzebon, M., Christopoulos, T.P., & Lavoie, F. (2019) The transferability in financial inclusion models: A process-based approach. *Business & Society*, 58(4), pp.841-882.

Rasheed, F. (2019) *Kasur Mawakhat program. Lahore, Pakistan.* Dunya Foundation. https://dunyafoundation.org.pk/kmpreport.html

Saqib, M.A., & Malik, A. (2019) *Integral finance—Akhuwat: A case study of the solidarity economy.* Routledge.

Takasu, Naoko (2023) *Social and Solidarity Economy Practices in Pakistan: Leading Transformative Changes Required in the Post-COVID-19 Era.* A PhD dissertation submitted to Ritsumeikan Asia Pacific University.

Teixeira E.G., Marconatto, D.A.B., Dias, M.F.P., Auler, D.P., & Wegner, D. (2021) Solidarity economy cooperatives: The impact of governance and gender on member income. *Nonprofit Management and Leadership*, 32(2), pp.263-285.

United Nations Development Programme (UNDP) & Oxford Poverty and Human Development Initiative (OPHI). (2021) *Global multidimensional poverty index 2021: Unmasking disparities by ethnicity, caste and gender.*

第5章

加工業者・グループの発展とローカル経済の関わり
―タンザニア・モロゴロ州における「混合粥の素」の生産―

加藤（山内）珠比

Ⅰ．はじめに

「リシェ」とは、様々な穀物（トウモロコシ、コメ、もろこし、ヒエ、小麦、キャッサバなど）と大豆や豆類、及び干した小魚などを粉にした混合粥、あるいはその粉のことで、タンザニア・モロゴロ地域の在来食である。それは主に離乳食として食べられ、また様々な栄養素が入っていることから、病人や栄養の意識が高い人にも食されている。

タンザニアの地方中核都市であるモロゴロ市とその近郊では女性が家の外に出て働くようになり、収入が増えるとともに忙しくなったため、以前は母親が家庭で作っていた離乳食用の混合粥を、近年は路上の店やスーパーマーケットで購入するようになってきている。

モロゴロ市とその近郊では、混合粥「リシェ」を加工する女性たちによるグループが加工技術や市場情報を交換しながら、ローンを共有し、社会的な相互扶助関係も強化しながら、協働で食の安全性を示すタンザニア基準局（Tanzania Bureau of Standards: TBS）[1]の認証を得るための取り組みを行っている。彼らは互いに会費を払い、役割を分担して、共同で製品のマーケティング、生産、販売を行うなど組織化しており協同組合的な組織になっている。また、これらの活動を通じ、メンバー同士の社会的なつながりも増してきている。

現在、成長を至上の価値とする資本主義が経済を覆い、その先を見据える研究が進んでいるが、資本主義による過剰生産は、生産の余剰を生み出し、その結果多くの失業を生み出している（広井 2022）。そこで近年ヨーロッパにおいては、労働と、赤ちゃんや高齢者などをケアする責任を両立させるために、パー

トタイムやフレキシブルタイムなどを用いた「時間政策」をとることでその問題を乗り越えようとしている（Fagan & Walthery 2007）。人々の労働時間を減らし、その分を地域や家族、コミュニティ、自然、社会等に関する活動に充て、生活の質を高めていこうとしている。

　また、我々は多様な経済の中に生きている（Gibson-Graham 2006）。「氷山の一角」の論理（「経済」＝「賃労働」「営利企業による市場向けの生産」という認識）では説明できない経済的実践（交換に対する再分配、贈答品の交換、世帯内でのお金の分配や交渉、宗教的実践など）や組織形態（社会的企業、NPO、コミュニティ、家族など）が、資本主義的領域よりも広く社会に息づき、人々がより多くの時間を費やし、より多くの価値をも生み出していることに気づかなければならない（中澤 2020）。実はコミュニティは我々が経済活動を営んでいくうえで、対象とするにはちょうど良い近さ、大きさなのであり、そこで我々は「日常」の多くを過ごしているのである。

　コミュニティ経済の考え方は、本来コミュニティや自然を土台として築かれてきた経済が、それらから切り離されてきた今までの資本主義の先に来るものとして、その関係を再度つないでいき、本来あった互酬性や相互扶助の要素を取り返す考え方である（広井 2016）。Gibson-Graham（1996）によれば、経済には報酬の無い労働や非貨幣での取引、社会的な価値を重視する活動など、資本主義経済だけでは語れない活動が多い。後者（社会的な価値を重視する活動）については、資本主義の下では、スウェットショップ[2]など生存可能条件以下の賃金や過酷な搾取などが多くみられるため、それに対抗する活動が必要だからである（Gibson-Graham 2006）。インドのスラム居住者によるイニシアティブやアジアの（既存のものに替わり得る）代替的な投資のための移民者の貯蓄プログラムなど既に多くのコミュニティ経済開発プログラムが新しい経済の可能性を示している。前者ではムンバイのスラム居住者が住居建設のための貯蓄や行い、現在の状態やスラムに住む人々の数を自ら調査してその問題を明らかにし、政策決定プロセスに参加している。後者では、主にフィリピンからの家庭内労働など年季奉公で働く移民が社会的起業を学び、代替事業の事業化可能性を調査して、母国のコミュニティベースの企業に投資したり、事業アドバイスや支援を得るために母国の州行政官と交渉している。そこにあるのは、相互に依存する経済、他者をケアする倫理

である (Gibson-Graham 2006, p.xxxvii)。これらのプログラムに参加することは自分自身のことは後回しにして新しい慣行に従事することであり、Foucault (1997) の言葉を借りれば倫理的 'Self-transformation' である。Foucault は古代のヨーロッパで自己形成 (Self-formation) するのは「倫理的主体」とされていたと述べている。そのプロセスは「個人が道徳的実践の対象となる彼自身の一部を定め、彼が従う戒めに沿ってその立場を決め、道徳的目標を達成するような人になることを宣言し自己を決定する」(Foucault 1997, p.xxvii)。そして彼は、自己の倫理として「自己への配慮 (Care of the self)」を分析した結果、「自己への配慮」はそれ自身が倫理的であると述べている。なぜなら自由の基本要素は他者への配慮の方法でもあるため、自己への配慮は他者との複雑な関係を意味するからである (Foucault 1997, p.287)。他者とは「主体」を自分自身の力で変えうるよう導く指導者としての他者と、配慮の対象としての他者であり、後者では他者へ配慮することによって人は「善き人」になるのである (藤田 2008, pp.484-488)。そのため「自己への配慮」を通じて、自己が形成される（力及び思想の）関係を分解し再形成する批判的思考の一つの形態として「自己をその行動の倫理的主体に変容 (transform) させる」としている (Foucault 1997, p.xxxv)。つまりこれらのプログラムへの参加は、自己への配慮、そして他者への配慮の結果、行われているものである。

　また上記についての女性たちの行動は、Nancy (1992) の言う 'Being-together' を基本とする、ということを思い起こさせるものである。Nancy によれば、西洋哲学では、存在 (Being) を形而上学的に把握するとき、存在の内在的な複数性を構成する多くの具体的な個体性は、抽象的な個体性に従属してしまう。全ての関係の社会性を理論化することは、どんな個人やアイデンティティー、または存在の概念にも含まれている「一体性」を表面に出すことである。そして、共産主義 (Communism) 後の時代に、共産主義が多くの示唆を与えてくれると述べている (J. L. Nancy 2002, pp.373-374)。それは「社会」の中心に、倫理的な関心を持つ―すなわちどのように共に生きるかの問題―「個人」間の「共通する」基盤に我々を引き戻してくれる思想である (Gibson-Graham 2006, p.82)。

　このような枠組みで見てくると、タンザニア・モロゴロ州の「リシェ」加工女性グループが市場情報や新しい技術の情報を交換し（非貨幣の取引）、グループで得たローンを共有し、葬式や子供の儀式、祝い事などの社会的な相互扶助

関係を深めていきながら（Being-together の論理）発展してきていることは、コミュニティ経済の一つの事象と考えることができる。

「リシェ」に関するこれまでの調査では、Temu らがその栄養素について、エネルギーとタンパク質においては十分である一方、微量栄養素において栄養強化が必要であることや、その加工に携わる女性たちは零細・小規模で、製品の質や規格を満たしていないため、加工業者が栄養価の高い製品をより廉価で作るための政策が必要である（Temu et al. 2014）としている。また、Maestre らがモロゴロ州の栄養補強された食品加工業者で「リシェ」も作っていた中規模企業の Power Food Ltd. について研究し、栄養失調を防ぐためには官民のパートナーシップが求められる（Maestre, Robinson, Humphrey, & Henson 2014）と述べている。一方、Kung'u らは「リシェ」の食品安全の向上を求めた（Kung'u et al. 2009）。これらの知見を踏まえたうえで、本稿では、コミュニティ経済の考え方を用い、タンザニア・モロゴロの混合粥「リシェ」加工女性たちと、彼女たちによる協同組合的なグループの活動の発展様態及び、そのローカル経済との関りを分析する。

この調査は、2017年～ 2019年及び2023年に、モロゴロ市と周辺村落、及びダルエスサラームと首都ドドマで実施した半構造化キーインフォーマントインタビュー[a]を主とした現地調査と文献調査に基づいている。分析はデータをコード化して、テーマ別に分類して行った。

II．在来粥「リシェ」の発展

筆者も編者の1人となった近著（Sakamoto, Ohmori, Kaale, & Kato（Yamauchi）2023）でも書いているが、タンザニア農村にも市場経済が浸透し、格差拡大で貧困状況が厳しくなる中、在来食や野生食物の役割が重要であることが分かってきた。「リシェ」は、主にタンザニア及びケニアで食されるトウモロコシ、米、モロコシ、キビ、小麦、キャッサバ、大豆、ピーナッツ、カシューナッツ、カボチャの種、ゴマなどのいくつかの材料を混合した粥の粉で、その粥は

用語解説 [a] キーインフォーマントインタビュー：主な関係者に聞き取り調査を行う調査手法。

在来食と言われている。「リシェ」の成分の中で、ソルガムとキビはアフリカ原産であるが、他の成分は、過去の歴史において世界の他の地域から導入されたものである。この粥の原型は、ソルガム、キビ、およびその他のアフリカの土着の作物でできていた可能性がある。タンザニアの現在の主食であるウガリがトウモロコシで出来ているように、現在特に農村部で多くの母親が離乳食として作っている簡単な粥もトウモロコシで出来ている。「リシェ」の主原料でもあるトウモロコシは1500年以降、「コロンビア交換と呼ばれる……世界的な生態学的・人口学的大変革の一環として」、新大陸からアフリカに持ち込まれたものである（McCann 2005）。

　モロゴロ市で最も生産量の多い「リシェ」の加工業者で、現地の民族であるルグル族出身のソコイネ農業大学（Sokoine University of Agriculture: SUA）の研究技師は、「リシェ」はこの地域の在来食であり、現在の「リシェ」はこの在来の粥を発展させたものであるという。しかし、ソルガムとキビ以外のほとんどの材料は、アフリカ以外の地域からもたらされたものである。なぜ彼女は「在来の粥」を発展させたものだと言ったのだろうか？

　モロゴロ州はタンザニアの26州中4番目の人口規模の320万人が住む。モロゴロ市は行政の中心地で、市の人口は約47万人である（The United Republic of Tanzania 2022）。モロゴロ市は植民地時代以前から主要な輸送ルートに沿った戦略的な場所であった（Paavola 2008）。

　一方、タンザニアでは人口保健調査が初めて行われた1991年以降子供の栄養失調が多くみられることが問題となっており（National Republic of Tanzania 1993）、現在も5歳未満の慢性的栄養失調を示す低身長の子供が30％いる（The United Republic of Tanzania 2023）。モロゴロ州においては、第1回の人口保健調査で5歳未満の低身長の子供の割合が61％で、全国で60％を超えた3つの州のなかの1つであった。そこで、国連や米国開発庁（United States Agency for International Development: USAID）などのドナーや中小企業振興機構（Small Industrial Development Organization: SIDO）などのタンザニア政府機関が1990年代後半以降この問題に対応するために、在来粥であった栄養ある離乳食の「リシェ」に着目し、その粉を商品として販売する女性の生計向上やエンパワメントも目的として、女性達に「リシェ」加工、衛生、及び女性のリーダーシップについての研修

やそのグループ化を支援し始めた。折しも 1990 年代初期は HIV/AIDS がタンザ
ニアでも蔓延し始めたころで、HIV/AIDS 患者のために栄養ある食品を与える
ことが重要と言われ、その患者も消費者のターゲットとして、その混合粉を「リ
シェ（スワヒリ語で "栄養" の意味）」と名付けて販売し始めた。その後もドナーや
セーブ・ザ・チルドレンなどの NGOs、SIDO やモロゴロ州や県政府などの支援
が続き、女性たちに対して加工技術や女性のエンパワメントに係る研修などを
行ってきた。こうしてトウモロコシだけでなく、豆やナッツなどを混ぜた粥は、
子供達の栄養源として知られるようになった。その後も様々なドナーや組織が
研修を継続することにより、多くの「リシェ」加工女性が現れ、地域に多くの
「リシェ」商品が出回るようになり、現在はモロゴロのスーパーマーケットで
モロゴロ産の「リシェ」商品が全体の 60％程度を占めるまでに至っている。

　SUA の研究技師が指摘したように、この粥の原形は、ソルガム、キビ、そ
の他のアフリカ在来の作物で作られていたのかもしれないが、現在の「リシェ」
はこの「在来の粥」の発展型である。しかし、「リシェ」はまた、Prestholdt
（2006）が示唆するように、植民地支配以前、つまり人とモノの相互関係が築か
れた 17 世紀から 19 世紀にかけての東アフリカ（「リシェ」はケニアでも消費されて
いる）の人々の消費主義の「象徴」でもあるのかもしれない。東アフリカの人々
は、ヨーロッパ、アラビア、インドから消費財を輸入し、自分たちの文化、経
済、社会を変容させたこれらの「象徴」を自分たちのものだと主張した。こう
して彼らは、（世界の他の地域から）トウモロコシ、小麦、米、ピーナッツ、大
豆、小魚などを「輸入」し、在来の粥と混ぜ合わせ、その結果出来た粥を「在
来の粥」だと主張したのである。

　歴史的に見れば、このようなアフリカの人々の消費主義が拡大した「象徴」
と考えられる「リシェ」だが、その製造過程では、加工女性たちの社会的な営
みやつながりが強くなり、その営みがローカル経済を支えているのだ。その様
子を見ていこう。

III. 「リシェ」の製造と基準、販売

　「リシェ」はその大半が個人で製造され、グループで製造されるものは少な

い。その成分構成や味は生産者によって異なり、またその対象とする消費者層によっても異なる。TFNCはUSAIDの支援を受けて、2014年に「リシェ加工に関するハンドブック」（Ministry of Health and Social Welfare 2014）を作成し、「リシェ」加工技術に関するセミナーの参加者に配布した。しかし、それ以外でも、「リシェ」の加工技術について女性たち同士で教え合い、質を高めている。

　上述のソコイネ農業大学の技術者でもある「リシェ」加工業者は、各消費者のタイプ別の「リシェ」を作るための材料の選び方や、混ぜる際のそれぞれの適切な割合を知るには、食品加工専門の学校で学び、「リシェ」を作る訓練を受けなければならないと言う。「リシェ」を商品としてでなく、自宅で子供や家族のために作るためにも当然ながら技術が必要であり、また時間も手間もかかる。そのため、人々は「リシェ」を買うことができれば自分で作るより、「リシェ」を買うと言う。

　乳児と幼い子供（生後6ヶ月〜3歳）を対象とした離乳食に係るTBSの基準は、2014年より策定されている、東アフリカ共同体（East African Community）が定める基準（East African Community 2021）に準じており、同年代層の必要栄養量に鑑みて定められている[3]。しかし、それは専門家を含め、加工女性や人々に広く知られていない。そこには包装にエネルギーやタンパク質、炭水化物、脂質、各種ビタミンやミネラルなどの栄養量を明記することも定められている

写真1　モロゴロのスーパーマーケットの「リシェ」商品（筆者撮影）

が、モロゴロやダルエスサラームのスーパーマーケットを調査した限り、そのような情報を明記している「リシェ」商品はモロゴロで2種類、ダルエスサラームで1種類しかなかった。また、この2都市の市場調査ではTBS認証を受けている「リシェ」商品は1つもなかった。零細規模の加工女性個人では、TBSの基準に規定されている、食の安全性や良好な製造

習慣、良好な農業習慣、良好な衛生習慣を守ることは難しい。しかし後述するように、グループやクラスター[b]として力を結集すれば基準を満たすことができる可能性がある。

　モロゴロのスーパーマーケットでの「リシェ」商品取り扱いに関する調査では、店によってモロゴロ産の「リシェ」商品が95％以上の店と、ダルエスサラーム産の「リシェ」商品の方が多くモロゴロ産は3種類しか置いていなかった店と両極端であった。その違いの原因は、店主の好みやネットワークの違い、また消費者の好み等に合わせた市場細分化[c]などが考えられる。しかし、モロゴロ市のスーパーマーケットにおいて現地産の「リシェ」商品が平均すると約60％程度の市場規模を占め、販売、消費されていることが筆者の調査では分かった。

IV.「リシェ」に対する栄養専門家からの懸念と加工業者の素早い対応

　2019年の調査では、TFNCの職員やモロゴロ市保健所の栄養コーディネーターのような栄養の専門家は、「リシェ」という商品名は誤解を招くと述べていた（Kato（Yamauchi）2020）。スワヒリ語の「リシェ」の意味は前述の通り「栄養」であり、赤ちゃんや病人が食べれば栄養が満点になると思われがちであるが、商品「リシェ」には必要な全ての栄養素が含まれているわけではない。特に、毎食「リシェ」を与えられる乳幼児にとっては、十分にバランスの取れた食事とは言えない。「リシェ」は実際には穀類にタンパク質や油脂を加えただけで、ビタミンやミネラルは含まれていない。TFNCの担当官によると、「リシェ」はビタミンや繊維を含む果物や野菜、繊維、ミネラル、ビタミンなどを含むオレンジ色の果肉を持つサツマイモなどの他の食品と一緒に食べる必要がある。しかし「リシェ」を購入する多くの母親たちはその知識がなく、炭水化物、タンパク質、脂質、ビタミン、ミネラルの五大栄養素も知らないことが多い。そこで、保健所や病院、TFNCのセミナーで、たとえ量が少なくてもバ

用語解説 [b] **クラスター**：グループや企業などが地理的に集積し、相互の連携、競争を通じて新たな付加価値（イノベーション）を創出すること。

[c] **市場細分化（Market Segmentation）**：特定商品における市場を異質とみなし、顧客市場を細分化することによって特定の顧客層に対して集中的にアプローチすることを目的に行われる。

ランスの取れた食事が必要だと母親たちに教えている。保健所の栄養専門家と
TFNC の担当官は、「リシェ」の中に必要な栄養素を含むよう、その製造方法
の標準化を推奨していた。

　一方2023年には、モロゴロやダルエスサラームのスーパーマーケットで売
られている多くの「リシェ」商品に野菜や果物が含まれていた。「リシェ」加工
業者が栄養専門家からセミナーなどで助言を受け、「リシェ」の栄養に係る意
識が醸成され、「リシェ」の中に野菜や果物を入れるようにしたものと思われ
る。加工業者の素早い対応を見ると、加工女性やグループメンバー間の情報の
交換が多く行われたことがうかがえる。

Ⅴ．モロゴロ加工業者クラスターイニシアティブの発展

　モロゴロで現在最も活発な「リシェ」加工グループは、モロゴロ加工業者ク
ラスターイニシアティブ（Morogoro Food Processors Cluster Initiative: MFPCI）で
ある。これは、モロゴロ市内の12の加工グループ、150人が集まる食品加工ク
ラスターである。2006年に商品開発と食の安全を専門としていた SUA の元教
授が設立した。会則があり、会長は持ち回り制となっており、現在は「リ
シェ」加工グループである Saadani Food Products のグループ長が担っている。

　MFPCI の起源は2003年にダルエスサラーム大学によりインキュベータープ
ロジェクトがモロゴロで実施されたことであり[4]、SUA との提携により、モロゴ
ロ市民に対して野菜や果物加工に関する研修が行われた。その結果3つのクラ
スターが編み出され、その1つが MFPCI で、その下のグループ間で加工技術や
知識が共有された。2009年 MFPCI はダルエスサラームで開催された食品加工
の展示会であるジュア・カリ展示会で「東アフリカ・ナンバー1」の賞を得て、
2,400万タンザニアシリング（約9,580US ドル）を獲得した。MFPCI はこれまで
にダルエスサラーム大学、スウェーデン国際開発協力庁（Swedish International
Development Cooperation Agency: SIDA）[5]やケネディインターナショナル、世界銀
行、カナダ政府、タンザニア科学技術委員会（Tanzania Commission for Science
and Technology: COSTECH）[6]など数多くのドナーの支援を受けている。2012年に
創設者によって「リシェ」商品開発が始められ、メンバーはアフリカ人造り拠点[7]

（African Institute for Capacity Development: AICAD）や SUA から食品加工、衛生習慣、農業習慣、手工業習慣、付加価値などの訓練を受け、その情報や市場情報、包装の技術などをグループ間で共有し助け合っている。2021年に受けたCOSTECH によるマーケティングやファイナンス面の研修を基に、現在「持続的なビジネスモデルカンバス」[d]のアプローチを取っている。2022年には SUAと契約を結び、SUA は同クラスターに栄養分析や市場分析などを提供している。

　MFPCI は厳しい会則の下で活動が行われている。MFPCI の設立時、現在同会長のグループである Saadani Food Products の会則を適用し、「互いに愛し合い、尊敬し合い、自分自身のニーズではなく、グループのニーズに応える」という規律の下でメンバーが活動し、その活動が持続してきている。この規律は、MFPCI の安定性と持続可能性に貢献してきた。MFPCI の設立以来、この規律はメンバーにより一貫して遵守されており、メンバーは自分の利益ではなく MFPCI の利益のために働き、愛と敬意を持ってお互いに接してきている。

　この規律が生まれた背景には、MFPCI 設立後、当初に予定されていた乾燥機やラベル貼付機などの設備を取得する資金が不足して活動が停滞し、メンバーが期待していたようにその活動を拡大することができなかったことがある。その中で、この「互いに愛し合い、尊重し合い、自分の利益でなくクラスターの利益に応える」規律に基づき、クラスターを構成する各グループがクラスターのために資金（シェア）を毎年出し合うことによって、その活動を持続、拡大させることにつながった。そのシェアシステムでは、各グループが最低1シェア（10万タンザニアシリング、約40US ドル）を投資し、最高で10シェアまで持つこととしている。他に各グループは5千タンザニアシリング（約2US ドル）の会費を支払う。また、クラスターが作る製品を多様化することにより、リスクを回避している。こうしてこの規律はクラスターの持続可能性の向上に大きな役割を果たした。他の類似の食品加工クラスターやグループが失敗したり、活動を継続できなかったりする中、MFPCI はクラスターの成功例とされよう。

　MFPCI は、各グループが各々の製品を加工する中で、唯一共同して製作した

・・・・・・・・・・・・・・・・・・・・・
用語解説 [d] 持続的なビジネスモデルカンバス：ビジネスモデルを検討するための枠組みで、アイデアを実行可能なビジネスモデルに発展させ、ビジネス内外の関係に関する包括的なアプローチ。

写真2　MFPCI の建設中の建屋（筆者撮影）

商品として、創立者の知識、能力を生かし、モロゴロ市内の複数の加工グループの知識、能力、経験を結集して、カビを防止して質の高い「リシェ」商品を作って販売している。彼らの「リシェ」商品はシコクビエ、大豆、シェリシェリ、栄養価のあるサツマイモ、キャッサバ、バオバブの実、スーパーフードと言われるモリンガで作られており、アフラトキシン[e]というカビ毒の素となるトウモロコシや落花生は使われていない。TBS の基準や、ハサップ（Hazard Analysis and Critical Control Point: HACCP）[8]、FAO や WHO らによるコーデックス（CODEX）[9]という国際的な食品規格にも準じている。MFPCI や COSTECH のウェブサイトにも商品を載せており、Twitter などでも販売促進している。現在1箱3千～4千タンザニアシリング（約1.2～1.6US ドル）で販売され、毎月50～100箱販売している。[10]

　MFPCI は2009年から徐々に加工に必要な機材と建屋を建設してきているが、2023年9月時点でまだ会議室や2階部分の建設が残っており、その完成の後、TBS の認証を得る予定である。認証を得た後は、商品の販売促進を行い、国内外の市場を拡大していく予定である。一方、MFPCI の創立者は将来食品加工の研修センターを作って、食品加工の基礎を教えたいと考えており、その準備中である。

　MFPCI は、農産加工品の原材料の農産物を作るための農作業、また加工やその他の日雇いの仕事や、加工品の原材料となる農作物を作る農民たちに間接的に仕事を与えた。同クラスターは加工商品センターとして例えば商品を1万タンザニアシリングで作り、3万タンザニアシリングで売って、余剰のうち1万タンザニアシリングをクラスターに返して、残りの余剰1万タンザニアシリングをメンバーの家族を支えるために使った。こうした経済面の恩恵だけでな

用語解説　[e] アフラトキシン：穀類、落花生、ナッツ類、とうもろこし、乾燥果実などに寄生するアスペルギルス属（コウジカビ）の一部のかびが産生するかび毒。

く、クラスターはそのメンバーの間で社会的協力が増していることが見られた。

　例えば、メンバーの家族の葬儀の際、弔問に来た人に出す食事を作り、ふる
まったり、お酒や食器を持ち寄ったり、それらの調達や葬儀を行うのに必要な
お金を出しあったりして、メンバーが出会った不慮の出来事に対して、メン
バー間で助け合っている。また、メンバーの子供の誕生や成人した時に行う
折々の儀式の際、供物やお菓子、食事を持ち寄り、お祝い金をあげるなど、共
に祝うこともしている。結婚式などの祝い事の行事でも、メンバー間でお揃い
の衣装を作り参加して結婚式を盛り上げたり、食事やお酒を持ち寄り、また新
夫婦にお祝い金を出すなどしていることもその例である。またメンバーの家族
が病気になった際、お見舞いに駆け付けたり、治療費の助けにとお金を出すな
ど、相互扶助が増していることが見られた。

　また、メンバー間で経済的な協力も増していることが見られた。例えば、ク
ラスターへの投資にグループメンバーでお金を出し合ったり、グループやクラ
スターのための月会費を支払ったり、グループメンバーやクラスターを構成す
るグループの間でローンを分配した際、あるメンバーがローンを返済できな
かったときに、他のメンバーがローンを肩代わりすることが増えた、などであ
る。ダルエスサラーム大学講師によれば、これらの社会的、経済的な助け合い
はタンザニアの人々の昔からの価値観に基づいているということだ。

　だが近年、特に2010年頃から人々の間で起業意識やヴィコバ（Village Community
Bank: VICOBA）[11]が始まり広まった。それと共に町から農村まで市場経済化が
進み、今まで家事と農業従事のみで収入のなかった女性たちも自宅で結婚式の
デコレーションや料理、ケーキなどを作って現金を得るようになり、これまで
互いに金銭のやり取り無しに行われてきた上記の社会的な協力も、お金で借り
たり得たりしなければならなくなった。そこにはいままで互いに協力し合って
きた時間が金銭化されてきたことが見て取れる。

　その中で、MFPCIの構成グループメンバー内では「互いに愛し合い、尊敬
し合う」という規律を実行することにより、加工女性個人及びグループレベル
での社会的、経済的協力が増している。MFPCIはモロゴロ市内の零細加工女
性が集まるグループが結集して、食の安全を高め、栄養素を補強して市場の
ニーズに応えようとしたモデルケースである。

VI. 「リシェ」加工業者の事例

1　加工グループ

　MFPCI に属している Raha Leo グループは、2007年に5人のメンバーで設立し、月会費は1万タンザニアシリング（約4US ドル）である。乳幼児の健康を改善するために、2009年から「リシェ」商品を作り始め、現在はモロゴロの他、ドドマやイリンガ、ダルエスサラームなど国内の他都市や海外でも販売している。2020年までは月に200箱売れたが、2020年からは、COVID-19やウクライナ戦争による景気後退などで、月50～60箱しか売れていない。

　現在の MFPCI の会長がグループ長である Saadani Food Products は2002年から活動を開始し、資本金は10万タンザニアシリング（約40US ドル）で、会費は各メンバー月5千タンザニアシリング（約2US ドル）である。グループの目標は成人や子供の栄養失調率を減らす栄養豊富な食品を作ることであった。更に彼女たちは、女性の貧困削減や夫に従属せず、自らをエンパワーし、互いに助け合って、それぞれが自立できることを目標に活動してきた。グループ長によれば、そのグループ活動とそれによる各メンバーの収入向上などにより、夫たちは彼女たちを尊敬するようになったと言う。また彼女は、グループが20年以上持続してきている理由は、各メンバーが他メンバーからの提言を受け入れ、「忍耐強く、互いに愛し合い、尊敬し合う」という原則に基づいて活動しているからであると言う。メンバーは各個人で「リシェ」を作ってきたが、メンバー間で「リシェ」の市場情報を共有したり、研修に参加したメンバーが他のメンバーに加工技術を教えたりしてきた。その他に、グループメンバーが共同して作った「リシェ」商品を開発、製造、販売している。その「リシェ」は落花生、トウモロコシ、キビ、小麦、米、ヒマワリの種、カボチャの種を含んでおり、栄養が豊富な

写真3　協働作業をする女性たち（筆者撮影）

だけでなく、香りや味が良い。その商品は TBS の基準を満たしており、TBS の認証を得るために残るのは加工のための建屋を建てるのみとされている。その販売収入からメンバーは月に30万タンザニアシリング（約120US ドル）を得ている。同グループは「リシェ」商品の85％をモロゴロ州内で販売している。

　Raha Leo と Saadani Food Products は SIDO などを通じてモロゴロ州内コミュニティの母親たちに、「リシェ」や野菜、スパイス加工の研修を有料（1製品につき20万タンザニアシリング＝約80US ドル）で行っている。また、ビジネスを持続的にするために、MFPCI の各グループの会則では、各メンバーのビジネスはそのメンバーが病気などでできなくなったら、その子供が引き継ぐという形にしている。

　Raha Leo のグループ長は以前 Tanzania Women Food Processors Trust：TWFPT の副会長であった。2019年の筆者の調査では TWFPT は活動が半分になっていると書いた（Kato（Yamauchi）2020）。彼女によると TWFPT は、以前モロゴロ州でも調査をしたタンザニア民間セクターに係る報告書に基づき、TWFPT がモロゴロ州で支援したプロジェクトの1つであった。しかし、このグループはモロゴロ市が所有するグループであり、店とオフィスを持っていたのみで、主なメンバーは「リシェ」に関する知識もなく、MFPCI から「リシェ」に係る知識を得ていただけであった。現在 TWFPT は活動を休止している。

2　個人

　モロゴロ市の隣のムボメロ市の若い加工女性は、いったん近所の同年代の女性5人で「リシェ」加工グループ（Ajira Group Lishe）を作ったが、メンバーは自身の活動で忙しく、共同の活動が行えなかった。また、そのうち2人のメンバーはローンで得たお金を他の用途に使い、ローンを返済できなかった。そのため、彼女は独立して1人で商品を作り、2023年9月時点で独自の力で加工建屋を建設中であり、建屋を完成するため支援してくれるドナーを探している。

　彼女は「リシェ」の他にも15エーカーの土地でオレンジやマンゴー等を栽培し、養蜂も行って蜂蜜を作り、モリンガなどの薬となる木も栽培している。彼女の母親は区議会議員でタンザニア女性組合のムボメロ地区長でもある。彼女

は母親と共に「リシェ」加工を自宅で行っていた。母親の影響もあってか、彼女は前述のグループメンバーと地方政府リーダーと共にモロゴロ州で献血を促進する活動を行ったり、2022年より自身が作ったNGOの書記局長となり、マサイ族の集落地域に給水や配電を促進する活動など様々な活動を行っている。

彼女は「リシェ」を2017年から母親と共に作り始め、小売店やスーパーマーケットで他の「リシェ」商品について調査し、それらに野菜が不足していることを知り、野菜を入れることを考えた。彼女らの「リシェ」には、黄色のトウモロコシ[12]、レンズ豆、カボチャの種、アマランサス（スワヒリ語ではムチチャと呼ばれる野菜）が入っている。

彼女が2017年に作った食品加工会社 Jore TZ は「リシェ」を毎月最低500～600箱（＝500～600kg）を近くのムズンベ大学や、UNICEFの支援を通して小学校や幼稚園に販売している。彼女はSIDOやタンザニア民間セクター基金、USAIDの栄養プロジェクト（Feed the Future）や、Tanzania Trade Development Authority：Tan Trade[13]などから、近年様々な栄養や食の安全に係る訓練を受けているが、もっと研修が必要だと考えている。

彼女はMFPCIを構成する人々を知っているが、クラスター内で機会が平等に与えられていないと見ており、また彼女は若いため、MFPCIを構成する人々は年長者でやり方が合わないと考えている。彼女は自身のビジネスを将来娘に譲りたいと考えている。

VII.　本事例から見えてくること

本事例から、アフリカの人々の消費主義の象徴であると考えられる「在来粥リシェ」は、現代の消費主義の拡大のもとにあって商品化されてきたが、その加工女性たちやそのグループの営みを見ると、加工女性たちは加工技術や市場情報、ローンへのアクセスなどを共有し、市場での競争やローンの返済のために助け合うなど、社会的な相互の助け合いやつながりを強くしてきた。そして彼女たち及びグループの営みが地方都市モロゴロやその周辺の経済を支えている。

VICOBAの導入とともに、市場経済がタンザニア農村部にまで浸透し、今まで人々が協力し合っていた時間が「金銭化」してきたが、その中でも、

　MFPCIが「互いに愛し尊敬し合い、グループのニーズに応える」という規律を持ち、メンバーがそれを実践することにより、クラスターを持続してきているように、モロゴロの加工女性達の間での社会的な関係は失われていない。MFPCIを構成するメンバーは経済的な恩恵だけでなく、メンバー間で社会的、経済的な協力関係が強くなっていた。このように、モロゴロとその周辺地域では市場経済の営みの中でも、タンザニアの人々の昔からの価値観である助け合いの精神が息づき、それによりグループやクラスターが持続的に活動し地域経済を活性化させている。

　これはタンザニアだけでなく、他の地域でもいえることではなかろうか？　人々は市場主義経済の中でも、互いの社会的な営みや助け合いを持続的に持ち、あるいは強めながら、市場経済を生き抜こうとしているのではなかろうか？　本章で扱った事例は、「脆弱」と評されるような、タンザニア地方都市の零細規模食品加工女性とそのグループの事例である。しかし、上述のように「脆弱な」女性たちが互いに助け合いながら、MFPCIの活動を持続的に高めることができたという調査結果は、社会的な関係の強さ、助け合いの重要性を力強く示唆するものである。また、その社会的関係や助け合いが可能となり、その活動が貢献できる「地域」レベルでの経済が、今後の資本主義経済を生き抜くうえで中心的存在となってくることを教えてくれる。

VIII.　むすびに——「リシェ」加工を通じたコミュニティ経済の振興

　ダルエスサラームや地元の大学、国内外の様々な支援を通じて、MFPCIはモロゴロの「リシェ」加工女性たちの協力と地元大学の元教授の力により、標準化の認証を目指して「リシェ」商品を製作、販売している。そこでは、雇用や販売、投資などの地域経済への貢献とともに、各グループのメンバー間では社会的及び経済的な協力が増していることが見られた。このクラスターを支えているのは、約20年に亘り築かれてきた各グループ内メンバーたちの協力関係であり、組織力である。

　近年タンザニアでも農村まで市場経済化が進み、社会的な協力関係が少なくなり、金銭的なやり取りが多くなったといわれる中で、昔からの価値観である

社会的な助け合いを大切にし、MFPCI のように互いに協力し、支え合う地域
組織が増えてくることを望みたい。また、ムボメロ市の加工女性のような創意
にあふれた起業家精神をもつ力のある若い女性がリードし、地域経済、社会の
新たな力となることを望みたい。そして、食の安全を高め、栄養に留意した乳
幼児用栄養補完食が彼らを初めとした多くの人たちによって製造され、モロゴ
ロ地域内外で販売されていくことを期待する。

読んでみよう、学んでみよう

1．広井良典 (2016年)『コミュニティ経済に関する調査研究』http://www.zenrosa
　 ikyokai.or.jp/znr_hp/wp-content/uploads/2017/04/koubo49.pdf
　 ＊コミュニティ経済について網羅的にわかりやすくまとめてあります。
2．栗田和明・根本利通編著 (2015年)『タンザニアを知るための60章 (第2版)』明
　 石書店
　 ＊タンザニアの「ウジャマー」の精神など、国の自然、文化や歴史について幅
　　 広い視点から書かれていて、近年の経済社会変化についても概観する入門
　　 書です。

注

1）2023年現在、タンザニアの食品に関する基準は、タンザニア食品薬品庁 (TFDA) から
　 タンザニア基準局 (TBS) の所管に移っている。
2）劣悪な条件で従業員を働かせる労働搾取的工場。
3）タンパク質、炭水化物、エネルギー、脂質、ナトリウム、灰分、粗繊維などの栄養量で
　 構成される。
4）卒業生に起業家として活動するために必要なツールを提供するための指導とトレーニン
　 グ計画を提供するプロジェクト。
5）国際協力のためのスウェーデンの政府機関。
6）科学、技術、イノベーションを促進するためのタンザニア政府機関。
7）アフリカで国際的な人材育成を目指し、組織された。
8）食品の安全を確保しようとする衛生管理の手法。
9）現在世界で唯一存在する食品の国際的な規格。
10）クラスター会計担当からは、毎週平均100箱という情報もあった。
11）2000年にケア・インターナショナルによって導入されたマイクロファイナンス組織。黒崎
　 龍吾 (2020) によると、在来の金融組織 Rotating Savings and Credit Association (ROSCA、

日本でいう頼母子講や無尽講）を基に、組織の自立性、「下からの」柔軟な組織設計が重視されており、2019年時点で50万人以上がそのサービスを活用していたとされる。

12）白いとうもろこしより多くの栄養価を持っている。

13）タンザニアの内外貿易の発展と促進に関する規則、執行、助言、協議の権限を与えられた機関。

参考文献

広井良典（2016）「コミュニティ経済に関する調査研究」Retrieved on 27 February 2024 from http://www.zenrosaikyokai.or.jp/znr_hp/wp-content/uploads/2017/04/koubo49.pdf.

広井良典（2022）『ポスト資本主義―科学・人間・社会の未来』岩波書店。

黒崎龍吾（2020）「タンザニアのコーヒー生産農村における Village Community Bank（VICOBA）普及の背景」『高崎経済大学論集』vol. 63 (2)。

中澤高志（2020）「「多様な経済」への希望―地理学者は地域経済にどう貢献できるか？」『学術の動向』vol. 8、10-15頁。

藤田博文（2008）「M. フーコーにおける「自己への配慮」」『社会学評論』vol. 59 (3)、478-494頁。

East African Community (2021) *East African standards: Processed cereal-based foods for older infants and young children-specification.*

Fagan, C., & Walthery, P. (2007) The Role and Effectiveness of Time Policies for Reconciliation of Care Responsibilities. In *Modernizing social policy for the new life course*, Paris: OECD.

Foucault, M. (1997) *Ethics: Subjectivity and Truth*, New York: New Press.

Gibson-Graham, J. K. (1996) *The End of Capitalism (As We Knew It): A Feminist Critique of Political Economy*, Oxford, UK: Blackwell Publishers.

Gibson-Graham, J. K. (2006) *A Postcapitalist Politics*, University of Minnesota Press.

Kato (Yamauchi), T. (2021) "Women's empowerment through small-scale mixed-porridge flour processing in the Morogoro region of Tanzania" in *Journal of International Development Studies,* vol. 30(2), pp.129-144.

Kung'u, J. K., Boor, K. J., Ame, S. M., Ali, N. S., Jackson, A. E., & Stoltzfus, R. J. (2009) "Bacterial Populations in Complementary Foods and Drinking-water in Households with Children Aged 10-15 Months in Zanzibar, Tanzania" in *Journal of Health, Population and Nutrition*, vol. 27(1), pp.41-52.

Maestre, M., Robinson, E., Humphrey, J., & Henson, S. (2014) *The Role of Businesses in Providing Nutrient-Rich Foods for the Poor: A Case Study in Tanzania.*

Brighton: Institute of Development Studies.

McCann, J. C. (2005) *Maize and grace: Africa's encounter with a new world crop, 1500–2000*, Cambridge, Massachusetts and London: Harvard University Press.

Ministry of Health and Social Welfare (2014) *Processing of mixed flour-participant handbook.*

Nancy, J. L., & Tracy B. Strong (1992) "La Comparution /The Compearance: From the Existence of 'Communism' to the Community of 'Existence'" in *Political Theory*, vol. 20(3).

Nancy, J. L. (2002) "Rien que le monde" in *Vacame*, vol. 11, pp.4-12.

National Republic of Tanzania (1993) *Tanzania Demographic and Health Survey 1991/1992*, Retrieved 17, Aug, 2023. from https://dhsprogram.com/pubs/pdf/FR45/FR45.pdf.

Paavola, J. (2008) "Livelihoods, vulnerability and adaptation to climate change in Morogoro, Tanzania" in *Environmental Science & Policy*, vol. 11(7), pp.642-654.

Prestholdt, J. (2006) *Domesticating the world: African consumerism and the genealogies of globalization*, Berkeley, Los Angeles and London: University of California Press.

Sakamoto, K., Ohmori, R., Kaale, L. D., & Kato (Yamauchi), T. (2023) *Changing Dietary Patterns, Indigenous Foods, and Wild Foods-in Relation to Wealth, Mutual Relations, and Health in Tanzania*, Springer.

Temu, A., Waized, B., Ndyetabula, D., Robinson, E., Humphrey, J., & Henson, S. (2014) *Mapping Value Chain for Nutrient-Dense Foods in Tanzania*, Brighton: Institute of Development Studies.

The United Republic of Tanzania (2022) *Administrative Units Population Distribution Report Vol. 1b*, Retrieved 17, Aug., 2023. from https://www.nbs.go.tz/nbs/takwimu/Census2022/Administrative_units_Population_Distribution_Report_Tanzania_Mainland_volume1b.pdf.

The United Republic of Tanzania (2023) *Demographic and Health Survey and Malaria Indicator Survey 2022 Key Indicators Report*, Retrieved 17, Aug., 2023. from https://dhsprogram.com/pubs/pdf/PR144/PPR144.pdf.

第6章

地域と「共にある」コミュニティ経済振興
―ブータン山村の乳業協同組合―

真崎 克彦

Ⅰ. はじめに

　ブータン王国は北側を中国、南側をインドにはさまれた内陸国である。ヒマラヤ山脈の東端に位置し、国土の大半が急峻な山岳に覆われている。国土面積は約3万8,394平方メートル（九州とほぼ同じ）、人口は77万人（2023年、最新国勢調査〔2017年〕に基づく政府推計）で、チベット仏教を事実上の国教とする。

　ブータンでは村落人口が6割以上を占めるが、国内総生産（GDP）における一次産業の割合は14.67％に過ぎない（National Statistics Bureau 2023）。一次産品の加工や販売に取り組む六次産業化のポテンシャルが十全に活かされていないためである。村落部の世帯所得も都市部の46％ほどに止まっている（National Statistics Bureau 2022, p.69）。

　そのためブータンでは都市化が進み、2017年に37.8％であった都市人口は2037年には50.4％に増え、村落人口を逆転すると予測されている（National Statistics Bureau 2019, p.xvi）。しかも、都市部では雇用創出が人口増に追い付かず、失業率が10.4％と村落部の3.4％の約3倍となっている（National Statistics Bureau 2023）。また昨今、雇用機会を求めた海外への人材流出も社会問題となっている。2023年10月時点では4万人以上が海外に居住しており（ただし留学生を含む人数）、人材流出に対する懸念が高まっている（Kuensel 2023）。

　以上を踏まえて、ブータン政府は村落振興による所得創出に力を入れてきた。その後押しとなるのが、農作業での労働交換や地域祭りの開催など、隣人どうしが協力し合う慣行である（Dendup 2018, pp.3-4）。そうした協同性[a]のもと、村では労働・モノ・サービスは必ず貨幣を介して交換されるわけではなく、贈

[b]
与や物々交換のような形態でも調達される。そのような慣行に基づく多様な交換に依拠しながら、村落振興を図ることができる。

　コミュニティ経済研究（Gibson-Graham 2006）で論じられる通り、何もブータン村落に限らず、人が暮らす上で、労働・モノ・サービスはつねに「商品」として交わされるのではない。家族の世話には賃金は払われず、友人どうしのプレゼント交換も然りである。フェアトレード商品や有機農産品のような貨幣を介した商取引も、純然たる「商品」を扱うわけではない。

　それに対して主流派経済学では、各経済主体が貨幣を介して自己利益を追求する場としての市場経済をどう廻すのかに焦点を置く。そうして「経済」領域を、各主体が市場動向を気にしながら損得を勘定する制度に矮小化する。個々の売り手と買い手による自由で自発的なやり取りを通して最適な取引や分業が自ずと出来上がり、ひいては効率よく富を生み出す経済合理的な体制が生まれる、という前提からである。

　しかし、現実の市場経済はそのように運営されず、不透明性や利潤追求、独占や権力などに歪められている。市場経済は原義では公正で透明性のある競争の場であるはずが、際限なき貨幣増大を駆動力とする資本主義に振り回されている（広井 2015, pp.25-29）。そうした中、環境破壊につながろうと、自然災害の原因になろうと、感染症の発生に加担しようと、経済格差が拡大しようと、現行の市場経済では各主体による自己利益の追求が先んじられる。

　このように自己利益の追求が野放図になると自由市場が機能しなくなる、という根源的矛盾を主流派経済学は斟酌しない（Nelson 2014, p.1）。公正で透明性のある競争を担保するには、自由な取引の場である市場経済には規制が欠かせない、という矛盾である。したがって「経済」を貨幣交換による自己利益の追求に矮小化せず、貨幣を介さない労働・モノ・サービスのやり取りも含めた、人の生存・生活のための実践総体としてとらえ直すことで、経済学をより良い暮らしに資する研究にしなくてはならない。

・・・・・・・・・・・・・・・・・・・・

用語解説 [a] 協同性：独力ではなしえないことに協力しながら取り組む人間の性質（個々の経済主体が自己利益を追求する自由市場とともに、経済活動の基盤をなす）。

　　　 [b] 贈与：相手に労働・モノ・サービスなどを贈り与える行為（社会関係を維持・増進する意味合いが込められており、見返りは必ずしも期待されない）。

　コミュニティ経済研究の以上の問題意識より、本章ではブータン中部ブムタン県のシンカル村における乳業協同組合[c]の事例を検証したい。組合は国際協力機構（JICA）草の根技術協力事業「ブータン王国　シンカル村における所得向上と住民共助による生活基盤の継承・発展」（2018 ～ 2021年）のもとで立ち上げられた。事業名が示すように、組合員は乳製品販売による「所得向上」だけでなく、「住民共助」も大事にしながら成果を挙げてきた。貨幣を伴わない生活実践にも光を当てるコミュニティ経済研究に即した成果である。

　では、協同組合ではいかに成員の自己利益（「所得向上」）と成員どうしの協同性（「住民共助」）の両立が図られたのか。その際、組合はどういった課題に面し、どのような対処が試みられたのか。これらの問いを念頭に、次節で先ずはコミュニティ経済研究の概要を説明する。その上で、シンカル村における乳業協同組合の設立とその後の展開を検証したい。

II.　コミュニティ経済研究

　コミュニティ経済研究の源流の一つ、「スモールイズビューティフル」[d]論を唱えたE.F. シューマッハーは、主流派経済学を次のように批判する。「物事の本質を見ようとしない臆病さを有している」（Schumacher 2010, p.50）。その結果、「われわれが自分自身を個別の歯車として、つまり消費のために働くだけの経済主体ととらえるよう」仕向け、「機械仕立ての経済像」を広める（Gibson-Graham et al. 2013, pp.2–3、強調は原文通り）。

　そうした主流派経済学の前提とは逆に、人は「消費のために働くだけ」ではないし、そうして自己利益（金銭価値）ばかり考えているわけではない。そこでコミュニティ経済研究では「強力な資本主義論によって排除され、疎外されたすべての実践」に光を当て、われわれの経済観を広げようとする（Gibson-Graham 2006, p.60）。「排除され、疎外されたすべての実践」とは、下記のよう

[c] 協同組合：生活の質保障、地域振興、環境保全、自治、連帯などの共通目的・理念を有する人が組合員となり、出資金を出し合って事業を設立・運営する民主的組織。

[d] 「スモールイズビューティフル」論：大量生産・大量消費社会が生活困窮や環境破壊などの社会問題をもたらしてきた点に鑑み、人のつながりや自然との共生を重んじ、身の丈に合った生活の再構築を説く理論。

な非資本主義的な交換や労働や組織を指す。

　先ず、貨幣価値を先んじた市場取引は、モノ・サービスをめぐる多様な交換の一部に過ぎない（Gibson-Graham 2006, pp.60–62）。経済的な損得の計算だけでなく、社会的・環境的配慮を重んじる交換も実在する（例：フェアトレード商品や有機農産品の売買）。また、貨幣を介さないモノ・サービスのやりとりもある（例：家事、プレゼント交換）。

　第二に、労働にはいつも、市場価値に基づく金銭報酬が支払われるわけではない（Gibson-Graham 2006, pp.62–65）。無報酬の労働もあるし（例：家事、自家消費用の栽培や採集）、現物が使われる場合もある（例：物納小作人制）。また、報酬額も市場動向だけで決まるのではない（例：自営業者が自身に払う報酬）。

　第三に、全ての経営体が資本主義的な所有・生産方法を採用し、株主や役員・社員への金銭報酬を最大化すべく利潤追求に埋没するのではない（Gibson-Graham 2006, pp.65–68）。全成員が経営に参加する民主的な所有形態を採る組織もあれば（例：協同組合、コーオウンドビジネス[e]）、社会貢献を経営の軸に据える企業も存在する（例：社会的企業）。

　コミュニティ経済では以上のような経済実践の多様性を活かして、より倫理的で責任ある生計手段をコミュニティ成員で築こうとする。そうして人が生活用品や雇用機会のために営利企業に依存する度合いを低くし、利潤追求寄りの現行資本主義の勢力を抑える。そのためには「「私たち」で地球上での暮らし方を協議・運営し始めなくてはならない」（Gibson-Graham 2019, p.128）。こうした観点より「コミュニティ」を「経済」の修飾語として置く。

　そのため、コミュニティ経済では「共にある」（being-together）ことを原理とする（Gibson-Graham 2006, pp.81–87）。市井の人どうしで、様々な可能性に着目しながら、どう一緒に暮らせば良いのかを交渉する場として、経済を「社会的に意味付けし直す（resocialize）」（Gibson-Graham 2006, pp.87–88）。こうした転回は幸福増進にも資する。物質的な豊かさの向上は人の幸福の一要素に過ぎず、人どうしの関係性の質、自らが属するコミュニティへの関わりも大事な要素になる（Gibson-Graham et al. 2013, p.21）からである。

・・・・・・・・・・・・・・・・・・・・

用語解説 [e] コーオウンドビジネス：従業員が大株主となって「自分たちの会社」として、収益向上だけでなく、働きがいある職場づくりに主体的に取り組むことを目指す企業形態。

　コミュニティ経済の交渉の座標軸になるのが、「個人や社会に必要なコモンズとは何か」、「コモンズはどのように生産・維持されるか」、「剰余をどう生み出し、どう使うのか」、「剰余をいかに配分するか」である（Gibson-Graham 2006, pp.88-97）。コモンズとは、特定の人や組織に占有されず、共同で利用・運営される共有資源を指す。森林や漁場や公有地、文化遺産などの有形のものとともに、社会的つながりや生活上の知識といった無形のものがある。剰余とは、モノ・サービスの生産過程で生み出される、生活に必要な分を超過した価値である。組織の利潤、株主や社員の報酬、設備刷新の投資の源泉となる。

　コミュニティ経済では、利潤追求寄りの資本主義のように労働力から剰余を引き出すことに注力せず（例：サービス残業、非正規雇用）、コモンズを基盤とした経済振興で剰余を生むことに軸が据えられる（例：地元生産者が出店する地域循環型マルシェの開催）。また、その剰余が非経済的なコモンズ保全に向けられることもある（例：祭事用の供物）。物理的環境の破壊や資源の私有化などによって人の生存・生活基盤が浸食される時勢の中、そうした世情に歯止めをかけて暮らしに欠かせないコモンズを守ろうとする。

　ただし、コミュニティ経済は一枚岩ではない。市井の人どうしで、様々な可能性に着目しながら、どう一緒に暮らせば良いのかを交渉する中、生存・生活の基盤の保守のあり方をめぐって議論が交わされる。コミュニティは同質的で安定的な実体としてとらえられがちであるが、コミュニティ経済研究ではそうした通念から距離を置く。

　この点を理解する上で、アクターネットワーク理論[f]が有用な視座を提供する（Turker and Murphy 2021）。同理論では、分析対象を特定体系（例：「経済」を商品交換に切り詰める経済学体系）に回収しがちな社会科学の性向を戒め、特定体系に収まらない諸アクター間の動態的なネットワーク（例：協同も含めた種々の交換形態に光を当てたコミュニティ経済）に着目する。特定体系では、人がコミュニティ内で多様な形で関わり合う様態をとらえ切れない。

　したがって、コミュニティ経済研究でも集団の協同性だけでなく、個々人による自己利益の追求も包摂した、多面的で動態的な「共にある」関係性を斟酌

用語解説　[f] アクターネットワーク理論：アクターどうしの様々なネットワークが交わる中から生じる、現実社会の多元性・動態性に光を当てた理論。

する必要がある（Gibson-Graham et al. 2013, p.84）。コミュニティ経済が過度の同質性を帯びることで他者との協力が束縛となり、自由や平等が阻害されてはならない。コミュニティでは自己利益も協同性と同等に大事である。双方が折り重なり合って人どうしに多様な関係性が生まれるとともに、それらが動態的に移ろいゆき、コミュニティ経済振興を促すこともあれば、足かせになることもある（Turker and Murphy 2021）。

　こうした観点より以下に、シンカル村の乳業協同組合の成員間で組合のあり方についての交渉がどのように進み、組合運営がどう進展してきたのかを検証する。冒頭で問いかけた「いかに成員の自己利益（「所得向上」）と成員どうしの協同性（「住民共助」）の両立が図られたのか」について、それら双方を包摂する「共にある」原理を念頭に置いて考察したい。

III.　ブータン中部の乳業協同組合

1　対象地域

　シンカル村（ブムタン県ウラ地区）は、首都ティンプーからは車で11時間（道路距離で約300キロメートル）ほどの、標高約3,400メートルの地にある。首都から東部へと続く幹線国道から外れて、未舗装の砂利道を車で約40分上がると着く。生物多様性の宝庫であるトゥムシンラ国立公園のバッファゾーン内で39世帯（2023年11月時点）が暮らしを営む。

　同村はコミュニティ経済のあり方の考察に打ってつけである。日々の生活に必要な労働・モノ・サービスが、贈与や物々交換も含めて多様な形で交わされてきたからである。

図1　ブムタン県ウラ地区シンカル村
出典：Wangchuk, L. (2008) *Facts about Bhutan* 所収の地図を基に筆者作成、初出は Masaki 2021, p.167

たとえば祭事を執り行う際、全世帯が供物や食材を持ち寄る。また、農繁期には種蒔きや収穫が住民の互助を通して行われてきた。こうした協同性は、村に関わる決め事をする際に全世帯の代表者による寄合が開かれる点にも表れている。

写真1　シンカル村（筆者撮影）

　住民は以前、ムギやソバを栽培するとともに、酪農でチーズやバターを賄う自給自足を軸に暮らしていたが、現在は換金用にジャガイモや茸類を栽培・採取する。現金収入の確保が大切になったからである。2010年に電気が開通し、炊飯器やテレビなどの電化製品が必需となった。農業でもハウス栽培の技術が伝わり、耕耘機やトラクタを賃貸する住民もいる。それらを利用するにもお金が要るし、子どもを私立学校に行かせるには年間Nu.8万ほどかかる（Nu.はブータンの通貨、2017年の平均世帯所得はNu.79,618）。

　村は仏教の聖地として知られており、シンカル・デチェンリン（dechenling、至福の聖地）とも呼ばれる。ロンチェン・ラプジャム（ゾクチェンという教えを体系化した高僧）が14世紀に、また、8世紀にはパドマサンバヴァ（「第二のブッダ」と崇められる高僧）も村に来訪した、と伝えられる。それぞれにまつわる寺において年数回、祭事が執り行われる。

　村での祭事の継承を支えるのが、同郷人会（Shingkhar Dechenling Phendey Tshogpa［シンカル福祉協議会］）である。首都で政府機関や病院などに勤める村出身者が中心となって2006年に設立され、主な活動は寺の改装である。同郷人有志で作成した設計図・概算書を基に募金を行い、寺の改装を進めてきた。寺の屋根や相輪（屋根の最上部の金具）の取り替え、境内の歩道整備のための政府予算の取り付けを実現したこともある。

2　乳業協同組合

　村では2018年8月に、乳製品（チーズ・バター）を製造・販売することで所得向上を図るべく、全世帯が加入する乳業協同組合が始まった。それに先立つ

2011年に建物と機材が政府から供与されていたが、工場スタッフの研修がなかったこともあり、組合活動は頓挫した。そうした中、組合再開は積年の課題となっており、上述のJICA草の根技術協力事業の資金を得て、2018年4月に組合の再始動に向けた活動が始まった。

（1）再開準備

　村の寄合の慣習に即して、2018年前半期に数回、乳業協同組合をどのように再開するかが住民どうしで話し合われた。その結果、乳量が多い夏季までに組合を始めるべく定款が策定され、廃墟と化していた工場が修繕された。後者では全経費（Nu.331,235）の約56%（Nu.185,400）を住民が負担した。各世帯が2日分の無償労働を提供すること、敷地を柵で囲むための木柱を村の共有林から調達すること、そして薪置き場とトイレを自前で設置することを、寄合で決めたことによる。

　こうした協同性は定款にも表れている。票決で住民間の党派を助長しないよう、村の20代か30代の青年男女の希望者を募って、工場で働く3名のスタッフ（後に2名体制に変更）をくじで選ぶこととした。また、乳用牛を持たないか持っていても数頭しかなく、組合に牛乳を供給できない世帯もあったが、全39世帯を組合員とした。そうして配当の受給資格を与えておくとともに（ただし本章執筆時点［2023年11月］まで配当無し）、必要に応じて工場の維持管理にも参加してもらうこととした（上記の工場修繕では免除）。

　さらに、準備活動には同郷人会の有志も参画し、村域を越えた協同性が発揮された。たとえば首都在住のある同郷人は、他事例を参照しながら定款の草稿を書くとともに、バターのラベルをデザインした。また、ブムタン県の商工会議所に勤務する同郷人は現場責任者となり、帳簿を準備するとともに、町の小売店での販売や青空市での出店手配など、販路確保を助けた。もう一人の県内在住の農家の同郷人も現場責任を担い、自らがかつて勤めていた国内有数の乳業協同組合での研修を、工場スタッフのために用意立てた。

（2）操業開始

　組合活動は2018年8月12日から始まり、農家の同郷人（現場責任者）が1か月

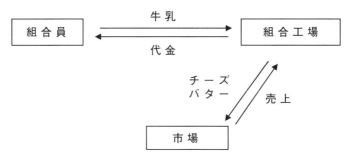

図2　乳業協同組合
出典：筆者作成、初出は Masaki 2021, p.171

間、村に滞在して工場スタッフを支援し、乳製品加工は直ちに軌道に乗った。31世帯の組合員が毎朝牛乳を納入し、月末にリットル当たり Nu.35の代金を受け取り始めた。月例の寄合で牛乳代金が組合員に支払われるとともに、バター・チーズの売り上げを含めた決算が報告された。

　組合が始まった2018年8月より、冬季休業に入った同年11月末までの3か月半に、世帯平均 Nu.22,678の牛乳代金が支払われ、家計を助けた（上記の2017年の世帯所得を参照）。商工会議所勤務の同郷人（現場責任者）の支援で販路も確保され、組合は純益を計上し、当初は Nu.5,000に抑えられていた工場スタッフの月給も、2か月目の9月に Nu.5,500に上げられた。

　11月末の組合休業の背景には、乳量の減少があった。乳用牛が寒冷地で恒常性（環境変化に応じた内部状態）を保つには、餌からのエネルギー摂取が大切となるが、村では冬に放牧地の草が稀少となり、夏に作り貯めする干草も不足する。そのため夏には1日300リットルを超える乳量も、11月中には200リットル足らずに減っていき、純益が出なくなる。

　そこで組合員は協力して事態改善に努めた。飼料を割引価格で共同調達すべく、町の販売業者と契約して一定量の飼料を定期購入することとした。そして政府畜産局に要請して、2018年10月には飼料用の蕪（かぶ）、翌年4月には高地に適した牧草の種の提供を受けた。組合員の中には乳用牛を冬のすきま風から守るべく、木造の牛舎を石造りに改築した組合員もいた。

　以上の取り組みが功を奏し、2019年の冬季休業の開始は12月中旬まで延びた。この成果は乳量増による。2019年11月の全乳量は6,199リットルで、前年

写真2　乳製品加工（筆者撮影）

11月の4,143リットルを上回った。牛乳供給世帯も2019年は33に増えていた。

　このように、協同組合の業績は着実に向上した。2020年は新型コロナ感染発生の影響で、政府の再開許可が同年6月まで出されなかったため、結果的に冬季休業は短くならず、初年と同じ5か月半の間休業した。それでも2年目（2019年8月～翌年7月）の純益はNu.177,748で、1年目（2018年8月～翌年7月）のNu.119,143を上回った。各世帯が受け取った牛乳代金も、2年目はNu.47,229で1年目の平均Nu.40,773より増えた。

（3）課題生起と協同性

　ただし、組合では工場スタッフの離職が絶えなかった。操業開始から2年経った2020年8月時点で最初からの勤続者は1名のみで、合計6人が離職していた。救いはつねに後任が難なく見つかり、製品づくりや帳簿づけの技能の継承も同郷人の助力で円滑に進められたことであった。

　6人とも離職理由は家業との両立の難しさであった。工場スタッフは全員が農家でもあり、早朝から正午前後までの乳製品加工の仕事の後、家に戻って農作業や乳用牛の世話をする。家族が病気や高齢になると、組合業務に支障が出る。懐妊で離職したスタッフも2名いた。

　さらに、給与水準も離職を促した。たとえば、スタッフが初期に研修を受けた国内有数組合には120世帯以上が参加し、純益も村の組合の3倍以上ある。スタッフの初任給は月額Nu.8,000で、勤務年数に応じてNu.1万数千にまでなる。村のスタッフはそれについて不満を公言はしなかったが、格差は組合員の間で認識されていた。村の組合員の牛乳代金（リットル当たりNu.35）も、その国内有数組合のNu.40より低かったからである。

　それにもかかわらず、組合員は牛乳代金を据え置き、スタッフ給与の改定を優先して進めた。上記の通り、組合開始後直ぐに月給はNu.5,000からNu.5,500に上

げられたが、その後も数回の改定
を経て2019年10月にはNu.8,250
になった。他方、牛乳代金は2021
年8月までNu.35のままであった。
「剰余をいかに配分するか」（上記の
コミュニティ経済の座標軸の一つ）を
合議で決めたわけである。

写真3　組合員有志による手伝い（筆者撮影）

　こうした協同性は、朝に牛乳を
供給しに来た組合員の中に、工場
に居残って牛乳計量やチーズ・バ
ターづくりを手伝う人がいる点にも見られた。隣人どうしの座談機会にもなって
おり、そうした光景は他所の組合ではなかなか見られない。村では住民の紐帯
がコモンズとして尊ばれ、貨幣を介さない労働・モノ・サービスの交換も盛んで
ある。そうした協同性が組合活動にも反映され、それが、家業との両立に難儀
していたスタッフを助ける組合員の姿勢に表出した。

　そして、村のもう一つのコモンズである祭事の継承・発展にも、組合は役
立っている[1]。祭事に際しては各世帯が供物を持ち寄るが、組合から乳製品が
寄進されることがあり、各世帯の負担が低減されるためである。そうして負担
が減らされることは、先述のように現金収入の確保が重要課題となって家計の
やりくりが大変な住民にとって助けとなる。

③　組合運営の進展：「共にある」原理

　以上の考察より、「協同組合ではいかに成員の自己利益（「所得向上」）と成員
どうしの協同性（「住民共助」）の両立が図られたのか」という冒頭の問いは、的
外れの面があることが分かる。双方の両立の難しさを前提にする点においてで
ある。それでは自己利益の追求に「経済」活動を矮小化して協同性を射程外に
置き、双方を二律背反と見なす主流派経済学に相通じてしまう。

　本事例では逆に、「自己利益（「所得向上」）と協同性（「住民共助」）」は不可分で
あり、それらの相乗が村のコモンズ保全とともに経済振興を後押しした。同時
に、様々な自己利益が協同性と拮抗し合う時もあり、その際には折り合いをど

うつけるのかの様々な可能性に着目しながら、どう一緒に組合を運営すれば良いのかを交渉する（先述のコミュニティ経済の要諦）こともあった。つまり、コモンズ保全という共益のために安定的に運営されることもあれば、自己利益の差異をめぐって諸論が交わされることもあった。

　こうした観点より以下に、どのように村の乳業協同組合の成員どうしで交渉が行われ、組合のあり方が進展してきたのかを検証したい。地域にて個人の利益追求と他者との協力の必要性が併存する中、それらがどう絡むのかによってコミュニティ経済振興のあり方の見直しが迫られることもある。

（1）協同性と自己利益の相乗

　村の協同組合では「自己利益（「所得向上」）と協同性（「住民共助」）」の相乗は、毎朝「無償」で工場スタッフを手伝う組合員の存在や、スタッフの昇給を自らの牛乳代金より優先した組合員の姿勢に負う。組合員はそうして、家業との両立に苦慮するスタッフに低給与でも勤務してもらえるよう協力した。そうした協同性が組合員向けの牛乳代金が支払われる下地となり、個々人の自己利益につながった。協同性と自己利益の相乗である。

　さらには、所得向上という自己利益は、村の祭事をめぐる協同性とも絡む。上述の通り、祭事に組合から剰余の乳製品が供されることがあり、住民の供物奉納の義務が低減される。しかも、祭事では僧侶や参拝者をもてなすために住民が食材を持ち寄って食事を供するが、牛乳代金を得るようになって家計に余裕ができ、その負担も低下した。こうした祭事との関連性も、組合活動に対する組合員の意欲醸成を後押ししている。

　人を金儲けのための「個別の歯車として、つまり消費のために働くだけ」と見なすような、冒頭でも述べた「機械仕立ての経済像」は、以上が示すように村の協同組合のあり方とは相容れない。組合

写真4　月例の寄合（筆者撮影）

の成功要因は、村の協同性と自己利益の相乗を生む「共にある」営為に見出せる。

　また、村のコミュニティ経済の特色は、地域の協同性が村域を越えて、他所に住む同郷人会有志を包含する点にもある。既述したように、首都在住の同郷人は定款の策定やラベルの製作を手伝い、ブムタン県内在住の2名の現場責任者は、それぞれの経験や伝手を活かして製造や販売面で組合を支えた。2名の内、県内の商工会議所に勤める同郷人は、月例の決算の寄合にも出席し、適正な組合運営を側面から助けた。

　また、同郷人会は上述の寺の改装だけでなく、そこを舞台とする祭事用の資機材の調達も支援してきた。結果的に、休止されていた祭事の再興や列席者の増加など、祭事が活発となって各組合員にとって供物や食材の持ち寄り分が増えた。そうした中、組合活動による所得向上を成功させて余裕を持ちたい、という思いが組合員の間にあった。このように、同郷人会の祭事活性化支援は、間接的に組合成功の地元の願いを高めていた。

　組合員にとって祭事は協同性の発揚の場であり、この点は組合活動も同様である。祭事であれ組合活動であれ、損得計算に縛られない労働・モノ・サービスの交換が大事な役割を果たす。「共にある」ことが暮らしの軸にあり、そこから生じる協同性（「住民共助」）が、組合の成功やそれによる自己利益の実現（「所得向上」）を後押ししたわけである。

（2）自己利益と協同性の拮抗

　協同組合は、新型コロナ感染拡大による全国的ロックダウンで2020年8月から閉鎖されたが、2021年8月に操業を再開した。その翌年の7月までの3年目に各世帯が受け取った牛乳代金は、平均Nu.59,107であった。休業前の2年目（2019年8月〜翌年7月）のNu.47,229より高い。

　同時に、コロナ禍後には運営体制にいくつかの変更が加えられた。他所と同様、シンカル村でも現金収入の確保が住民の重要課題となっており、他者と協力し合って経済振興に当たるだけでは済まない。「共にある」ためには、成員の個人的利益も勘案した上で様々な可能性に着目しながら、どう一緒に組合を運営すれば良いのかを交渉する必要があった。

　第一の変更は、それまで組合員の了承のもとで抑えられていた牛乳代金の値

上げである。他所の水準に近づけるべく、2021年8月にリットル当たり Nu.38 に改められた。それでも組合は純益を生み出し続ける、との試算が事前に開かれた寄合で示され、代金値上げは全会一致で決められた。

　第二に雇用体系の変更も提起されていたが、代金値上げとは異なり議論の対象となった。2022年春の冬季休業明けに、スタッフ2名から同時に交代の願い出があった。そうした中、別の2名の若者が新たな運営形態のもとで工場を操業することを申し出た。売上から毎月 Nu.6,500 を組合の内部留保として積み立てる代わりに、純益に応じて歩合給を受け取る制度案である。

　固定給が廃止されれば、スタッフの給与が Nu.8,250 から大幅に上がることが想定された。実際、変更を経た最初の2022年6月期には、各スタッフはそれぞれ Nu.24,722 ずつ収入を得ている。その月に包装紙などの消耗品の購入や電気代の支払いがなかった分を差し引いても、かなりの増給であった。

　そうした事態が予想される中、寄合で繰り返し議論されたが、村人の収入源であるとともに協同性発揚の場でもあった協同組合を続けるには、固定給の廃止は不可避であるとの結論に至った。スタッフの離職が頻発する中、それまでの固定給では後任探しは難しい、と組合員が考えたためである。

　同時に、村の協同性保全の観点より次の条件が設けられた。第一は、2年の任期制である。そうして、歩合給を稼ぐ機会が2名に限定されないよう取り計らうとともに、2年間の業績いかんでは再任されることとした。第二は、年次の読経祭への Nu.10,000 の寄進である。2019年9月に一度組合より乳製品が供されたことがあったが、それを恒常化して各世帯による供物持ち寄りの負担を減らす。第三は、乳製品の村内割引である。それまでは村内外ともにバターは1キログラム Nu.450、チーズは1個 Nu.70 で売られていたが、以降は組合員限定の特別価格の Nu.370 と Nu.65 で売られることになった。

　2022年8月より新形態による組合運営が始まり、毎月の決算会議で組合員への牛乳代金の支払いと内部留保の積立が行われるとともに、諸経費（光熱費、包装資材や器具購入費など）が報告されてきた。本章の執筆時点（2023年11月）では、2年の任期が終わる2024年8月に2名のスタッフが再任されるか否かは明らかではない。ただ2名とも継続を希望しており、他にもスタッフになることを望んでいる若者がいる。そのため任期終了時点で開かれる寄合で、次期スタッフ

を熟議を通して決めなくてはならない。2名の業績を認めるのか、別の若者に機会を与えるのが議論されることになる。

　村の生存・生活基盤の保全という協同組合の目的のもと、今後も引き続き、組合員どうしで様々な可能性に着目しながら、どう一緒に組合を運営すれば良いのかを交渉することになる。成員個々人の自己利益と村総体の協同性の折り合いが追求され続け、そうして「共にある」ための組合運営の方法は時々の状況に応じてこれからも変転していくことになる[2]。

IV.　まとめ

　コミュニティ経済研究は、各経済主体による自己利益（貨幣価値の増殖）の追求を重んじる主流派経済学を是正すべく、「強力な資本主義論によって排除され、疎外されたすべての実践」、特に貨幣を介さない非資本主義的な労働・モノ・サービスのやり取りに光を当てる。より倫理的で責任ある生活様式を築くべく、コミュニティの成員で協力して「経済を自らの手に取り戻す（take back the economy）」（Gibson-Graham et al. 2013）。

　シンカル村の協同組合が例示する通り、コミュニティ経済では自己利益と協同性、あるいは貨幣価値と非貨幣的価値の双方が斟酌される。組合員どうしで、それらにいかに折り合いをつけるのかの様々な可能性に着目しながら、どう一緒に暮らせば良いのかを交渉する。そうしながら顔が見える生活圏にて、他者と協力しながら経済振興を図る。

　こうしたコミュニティ経済は、過度の利潤追求によって「経済」基盤を危うくしてきた現行資本主義の陥穽を是正するための示唆を与える。第1章でも述べたように、資本主義の重点は「ナショナル」単位から「グローバル」規模に移り、それにつれて「形式的な意味」（経済合理性や効率性の観点）がわれわれの「経済」観を凌駕するようになった（若森 2015, pp.187-188）。そうした中、「ローカル」でのコミュニティ経済振興は、「経済」に「実質的な意味」（人の生存・生活との関わり）を取り戻す力となる可能性を秘める[3]。

【謝辞】

本章は、国際協力機構（JICA）草の根技術協力事業『ブータン王国 シンカル村における所得向上と住民共助による生活基盤の継承・発展』（2018〜21年）と、文部科学省科研費『ブータンの発展政策の実証的研究を通した内発的発展論の再検討』（基盤研究(C)、2017〜22年、課題番号：17K02056）の成果に基づく。本章の内容は、概ね以下を初出とするが、新たな分析や情報（「共にある」原則の両義性や最新動向など）を踏まえて全面的に書き直されている。

Masaki, K. (in collaboration with P. Dendup, N. Wangchuk, L. Wangchuk, and T. Wangdi). 2021. "Community economies in support of people's livelihoods: A case of a dairy cooperative of a mountain village in Bhutan". *Journal of Asia-Pacific Studies* (Waseda University). Vol.42, pp.161–178.

読んでみよう、学んでみよう

1．佐藤将之・馬場義徳・安富啓（2022年）『まちづくり仕組み図鑑—ビジネスを生む「地元ぐらし」のススメ』日経BP
　＊コミュニティ経済が（「遠く離れた」場所だけではなく）日本国内でもいかに大事なのかについて、多くの事例を通して学ぶことができます。
2．平山修一（2019年）『現代ブータンを知るための60章［第2版］』明石書店
　＊ブータンが「幸福の国」と呼ばれるゆえんを、国の成り立ちや風土など幅広い観点よりひも解くとともに、昨今の社会課題も取り上げた入門書です。

注

1) 村域を越えたコモンズのために、組合の剰余が廻されることもある。新型コロナ感染拡大で2020年8月にロックダウンが全国的に実施され、村の組合も閉鎖された。当時、ボランティアが各地に配置され、物資配給や医療・看護支援を行っていた。そこで組合員は工場の棚に残っていたチーズとバターを（自分たちで持ち帰らずに）近くに駐在中のボランティアに供与することを決めた。ボランティアの動員は、国王が2011年に立ち上げた「デスン」制度を通して行われており、組合による乳製品供与はまさに、国総体のコモンズの発展に資するイニシアティブであった。

2) 筆者が2023年8月に村を訪問した際、成員資格を隣村まで広げて乳量を増やし、新たにヨーグルト生産を始める案が話し合われていた。その拡張案も、歩合給体制のもとでは儲けを工場スタッフの懐に入れるだけなので、村内には反対意見もあれば、逆にその儲けを組合員に配当すれば良いと考える賛成意見もあった。

3)　ソーシャルイノベーション研究で指摘されてきたように、社会課題解決のための革新的な取り組みは、それに当たる「ヒーロー」だけでなく、そのイニシアティブを支える「制度的環境」が整っていてこそ成功を収める (Manzini 2015, p.62)。本章ではこの点に踏み込めなかったが、住民有志や同郷人（「ヒーロー」）の尽力が功を奏したのは、国民総幸福 (GNH: Gross National Happiness) を基盤としたブータン国内の「制度的環境」(真崎 2019) による。第一に、村における祭事の継承・発展の意欲は、組合成功の要因であったが (本章 pp.112-113)、その地元風土は、仏教倫理を軸とした国是、GNH のもとで醸成されてきたものである、第二に、管轄域内の GNH 推進の責を負う県知事 (国王が任命) の制度も、組合成功と分かち難く絡む。ブムタン県の畜産局は飼料改善 (本章 p.109) だけでなく、機器や種牛などの供与も行ったが、そうした幅広い支援を同局に命じたのは、県のモデル事業として村の組合をプロモートしていた県知事であった。また、乳業協同組合の立ち上げに先立つ 2010 年には、住民が放牧に用いていた国有地に、ゴルフ場を設ける計画が持ち上がっていた。その際、事業者と住民の間に入って協議を取り計らい、地元の反対を踏まえて牧草地を守る手助けをしたのが、当時の県知事であった (真崎 2017)。

参考文献

広井良典 (2015)『ポスト資本主義―科学・人間・社会の未来』岩波書店。

真崎克彦 (2017)「「存在論的転換」による GNH 論の新展望―二元論的・還元主義的な「反政治装置」批判の超克に向けて」『文化人類学』第 28 巻第 4 号、547-556 頁。

真崎克彦 (2019)「ブータンの国民総幸福 (GNH) は、オルタナティブな開発政策として「宣言」されたのか？」戸田真紀子・三上貴教・勝間靖編『改訂版　国際社会を学ぶ』晃洋書房、92-105 頁。

若森みどり (2015)『カール・ポランニーの経済学入門―ポスト新自由主義時代の思想』平凡社。

Dendup, Tashi (2018) "Agricultural transformation in Bhutan: From peasants to entrepreneurial farmers". *Asian Journal of Agricultural Extension, Economics & Society 23*(3), pp.1-8.

Gibson-Graham, J.K. (2006) *A Postcapitalist Politics*. Minneapolis: University of Minnesota Press.

Gibson-Graham, J.K. (2019) "Community economies", in Ashish Kothari, Ariel Salleh, Arturo Escobar, Federico Demaria and Alberto Acosta (eds) *Pluriverse: A Post-development Dictionary*, pp.127–130. New Delhi: Tulika Books.

Gibson-Graham, J.K., Jenny Cameron and Stephen Healy (2013) *Take Back the Economy: An Ethical Guide for Transforming Our Communities*. Minneapolis: University of Minnesota Press.

Kuensel (2023) "Close to 43,000 Bhutanese are abroad, MoFAET data shows", 11 October 2023. https://kuenselonline.com/close-to-43000-bhutanese-are-abroad-mofaet-data-shows/

Manzini, Ezio (2015) *Design, When Everybody Designs: An Introduction to Design for Social Innovation.* Cambridge: The MIT Press.

National Statistics Bureau (2019) *Populations Projections for Bhutan 2017-2047.* Thimphu: Royal Government of Bhutan.

National Statistics Bureau (2022) *Bhutan Living Standard Survey Report.* Thimphu: Royal Government of Bhutan.

National Statistics Bureau (2023) *Bhutan at a Glance 2023.* Thimphu: Royal Government of Bhutan.

Nelson, Robert H. (2014) *Economics as Religion: From Samuelson to Chicago and Beyond* (with a new epilogue). University Park: Pennsylvania State University Press.

Schumacher, Ernest F. (2010) *Small is Beautiful: Economics as if People Mattered.* New York: Harper Perennial (original work published 1973).

Turker, Kaner A. and James T. Murphy (2021) "Assembling community economies". *Progress in Human Geography 45*(1), pp.49-69.

第二部

ローカリゼーションと
レジリエンス

第7章

依存的自立を高めるしなやかなローカリゼーション
―国内外のエコビレッジとトランジション運動―

平山　恵

『電気、ガス、水道、政治・経済がストップしても笑っていられる』コミュニティ、村づくり

　熊本県の「三角エコビレッジ・サイハテ」のパンフレットの一文である。災害が起きても生活ができるレジリエンス[a]（再生力、復元力、しなやかさ）のある地域づくりが国内外で広がっている。

I．はじめに

　1989年8月カリブの小国でハリケーンに被災した。勤務していた国連のオフィスの屋根が飛ぶ。停電になり、冷蔵庫の食品が腐り始める。観光立国で農産物を輸入に頼っていたことが食糧難につながった。1995年1月に起きた阪神・淡路大震災、実家がある関西にすぐに救援に向かった。その当時、WHOは災害準備活動として「日本を見倣って震災でも壊れない強固な建物を建てよう」と国々に日本を範とするように指導していたが、被災地の西宮市民病院やコンビニが倒壊していた。それから16年後、2011年3月、東日本大震災直後に、被災地宮城県に赴き散村の惨状を見た。また、同じ2011年3月に私の研究地シリアで紛争が始まった。その後もコロナウイルスやウクライナ戦争と世界が困難な状況に陥っている。考えてみると、2010年に赤道直下のルワンダを調査中に

用語解説 [a] レジリエンス：もともと外的衝撃やそれによって起こされた変化をかわす生態系の能力のことをいう。特にコミュニティでは何か問題や不測の事態が起こってもしなやかに問題を解決し復元する底力のことをいう。

雹 が降って驚いたし、ここ10年、畑の野菜が不作である。「自然災害」も感染
症も私たち人間の暮らし方に起因している人災の要素を否定できない。グロー
バリゼーションによって経済活動が拡大した結果、その経済活動の動力源であ
る石油や石炭などの化石燃料の過剰使用が二酸化炭素等の温室効果ガスの大量
排出につながった。天然資源を求めて森林を切り開いていったことが動物を人
が住む里に呼び起こすことになり、人畜共通感染症がパンデミックを起こす契
機となった。最大の環境破壊といわれる戦争・紛争も世界各地で起こっている。
思えば1980年代初頭、オゾン層の破壊について勉強会を開いたり、スプレー
缶を使わないようにキャンペーンデモを行った。また、核戦争が起こらないよ
うに米国とソ連の大使館に申し入れをした。2019年にスウェーデン人の若い環
境活動家、グレタ・トゥンベリさんが気候変動対策を求めて活動するのを見て
40年前の自分を重ねた。その時既に環境破壊が未来に大きな問題となること
は、筆者を含め多くの人が予期していた。にもかかわらず、その後は著者自身
もグローバリゼーションの中に身を委ね傍観者になってしまった。

Ⅱ．エコビレッジとトランジション運動

　前節のような地球の複数の危機に際した中で、エコビレッジやトランジショ
ン・タウン（以降 TT）というローカリゼーション運動が見えてきたのは一筋の
光であった。エコビレッジは自然環境と共生し、地球環境への負荷を少なく
し、自立性、循環性のあるコミュニティであり、次の5要件を満たした活動で
ある。①ヒューマン・スケールを基準に設計される。②生活のための装備が十
分に備わった住居がある。③人間が自然界に害を与えず、調和した生活を行っ
ている。④人間の健全な発達を促進する。⑤未来に向けて持続的である。トラ
ンジション運動はピークオイルと気候変動という地球規模の危機に市民が創意
工夫し、脱石油社会へ移行していく運動である。目指すべき社会は低炭素社会
でレジリエンスのある社会だが、具体的には「行動しながら考えれば良い」方
針である（トランジション・ジャパン HP）。

　エコビレッジは自然の豊かな土地を利用して自然環境と共生するが、TT は
都会でも農村でもよく、環境に配慮した生活を行う意味でエコビレッジと同じ

図1　エコビレッジの学び「ガイア教育」の4-D曼荼羅
出典：GEN Japan ホームページ

目的をもっており、両者とも地域の自立を高めるローカリゼーション運動である。エコビレッジや TT の集いに参加すると、同じ人たちに会うし実際にその地を訪れると、エコビレッジでトランジション運動を行っている。両者とも冒頭のサイハテの文言のような、どういう状況になっても皆で対処できるレジリエンスがある。エコビレッジの学びの4項目を表した4-D曼荼羅（図1）をみると環境の中に「都市の再生」があり、経済では「ローカリゼーション、ガイア経済への移行」という言葉があり、エコビレッジの中に「都市」や「移行」が登場するので、本稿ではエコビレッジと TT、ひいてはエコビレッジ的活動を行っている地域を、同じローカリゼーション運動として取り扱う。

III.　ローカリゼーション運動の歴史と動向

　1992年の国連環境開発会議「リオ・サミット」では市民の環境に対する問題意識がクローズアップされたこともあり、世界各地で環境との共生が注目される。1977年から環境との共生を図る活動を既に始めていたエジプトのエコビレッジ SEKEM などが注目される。その30年後には、2000年に設定されたミレニアム開発目標（MDGs）の第7項「環境の持続可能性の確保」の目標に向かって、世界中で暮らし方を変える人々が好評価され始めた。その中心的な社会変

革運動がローカリゼーション運動である。

1　エコビレッジ

　エコビレッジが登場したのは1960年代にデンマークでのコハウジング Co-Housing 運動が発祥だと言われている（GEN International HP）。世界各国でも「お互いが支え合う仕組み」や「環境負荷の少ない工夫」を取り入れた暮らし方やコミュニティが同時にひろがっており、1990年代以降、「エコビレッジづくりの国際交流とネットワーク」として1995年 GEN（Global Ecovillage Network）が設立される。エコビレッジは、1998年には国連の選ぶ持続可能なライフスタイルのすばらしいモデルとして「100 Listing of Best Practice」にも挙げられており、世界中の都市や農村約2万カ所に展開されている。日本では日本独自の文化、知恵、資産を入れたエコビレッジを「日本型里山エコビレッジ」と呼んでいた時期もあるが、現在は欧州の先達エコビレッジから学んだことで、里山ではない場所でのエコビレッジもあり、さまざまな形態のエコビレッジが存在する（糸長 2007）。ただ目標は共通しており、3つのエコロジー（生態系、社会・経済性、精神性のエコロジー）の実現を目指す自立・完結・循環・持続型のコミュニティである。日本でも2016年に Global Ecovillage Network Japan（GEN Japan）が設立された。GEN Japan はネットワーク組織というより、エコビレッジを創設するための研修や啓発活動に重きを置いている。

2　トランジション・タウン（TT）

　パーマカルチャー[b]および自然建築の講師をしていたイギリス人のロブ・ホプキンスが、2005年秋、イギリス南部デボン州の小さな町トットネスで TT を立ち上げ、瞬く間にイギリス全土はもちろんのこと、欧州各国、北南米、オセアニア、そして日本と世界中に広がった（ホプキンス 2013, p.310）。

　多くの日本人が見学したトットネスでは、映画上映会、暮らしの基本的技術再習得講座、自然エネルギープロジェクト、地域通貨の発行など、さまざまな

[b] パーマカルチャー：オーストラリア人のビル・モリソンやデビッド・ホルムグレンらが提唱した農的暮らしのデザイン手法でパーマネントとアグリカルチャーを組み合わせた造語である。トランジション・タウンの考え方は、パーマカルチャーをまちづくりに応用したものと言える。

トランジション活動が展開された。その小さい市民運動は、関連団体、企業、行政などとも協働関係を築き、地域全体を巻き込む活動にまで発展した。トットネスの活動内容からもわかるように、始まりは、話し合いや映画上映会といった、市民レベルの小さな草の根活動である。それが、大きな社会変化を生んで国際的な持続可能な社会へ移行するための国際的市民運動になりつつある（ホプキンス 2013, p.309）。

　2008年6月に発足したトランジション・ジャパンは日本向け説明資料の作成、説明会の開催、トランジション・トレーニングの開催、2009年6月にはNPO法人の認証を受けた。その結果、日本のTTは、2009年初めに、藤野、葉山、小金井の3地域から立ち上がり、トランジション・ジャパン発足から2年を経た2010年7月、日本でのTT数は15となった。2011年3月の東日本大震災後はその必要性が高まったのか増え続け2021年現在では65がトランジションを宣言している（榎本 2021, p.163）。トランジション宣言を公にしていない地域もあるので実際は更に多い。現在では以下のような「気候非常事態宣言」等の共同声明を発するアドボカシー活動も盛んである。

> トランジション・ジャパン「気候非常事態宣言」2019年12月6日
> 私たちは気候危機を阻止できる最後の世代です。誰かが解決することではない、私たちがどう暮らしにコミットするのか、なにを大切に生きるのかを問われているこの問題。地域や私たちの意識や実践が大きな鍵をにぎっています。（中略）トランジションタウンの活動は、地球規模の気候変動に待ったをかける有効的なアクションだと確信しています。地球への配慮、人、生きものへの配慮が持続可能な未来へ繋ぎ、ともに生きることへの選択をしつづけるアクションになります。（中略）トランジションタウンというすでにあるベースがそのムーブメントをさらに活性化させてくれるでしょう。今こそ、つながりを取り戻し、地球とともに生きていきましょう。今必要なのは行動です！（後略）

　トランジション・ジャパンの設立を機に、日本各地のTTが交流を始めた。地域ごとに合宿や勉強会を行ったり、1年に1回は全国の関係者が集い、各地域の経験を分かち合う。

　TTとエコビレッジを推進する組織は違うが、近年、国際的に「Local Happiness」として両方の人々が1年に一度集う。日本でも「幸せの経済学」と銘打って2017年、2018年と海外からのゲストも招聘して2日間一堂に集い、筆者も参加した。

コロナ禍での2020年以降はオンラインでの開催が盛んになり、未来のローカリゼーション推進者も加わり頼もしい。本稿ではエコビレッジもトランジション・タウンの活動もそれに似た活動も「ローカリゼーション活動」と1つのものとして取り扱う。

IV. ローカリゼーションの実際

　本節では訪問調査を行ったローカリゼーション地域から10の事例を選び創設年順に紹介する。老舗のローカリゼーション事例から開始して間もない事例まで取り混ぜてみた。事例は同居型と集落型（散居型）に大きく分かれる。同居型は同じ建物または同じ敷地内で共同生活を送っている。集落型は家族ごとにそれぞれの家で暮らしているが生活圏は同じで共同で生態系を守りながら日々生活している。筆者が文献及びインタビューや観察で得た10の事例の比較表は創立年代順に次節の表1（p.131）に示す。

（1）SEKEM　集落型（エジプト）

　1977年、SEKEMは砂漠に一本の木と一基の井戸を作ることから始まった。創始者は当初、無謀なことをしていると周りから馬鹿にされたという。農業、家畜、薬草づくり、有機綿づくりと大規模にビジネスを進めて今では成功している。SEKEMスクールとして、幼稚園、小学校、中等学校（日本の中学＋高等学校）、職業訓練校を擁する。学校方針は生徒の人間性を育てるシュタイナー教育を軸にしている。エコビレッジ設立40年後の2017年にはヘリオポリス大学も創設した。著者が訪問した際には、ビニール袋は禁止ということでビニール袋を持ち込ませないという環境行動に徹底していたことが印象に残った。

（2）Smala Ecovillage Community　同居型（スイス）

　1993年、移住してきたブラジル人が創設した。レマン湖のほとりの景観が美しく列車の駅のそばで、最寄りの都市であるローザンヌやジュネーブへ出るのも便利な農村である。1993年から何度も住人の出入りがあり、国籍も（2020年3月の訪問時は）ブラジル人、フランス人、スペイン人、クロアチア人、イス

ラエル人と複数国籍であった。大量消費と大量生産を減らしたいと強く思う人たちが集まって住んでいる。大人は会社勤めをしながらも仕事量は減らして、簡単な畑仕事も行う。特筆すべきは美術芸術を愛好する人たちの集まりであり、中央に小劇場があり、建物の中に絵があふれる。美術・芸術が生活の中に溶け込んでいる。各部屋のドアの呼び鈴もそれぞれ違った形・音色のオルゴールが備えつけてあった。

（3）アズワン　集落型（三重県鈴鹿市）

　市場経済主義社会に対する「As One ＝ 一つの世界」のモデル社会を実現する試みである。ジョン・レノンの歌 "Imagine" の中の「The world will be as one」という一節から「国境も所有もない」という意味で命名した。世界は元々、囲いも隔てもない、すべてが「一つの世界」だという理念のもとに、人間自然界の中で全てのものと調和しながら生きていくこと、そして、人間同士も、世界中の人と親しく、共に繁栄していくことを目的としている。「争いのない幸せな世界」を作ることを目指す都市型エココミュニティである。研究所を擁し、書籍の出版も行っている。この研究所では、人として成長する要素の解明や方法が考案され、常に現状の分析を行う「サイエンズメソッド」という独自の方式を用いる。また、集会所の一角に「コミュニティースペース JOY」があり、お金を介さず、必要な食料や生活用品を必要な分量だけ持ち帰る仕組みがある。普通の店では袋に豆が入っていれば、一袋ごとに持ち帰るだろうが、アズワンではその日に必要な分量のみ持ち帰る。世帯の中なら行われていることであろうが、それが集落単位で行われている。弁当屋等のビジネスを展開しているが、従

図2　『アズワン』の3つの活動場
出典：PIESS NETWORK 2012, p.170

業員は無給であり、労働時間も本人の希望に沿って従業員で話し合って決める。最初はうまく注文に応じられないこともあったというが、現在は商売繁盛である。他に不動産業、食料品店、学習塾なども経営している。収入は皆で話し合って必要なものに使う（岸浪ほか 2016）。

（4）Narara Village　集落型（オーストラリア）

　比較的教養が高い中高年の人々によって始められた環境との共生生活コミュニティである。有機農業、そして量り売りの店があり、海外からも見学者が絶えないために、ゲストハウスを建設し、毎月、訪問者のための解説日を決めて、まとめて見学者を受けている。メンバーが自分たちの生活を分析して文章化している。研究心が強い点や知名度では日本のアズワンに近い感じがしたが、アズワンよりは緩やかに人々がつながっている感があった。

（5）藤野トランジション・タウン　集落型（神奈川相模原市）

　日本で最初の TT であり、エコビレッジでもある。英国のエコビレッジの運動に共鳴してこの地に移り住んだ人が発起人である。2008年 6月にパーマカルチャーでつながった友人3名で準備を始め、2009年2月にコアメンバーを募って活動がスタートした。このエコビレッジがある藤野は神奈川県北西部に位置する森と湖の町、旧藤野町（現相模原市緑区）は人口約1万人弱、新宿から JR 中央線で約1時間の豊かな里山である。戦時中に疎開画家が移り住み、その後、芸術の町としてこの地に魅せられた芸術家の創造の場となっている。近年は、パーマカルチャーセンタージャパン、学校法人シュタイナー学園、里山長屋など、自然志向が高い人や、新しい暮らし方を模索する人々が移住してきて、日本のトランジション・タウンのモデルとなり、国内外からの訪問者が絶えない。

（6）ウェル洋光台　同居型（神奈川県横浜市）

　住宅地の高台に1970年代に寮として建てられたものを2006年にシェアハウスとして使用し始めた。2009年にシェアハウスを退出した人が2013年に戻ってきて、シェアハウスの設備管理問題を解決していく中で提案したことでエコビレッジとして再スタートを切る。その際に鈴鹿のアズワンコミュニティのメ

ンバーにアドバイスを受けた。ごく普通のシェアハウスとしか見えないが、ルールをなくすことで、自然体で楽しく暮らせるようになったという。

（7）三角エコビレッジ・サイハテ　集落型（熊本県宇城市）

　日本各地から移住してきた木工職人、ファッションデザイナー、歌手、染織作家、パーマカルチャーデザイナー等27人（大人17人、子ども10人）が好き勝手に活動を始めた。合言葉は「お好きにどうぞ」と「やさしい革命」で、リーダーもルールもない。空き家に住むので家賃はゼロである。「サイハテ基金」は大人一人につき年1万5,000円を出し合い、共有スペースの修繕費に充てる。共有物として木工製作所、衣類の染色・縫製工房、（牛小屋を改装した）キッチン付きのイベントスペース、田んぼ・野菜畑・柑橘畑、ヤギ・鶏がいる。特筆すべきは2016年の熊本地震で一時避難してきた人たち約40人を受け入れたことである。原色の建物が多くあり、お伽の国に来た感じがした。

（8）笑郷まほろば＆竹の杜　集落型（奈良県香芝市）

　2016年10月にドイツから来日するエコビレッジの専門家の講演会の受け入れを機に12人のラジオ体操仲間が中心となって活動を開始した。同居はしていないものの、毎朝6時30分に顔を合わすことでメンバー間の信頼関係ができていたので、すぐに活動を始めることができた。豊富な自然環境と自身の生活の在り方を再認識する学習を活動の中心におく。キーワードは①仲間づくり、②モノづくり、③まちづくり、④高齢者の生き甲斐づくり、⑤福祉・健康づくり、⑥環境教育である。毎月第一土曜日に自然観察会を行い、動植物の生態観測を通して自分たちの住む地域を理解する。笑郷まほろばのメンバーが中心となり空き家を自分たちで改造し活動の拠点「竹の杜」を作った。廃物が出るたびに、その使途を考えて、内装だけでなく、庭に舞台や遊具や芸術的なオブジェを置く。市にも提言活動を行っている。スーパーマーケットも病院も歩ける距離にはない地域であるために、高齢者や障害をもった人の搬送サービスを低価格で行っている。物々交換も盛んである。音楽バンドが結成されて、地域の行事で演奏をしたり、2024年2月には別の空屋を利用して絵本文庫を開設した。地域の戦争遺産や植物を次の世代に残す活動も行っており、香芝市への提

言も数多く行っている。地域の公立学校や地域の行事で講演を行うなど、教育改革も視野に入れている。

（9）Sunny Hill　同居型（スロベニア）

2012年から構想し、2017年に本格的に開始した。山奥にあり、交通は不便である。メンバーは多国籍で、2018年の訪問時はクロアチア、スイス、フランス、イタリア、英国人が暮らしていた。モットーは贅沢な単純さ（luxurious simplicity）で、次の4つの指針が壁に貼ってあった。①合意 agreement of people、②空間の調和 harmony of space、③あらゆる命の共鳴 resonance of life、④共存の喜び joy of co-existence である。基本的な理念がしっかりしていて、それに基づいた活動がルーティン化されている。完全なる食糧自給を目指している。なによりも大切にしているのはメンバーの「絆」であり、毎夜、会合を持ち、じっくり話し合う。毎回の食事の前に輪になる。食事をよそうために列になって待っている間に肩もみをすることが常識となっているなどスキンシップが多い。コンポスト・トイレ、果樹・野菜栽培、パーマカルチャーといったエコビレッジ・デザインの「環境にやさしい基礎」は完備されている。

写真1　Sunny Hill（スロベニア）自然との共生「適正技術」：排泄物の農地への利用（筆者撮影）

（10）南伊豆ニュービレッジ　同居型（静岡県下田市）

サイハテの創設者から刺激を得て、オランダやタンザニアでエコビレッジづくりをした多拠点施設を運営した経験を持つ人たちが2023年1月に始めた。日本でも1日1ドルで暮らす生活を実践したいということで、空家と山を含む2

万平米の土地を購入し、仲間を呼び寄せ古民家を改造し、山を整備している。山で竹炭を作る人、整備する人という風に、めいめいが1日1ドル暮らしを目指して作業に勤しむ。人によっては数か月、数週間、数日単位で、ニュービレッジに滞在し多拠点生活を楽しむ。近隣の農家や漁師が担い手不足であるので、それを手伝うことで労働力と食料等を交換することで1日1ドル生活が成り立つ「エネルギー交換」が特徴である。水は湧き水、料理は薪火料理というキャンプのような生活をしている。電気は太陽光発電でまかなう。暖房は熱効率の高い薪ストーブで、テントサウナも常備している。しかし、インターネットは「スターリンク」で衛星から取って情報発信をし、電気自動車も使っている。筆者訪問時には学校に通わない小学生が楽しそうに半年住んでいたが、現在は学校に戻っている。他の地にもエコビレッジが増えることを願って積極的にその実践を公開している。創設者の1人、近藤なお氏はエコビレッジの実践を公立学校で取り入れる算段を進めている。

Ⅴ．事例の考察

　前節で概要を記したローカリゼーションの事例の特徴を考察する。参与観察を行った筆者の主観ではあるが、10のエコビレッジと TT を表1のように比較した。

1　本音が言える関係が作る「しなやかな」依存関係

　比較優位にもとづく分業はある意味で現代社会に国際交流や国際協力を生んだ。しかし、それが日本における西洋医学のように「循環器」、「消化器」と縦割りになってしまうと全体のバランスが見えづらくなる。ローカリゼーションを進める人々は、農業も農業従事者にまかせず、健康づくりも保健医療者にまかせず、生活のニーズは自分たちの知恵を生かして対応している。どの地域でも少なくとも食べるものはある程度は自分たちで作っている。つまり「食べる人」と「作る人」が完全分業になっていない。完全な自立ではなく、その地域内での互助関係をうまく使いながら自分たちができることを気軽に頼れる仲間に依存しながら生きている。半自立半依存とでも言えるだろうか。

表1　調査を行ったローカリゼーション活動事例比較

名前	SEKEM	Smala	アズワン	Narara	藤野TT	ウェル洋光台	サイハテ	笑郷竹の杜	Sunny Hill	南伊豆NV
創設年	1977	1993	2001	2004	2009	2009	2011	2016	2017	2023
同居型/集落型	集落	同居	集落	集落	集落	同居	集落	集落	同居	同居
農村/中間/都市	農村	中間	都市	農村	農村	都市	農村	中間	農村	農村
熱源の自給	太陽光	×	炭焼き	×	太陽光	×	時折焚火	時折焚火	×	焚火料理
代替通貨・交換	×	△	金不在	×	地域通貨	×	×	時折物々交換	△	労働と物交換
ビジネス	◎多種	△書籍	○弁当屋等	ゲストハウス	×	×	ゲストハウス	×	×	×
勉強会/研究	◎	○	◎	◎	◎	◎	○	◎	○	○
自然観察	◎	○	◎	◎	◎	○	○	◎	○	△
芸術	◎	○	◎	○	◎	○	○	◎	○	○
受苦者受け入れ	貧困者	×	×	高齢者	×	×	避難者	高齢者	×	△
訪問客受け入れ	◎	○	○	◎	○	○	◎	○	○	◎
子どもの教育	◎	◎	◎	◎	◎	○	○	◎	○	△

◎大いに行っている、○ある程度行っている、△少しだけ行っている、×行っていない
出所：著者作成

　スロベニアの Sunny Hill は毎夜の会合での深い話しあいが運営方針の支柱となっている。三重のアズワンも歯に衣着せず徹底的に話し合う。46年目を迎えたエジプトの SEKEM は「地球にやさしい」ビジネスを展開する1,500人のメンバーを抱える巨大エコビレッジであるが、それだけ大きくなっても毎週木曜日（エジプトでは週末に入る最後の平日）の1時間は戸外で巨大な円になって集まって話し合いを続けている。

　「三角エコビレッジ・サイハテ」や「笑郷まほろば」は月1度しか定例会合を開かないが、毎日顔を合わせ話す機会が多いことでお互いをよく理解している。たとえば、高齢のメンバーが毎

写真2　SEKEM（エジプト）規模が大きくなっても毎週対話（Global Ecovillage Network HPより）

朝の体操に参加していないと、すぐにその人の家に急行する自然の見守り体制がある。定例会合をもたないウェル洋光台は毎日一緒に食事をとるし、問題が発生した時に時間をとってしっかり話し合っている。

　事例にはあげなかったが、ハンガリーで訪れたまだ始まったばかりの集落型のエコビレッジでは、一部のメンバーに負担がかかるという不満をもらしていた。理想は高いが、まだお互いの信頼関係を築くコミュニケーションが不足していることが明らかであった。ただ単に環境にやさしい生活実践だけだと長続きしないレジリエンスのない事例も国内外で見られた。

　同居型の方が絆は当然強いが、集落型の方がより自由に活動ができるメリットがある。どちらの形態でも、3つの共通した特徴がある。①メンバー内で本音が言えること、②コミュニケーションを取れる機会（行事や会合）があり、問題もその中で解決できること、何よりも③問題が起こってもそれを上回る、楽しい活動を作り上げている。この3つの特徴が気兼ねない適切な依存を可能にしている。活動に決まり切った形はない。課題に創造力を駆使して準備し、必要な時に「助けて」と言える「ルーティン化した互助」が社会規範となっている。本音を言うには自分自身が何を一番大事にしたいのかを把握しておく必要がある。そのために「内省」の時間を設けている。自分自身が何を一番大事にしたいのかが他者に伝わると自然と助け船が出る。お互いの本音が見えてこそ無理をしない・させない「しなやかな」依存関係が成立する。

２　「ノン・ヒューマン」との対話で中庸な依存

　人への依存の前に人以外のあらゆる自然物つまり「ノン・ヒューマン」への過度の依存が大きい現代社会であるという認識ができているので、「ノン・ヒューマン」との対話を行っていることも特徴である。エコビレッジやTTでは、野鳥やコケ、野草、岩石、地層、細菌等の勉強会を開いて「ノン・ヒューマン」を理解する講座が目につく。この理解が「ノン・ヒューマン」との「対話」で、たとえば細菌をただの病原菌と考えずにその役割を考えた長期的な視点に立った対処ができる。「笑郷まほろば」の理念に「次代のこどもたちに豊かな自然とあたたかな人の絆を残すため」とあるように、地理的に遠いところにいる見えぬ人たちはもちろん、これから生まれ来る「未人」たちや動植物・鉱物と

いう「ノン・ヒューマン」も仲間に入れた連帯活動ともいえるだろうか。自然への畏怖の念を抱き、他人への感謝を持ってしなやかに中庸に依存し合う、まさに「身土不二」である。これがしなやかなレジリエンスの秘訣である。

３　自発的な学びと創造の生活空間

　全てのローカリゼーション運動に共通していた活動は勉強会や研究会である。環境にやさしいものを購入しようとすると、お金がかかる。それなら自分たちで創ろうというのである。環境を破壊しないでも衣・食・住・働・遊など人間の生活が環境負荷の低い循環型のものを使おうと努力する。それには先達の智恵と経験からの学びと、その土地にあったものの研究が当然のように進む。その典型例が「アズワン」のサイエンズ研究所やエジプトのSEKEMが設立したヘリオポリス大学である。ヘリオポリス大学の在り方はこれまでのエジプトの常識を覆した。エジプトでは高校の成績の良い順から医学部、工学部、法学部という序列で大学の専攻を決めることが一般化していて、当人の選択ではないことが多い。その序列の末端に農学部がある。それにもかかわらず、最初にSEKEMが大学に設置した学部は有機農学部である。初年度は案の定、志願者が少なかったという。カイロ大学の教授は「ヘリオポリス大学は常識破りで、変な大学です。」と嘲笑していた。高価なソーラーパネルではなく、ソーラー温熱袋を有機農業にとりいれて、住民と教授と学生がその効果を測る。SEKEMは自然との共生をめざす生活の実践を積み上げてきた歴史があり、学生は実践の場で実験を行いながら学ぶ。SEKEMは障がい者のためのクラスや貧しくて学校に行けなかった人たちにも学びの場を提供している。薬草工場や有機綿のおもちゃを作る健康に資するビジネスも行っており暮らしに役立つ技術を日々開発している。コミュニティという単位で自立可能な適正技術を老若男女が学び、新しい方法を生み出している。筆者が訪ねた際は水を何度も再利用できる瓶につめてどれだけ安く販売できるかを研究中で安いペットボトル水に苦戦中であった。

　「笑郷まほろば」では、毎年川の水質検査を市民で行い、活動地の川が浄化される成果を自然観察で行っている。水辺の生物の発生との関係で明らかにしていく10年単位の研究を子どもと一緒に行う。本章で紹介した中で一番新しい「南伊豆ニュービレッジ」では「大地の再生」の講義と演習ということで昔か

らの知恵を生かした「点穴」という簡易技術で、コンクリート地を水はけのよい土地に再生する方法を大学生に教え、同居ハウスの入口の水浸し状態の改善を行っていた(写真3)。さらには、どの事例でも、ただ単に自分たちに利する身近なことだけを学んでいるのではなく、戦争を含む世界情勢を学ぶ勉強会も行っているのは、視野の広い長期的なレジリエンスの視点があり秀逸である。

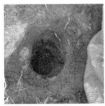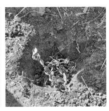

写真3　点穴：穴を掘り、竹炭、落ち葉、木の枝、瓦片を入れ、微生物で土の状態を改良（南伊豆ニュービレッジ、筆者撮影）

4　芸術の存在

どのエコビレッジもトランジション・タウンも美しさとおもしろさに魅了される。SEKEMとSmalaと「笑郷まほろば」には芸術的な舞台がある。畑には蓮池があり、真ん中に美しい人の像が訪問客の目を捉える。人が作った芸術作品が自然の中で輝いている。歌声が、オカリナの生演奏が聞こえてくる。SEKEMが作ったヘリオポリス大学では芸術が日本の教養課程にあたる選択必修科目となっている。専門科目の前に「人間性を養う」必要性を説くシュタイナー哲学を基にする。芸術的な空間が心の安定、つまり活動のレジリエンスを育む。

VI.　ローカリゼーションの共鳴拡大「レゾナンス」

一般企業もローカリゼーションに目を向け始めた。三角エコビレッジ・サイハテの創設者である工藤氏が日本中にエコビレッジを作るべく各地を巡っている。有言実行で、宮崎県の「あのむら」や愛知県に「あきち」というエコビレッジがここ数年でスタートし、20代、30代の若者が共鳴し運営している。工藤氏は最初少し手伝うが、次のエコビレッジ創設のためその地を離れる。その際にサイハテで育てた山羊や苗を贈呈する。新規エコビレッジが先行するエコビ

レッジからの助力を得る。このちょっとした贈り物が功を奏する。頂いた山羊を死なせないためにローカリゼーション初心者は頑張るのである。時折、工藤氏は戻ってきてはその進捗を確認することで励ます。そんな中、工藤氏は大企業の社長からの東京ドーム 20 個分の土地にエコビレッジを作る依頼を受け、2023 年 2 月に開村した。たくさんの洞穴があり、それを抜けると馬の放牧地が現れるというディズニーランドを想像させるような強大な村である。モンゴルのゲルの形をした宿泊施設があり、筆者も焚火料理をして宿泊した。しかしこれでは単なる体験型観光業になる可能性があり、真のローカリゼーションにはほど遠い。ローカリゼーションの本質をまだ理解していない人にもエコビレッジを作る過程でまずは「電気」調理を「焚火」料理にするなど「徐々に理解してもらう」と工藤氏は語る。仲良しクラブではなく、ローカリゼーションの本質を理解していない人へ接近して一緒に焚火料理をやってみると「意外と簡単」ということになる。実践の試行を通して社会変革を試みている。藤野 TT が電気起こしを各地で指導していたり、エジプトの SEKEM が数々の成功体験に満足せずに、周辺の村に出かけて行ってローカリゼーションの妙味を少しずつ実践紹介しているのも同じである。

　既出の 2019 年横浜開催の「幸せの経済」フォーラムでは数々の発表に多くの挑戦を見た。一般社団法人ユナイテッドグリーンは、被災地における「未来循環型地域づくり」の活動に取り組んでいる。廃油から作るバイオディーゼル燃料作りに取り組んでいたが、プロジェクトの最中に東日本大震災と遭遇したことをきっかけに、持続可能なコミュニティの作り方に取り組むようになった。岩手県釜石市に古民家をリノベーションした ECO ハウスを造ったり、自家発電にも取り組んでおり、電力供給量は 200% 程度に達していると報告していた。城南信用金庫は「脱原発宣言」をし、クリーンエネルギーの導入を目指すという。「社会・環境問題の解決こそ企業の目的」であるとして、事業活動で消費する電力を 100% 再生可能エネルギーで調達することを目標に掲げる企業が参加する「RE100」に日本企業としては初めて加盟したとの報告に拍手が起こった。2023 年 1 月に氣合同会社という地域支援型農業を支える組織が誕生した。この合同会社は「八方つながり」と称してローカリゼーションのネットワークを広げている。「レゾナンド・エコビレッジ（荻原・加用 2006, p.173）」と

の言葉通りローカリゼーションは「人間が真にしあわせになる社会システム」を共に考え、共鳴して喜びを拡大している。

　人間どうしの共鳴だけではない。事例(9)のSunny Hillのモットーの「Resonance of Life（命の共鳴）」が示すように、生きとし生けるものと共鳴する姿をどのローカリゼーション運動でも目撃した。人間のエゴを越え、あらゆる物者の声に耳を傾け、しなやかに寄りそいあう命のいとなみこそ現代社会で必要な共鳴（レゾナンス）行動であろう。

VII.　おわりに

　ローカリゼーションは「どんな私であっても、受け入れてもらえる」、「助けてと言える」安心感がある場づくりである。他人のことを気にして「空気を読む」同調圧力が蔓延している日本では自分に正直に生きることが難しい。ありのままの自分でいることができるという一見単純なニーズが高まっていた中で2011年の東日本大震災が起こり、日本の多くの人が「生き方」を見直したのだろう。「心から望む暮らし」を探し始めたら、共鳴する先達や仲間に出会ったのである。昨今、「社会連帯経済」という言葉が目につく。一人では「心から望む暮らし」を実現するのは難しいが、近隣の人々の助けを堂々と受けて暮らす「開かれた依存」という規範がローカリゼーションの宝である。

　また、国内外でローカリゼーションの現場の訪問を通して、生きとし生けるものと対話して共生することがレジリエンスを無理なく維持できる鍵だと感じた。エコビレッジやトランジション運動は自然に世界平和につながっている。国際社会は紛争・戦争社会の一途をたどり、大環境破壊を起こしている。戦争は直接的暴力であるが、平和学者ガルトゥングの定義によれば、環境悪化は行為主体があいまいな「間接的暴力」、つまり「構造的暴力」である。エコビレッジやTTでの生活実践は「構造的暴力の不在」を目指すものであり、しっかりとした世界観の上に「積極的平和」が日々の行動で醸成される。サイハテが被災者、SEKEMが貧困者や障碍者を受け入れるように、どの地域も包容力があるレジリエンスを備えている。

　エジプトのSEKEMが幼稚園から大学、職業訓練校までさまざまなレベル

の学校を擁するように、ローカリゼーションを進める人々は教育改革を行おうとする傾向がある。日本でもオランダとタンザニアと南伊豆でエコビレッジを創った近藤ナオ氏はエコビレッジで子どもを受け入れてきた。保護者や先生、なによりも当事者としっかり話をした上での受け入れである。近藤氏は公立学校の学びの改革をめざす。奈良の笑郷まほろばも当初から地元の学校の学びの改革をめざした。地域の人材や自然、歴史を生かした学校で、老若男女がしなやかな生き方ができる術を学ぶことを目指す。結局のところ、ローカリゼーションはレジリエンス「しなやかさ」を培う社会改革である。

> **読んでみよう、学んでみよう**
>
> 1．榎本英剛（2021）『僕らが変われば、まちが変わり、まちが変われば世界が変わる―トランジション・タウンという試み』地湧の社
>   ＊英国でトランジション運動を経験した著者が神奈川県の藤野トランジション・タウンをスタートし、その後、日本全国に広がりネットワークを作っていく様子を記しています。
> 2．ロブ・ホプキンス（城川桂子訳）（2013）『トランジション・ハンドブック』第三書館
>   ＊脱化石燃料社会にどうして移行しなければならないのかが理解できます。またトランジション運動をいかにして進めるかについて理論と事例を駆使した詳細な説明があります。

■ 参考文献

糸長浩司（2007）「〈特集〉エコビレッジ」『オルタ』11月号、アジア太平洋資料センター。
榎本英剛（2021）『僕らが変われば、まちが変わり、まちが変われば世界が変わる―トランジション・タウンという試み』地湧の社。
荻原廣高・加用現空（2006）「レゾナント・エコビレッジ」建築設備家懇談会編『エコビレッジ・レシピ』鹿島出版会、173-178頁。
岸浪龍ほか（2016）『幸せをはこぶ会社 おふくろさん弁当―本当にあった！こんな会社 ～規則も命令も上司も責任もない！』アズワンネットワーク。
トランジション・ジャパン ホームページ　2023年9月2日アクセス（https://transitionjapan.net/）
ホブキンス，ロブ（城川桂子訳）（2013）『トランジション・ハンドブック』第三書館。
GEN Japan ホームページ　2023年9月4日アクセス（http://gen-jp.org/）
Global Ecovillage Network ホームページ　2023年9月4日アクセス（https://ecovillage.org/）
PIESS NETWORK 編（2012）『やさしい社会2』サイエンズ研究所。

第8章

さまよう地域、漂う地域
―太平洋島嶼における地域主義の多層性と戦略的依存―

関根　久雄

Ⅰ．地域に向き合う

1　単純な近代化からの「埋め戻し」

　社会学者のアンソニー・ギデンズは、西洋の資本主義社会が、植民地化など
を通じて非西洋社会と接触する過程で、非西洋社会に伝統的に培われていた社
会関係や文化的要素を当該地域の文脈から引き離し、貨幣を中心とする国際分
業体制や西洋的合理性に基づく社会組織への編入を促したと述べる（Giddens
1990, pp.21-23, pp.35-36）。これは、西洋を中心とする資本主義や国家に関わる諸
システムの拡大を通じて、それ以前の時代には考えられないようなかたちで
「近い場所と遠い場所が結びつけられた」（Giddens 1990, p.140）ことを意味してい
る。ギデンズは、地域ごとの文脈に埋め込まれていた社会的諸関係がそこから
引き離されることを「脱埋め込み（disembedding）」、そのような近代化過程を
「単純な近代化（simple modernization）」と呼んだ（Giddens 1994, p.42, pp.80-87）。単
純な近代化は環境破壊や経済格差、貧困、ジェンダー格差、激甚災害、気候変
動などを生み出し、拡大させ、それらへの適切な対応ができず、紛争、戦争、
社会秩序の混乱を招いてきた（関根 2015, p.4）。

　カール・ポランニーは、「市場経済とは、市場によってのみ制御され、規制
され、方向づけられる経済システムであり、財の生産と分配の秩序は自己調整
的なメカニズムにゆだねられる」（ポランニー 1975, p.23）ものであり、そのよう
な「市場が経済生活の単なる付属物以上のものであった時代は現代以前には存
在しなかったことがわかる。原則として経済システムは社会システムの中に吸
収されていた」（同上, p.23）と述べている。

　これは、ギデンズの言う「単純な近代化」といった現代社会において自明とも
いえる市場の優位性、利潤の極大化（あるいは無限の経済成長）を指向する経済の
あり方を絶対視するのではなく、それを19世紀産業革命以後に一般化したもの
として人類史の中で相対化する認識の仕方である。ポランニーはそのことを、
ブラニスラフ・マリノフスキーなど人類学者による民族誌からの事例を用いな
がら、親族組織や政治、宗教など非経済的制度から切り離すことのできない
「社会に埋め込まれた経済」（ポランニー 1998, p.104）、あるいは実在の経済（人とそ
の環境との間の、制度化された相互作用の過程）（ポランニー 1975, p.265）として位置づ
けた。このように、社会に対して開かれた系（柳田 1999, p.103）として経済を理解
することは、社会に埋め込まれた状態から引き離された市場という捉え方では
見落とされがちな生存（subsistence）と人間生活（man's livelihood）を含む個別の経
験的事実に必然的に目を向けることになる（柳田 1999, p.102）。それは言い換える
と、地域社会や地域に住まう人々の具体的な文脈へ視線を回帰することである。

　このような、際限のない進歩や経済成長に対する問題提起は、1972年にロー
マクラブ[a]が発表した『成長の限界―「人類の危機」レポート』（メドウズほか
1972）において明確に示された。そのレポートでは、人口、食糧生産、工業化、
汚染、再生不可能な天然資源の消費はすべて増大しつつあり、これらの毎年の
増加は幾何級数成長、すなわち総量に対し一定の割合で増加するパターンに
従っていて（メドウズほか 1972, pp.13-15）、このような「成長」はやがて限界に達
し、それらを制御することすら困難であるため、成長ではなく均衡状態への転
換（人口と資本を増加させる力と減少させる力とが注意深く制御されたバランス状態の
実現）の必要性が指摘されている（メドウズほか 1972, pp.154-155）。

　ギデンズは、近代社会における「モダニティに特徴的なのは、目新しいもの
をそれが目新しいという理由だけで取り込むことではなく、再帰性が―もちろ
ん、省察それ自体に対する省察を含め―見境もなく働く」（ギデンズ 1993, p.56）
ものであると述べる。ここで言う再帰性には、反省・内省という意味が含まれ
る。ギデンズは、「近代の社会生活の有する再帰性は、社会の実際の営みが、

用語解説 [a] ローマクラブ：1970年にイタリア・オリベッティ社の副会長だったアウレリオ・ペッチェイを
中心に創設されたスイス法人の民間のシンクタンク。科学者、経済学者、教育者、経営者など
で構成され、地球の環境問題や天然資源の枯渇化、人口増加などの問題を研究・提言している。

まさしくその営みに関して新たに得た情報によって常に吟味、改善され、その結果、その営み自体の特性を本質的に変えていくという事実に見いだすことができる」（ギデンズ 1993, pp.55-56）と述べる。

　この議論に関連して、近年のセルジュ・ラトゥーシュなどによる「脱成長」に関わる思想運動も、資本主義経済における「市場の拡大成長」という脱埋め込みを伴う単純な近代化への警鐘として唱えられており、再帰的な動きの一つともいえる。その思想は、「際限のない進歩に対する信仰であり、際限のない資本蓄積が可能であり望ましいという考えに対する信仰」（ラトゥーシュ 2020, p.8）を否定し、「生態系の再生産に見合う物質的生活水準に戻」り（ラトゥーシュ 2020, p.14）、「各社会、各文化はそれぞれの仕方で生産力至上主義の全体主義から抜け出し、合理的経済人という一元的人間像に対抗して、多様なルーツ、伝統、展望に基づいた固有のアイデンティティを確立させる」（ラトゥーシュ 2020, p.28）ことを目指すという。同様にマルク・アンベールも、社会が経済至上主義と科学技術万能主義に支配されていることを危惧し、「こうした経済に支配された社会ではなく、誰もが共に幸せに暮らせる社会［を求めており、］それにはまず経済偏重を止めさせなければならない」（アンベール 2017, p.85, ［　］内筆者補足）と述べる。彼らの主張の基盤にあり、かつ目標とされる社会状態は、イヴァン・イリイチによって唱えられたコンヴィヴィアリティ（conviviality）という概念によって表現される。それは一般に「自立共生」と和訳されるが、人と人とが、あるいは人と周囲の環境とが相互に自立的（自律的）で創造的な交わりを通じて依存しあう中で生まれる、生き生きとした情動や喜びを意味する（イリイチ 1989, pp.18-19）。イリイチにとって「自律性概念は、人々の間に協働を生み出すオルタナティブな道具という意味で使用される。（中略）産業社会の肥大化が生み出す様々な暴力や不正義を民主的なプロセスで抑制し、節度ある生活を営むことが脱成長社会の構築に必要なステップ」（中野 2013, p.297）と考えられた。ラトゥーシュは、節度ある、脱成長的な生活を構成する不可欠な要素として「贈与の精神（相互扶助、分かち合い、知識、愛情、友情に基づく財）」を強調する（ラトゥーシュ 2013, pp.88-92）。

　これらはすべて、近代以降自明のこととされてきた経済の「拡大成長」に対する警鐘であり、従来社会や文化に埋め込まれていたものをそこから「引き離

した」ことに対する異議申し立てであるとすれば、その主張は必然的に「元へ戻す」方向、地域社会に「埋め戻す（再埋め込みの）」方向へと向かうことになる。

２　脱・脱成長と地域主義

それに関連したことを玉野井は、「地域主義」という概念を用いて述べている。彼の言う地域主義は、「一定地域の住民が、その地域の風土的個性を背景に、その地域の共同体に対して一体感をもち、地域の行政的・経済的自立性と文化的独立性とを追求すること」（玉野井 1990, p.29）であり、さらに「劣位の「地方」として優位の「中央」に抵抗する従来の図式にとどまるものではな［く］、さらにこ図式を超えて、これらの諸地域に自分をアイデンティファイする定住市民の、自主と自立を基盤としてつくりあげる経済、行政、文化の独立性をめざすもの」（玉野井 1978, pp.6-7、［　］内筆者補足）としてその方向性を示している。同様のことについて鶴見は内発的発展概念を示し、非西洋諸国の社会はそれぞれ独自の歴史と伝統、文化を踏まえた個性をもち、近代化はそれらに立脚した内発性の可能性と重要性に注目するべきと主張した（鶴見 1989, p.47; 西川 2000, p.67）。

ここまでの議論において筆者は、地域社会や地域文化を重視する地域主義の姿勢と脱成長（論）を同義的に扱ってきた。確かに両者は西洋的近代化の過程において経済的側面が社会に「埋め込まれた状態（＝文脈）」から引き離され、社会的諸側面の中で「別格的な」扱いで認識されてきたことに異議を唱える思潮としては、同列にある。しかし真崎は、柄谷の「市場原理にまみれた資本主義や、資本主義の維持発展を図る階級国家を「否定するだけでは（中略）結果的に、それらの現実性を承認するほかなくなり、そのあげくに、それを越えようとする「理念」をシニカルに嘲笑するにいたるだけである」[1]という一文を引用した上で、次のように述べている。

　　脱成長論では国家や市場の意義の考察は二の次とされるため、「所得が低く、貧困であることが、どれほど厳しいことか」と日々感じる人の生活感が無下にされる。そうした人たちにとって、市場での所得機会の創出や国家による再分配の推進は切実な願いである。（中略）今日「我利我利の精神、富の際限なき蓄積」が蔓延するのは、市場経済の「公共的ルー

ル」が欠如しているからであ［る。］（中略）市場経済には利潤の亡者を生む場になる危険性があるが、利他的な賢慮に基づく市場もあり得るし、そうしなくてはならない。つまり、脱成長の要諦たる「贈与の精神」は、市場でも発揚され得るのであり、そうした見解に立つことで、「贈与の精神」を有する地域共同体は正しく、市場は間違っているとする「個体的な発想」と決別しなくてはならない。（真崎 2015, pp.26-27、［　］内筆者補足）

　そのことに関連して桑垣は、南米ボリビア高地の先住民ケチュアを対象とする開発プロジェクトに従事した彼自身の経験を踏まえて、次のように述べている。

　　彼らは統計では表現できないほどの厳しい生活環境の中で暮らしており、現金収入が少ないため、ケチュア族の人々は、家族の出稼ぎに現金収入を依存することになるが、教育レベルが低いため、女性は家政婦、男性は建設現場やサフラと呼ばれるサトウキビの収穫期の肉体労働などの職に就くことしかできない。ケチュアの人々は自分たちの生活を少しでも楽にするために開発援助を利用している。（桑垣 2016, p.167, p.170）

　ケチュアの人々は開発援助によって創出された新しい社会規範の中で生き、その新しい規範に則って次の開発援助を求めており、「先住民もグローバル社会の一員なので市場経済原理や物資的欲求に従って行動しているという事実を受け入れ、そのうえで、市場経済原理や物資的欲求では説明ができない事象について丹念に研究をする必要がある」（桑垣 2016, p.170）と主張する。
　貧困のなかにある人もそうでない人も、近代社会で生き、そこでの規範に従って現実に向き合っている。玉野井や鶴見が述べる地域主義が地域の主体性と独自性を尊重することであるとすれば、真崎が指摘するように、そのことは、市場を否定し、資本主義を忌避することと同義であるとは限らない。グローバルな視角だけでなく、地域というローカルな視角、「下から上へ」の微視的な視野から現実を丹念に読み解くことがそれに向き合う基本的な姿勢であるといえよう。
　次節以降では、そのような地域のあり方、あるいは地域主義の様相を、筆者

が1990年代以来人類学的開発研究の対象としてきたソロモン諸島を中心とする太平洋島嶼地域を例に、確認していきたい。

Ⅱ．サブシステンスを生きる

1 太平洋島嶼地域における経済的要素

　太平洋島嶼地域[b]は、「北西太平洋から中部北太平洋に及ぶミクロネシア、西部太平洋海域に広がるメラネシア、中部および東部南太平洋のポリネシアの3つのサブ地域に区分される（図1）。ただし、この区分は一定の自然的、文化的、言語的、遺伝的特徴を示してはいるものの厳密な区分ではなく、あくまでも地理上の便宜的な分け方にすぎない。ゆえに、各ネシア間はもちろんのこと、同じネシア内でも異なる政治的、経済的、社会的、文化的諸事情を抱えている」（関根 2018, p.198）。なお、本稿脱稿時の2024年1月現在、この地域には、オー

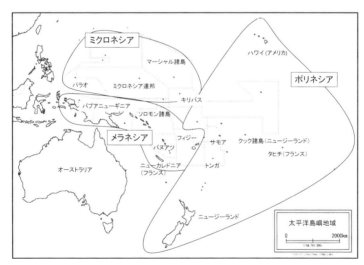

図1　太平洋島嶼地域
出典：https://www.freemap.jp/item/oceania/oceania.html をもとに筆者作成（関根 2018, p.199）

用語解説 [b] **太平洋島嶼地域**：独立国は、ミクロネシア地域にパラオ、ミクロネシア連邦、マーシャル諸島、キリバス、ナウル、メラネシア地域にパプアニューギニア、ソロモン諸島、ヴァヌアツ、フィジー、ポリネシア地域にサモア独立国、トンガ、ツバルの12カ国。ニュージーランドの自由連合国がニウエとクック諸島の2カ国である。

ストラリアとニュージーランドの域内大国を除き、14の独立国および自由連合国が存在する。

　太平洋島嶼諸国における基本的な経済的要素は、産業とサブシステンス、そして後述するレント（外国からの援助や、自国水域内で操業する外国漁船に課す入漁料からの収入、海外移住者からの送金、便宜置籍船[c]など、自国の生産力の拡大と直接関係のない収入のこと）の3つに大別される（関根 2018, p.199）。

　この中でも、特にサブシステンスが人々の日常生活の中に維持され、彼らの暮らしの基盤となっている。マリア・ミースはサブシステンスを、「自分たちの生命維持に関わることに、自分たちが決定権を持つ、支配権を持つということ［であり］、基本的に必要なものに関して市場だけに頼らない、頼る部分もあるかもしれ［ないが］、全面的に頼ることをしない」（ミース 2003, p.345、［ ］内筆者補足）経済活動と位置づける。太平洋島嶼の人々の多くは畑や沿岸海域での小規模な漁撈などを通じた自給自足的な生業活動をおこなっている。農産物は近隣の青空マーケットなどで販売する換金作物としての側面はあるものの、産業としての農業というよりも、あくまでも根茎類、緑黄色野菜、豆類等を栽培するための焼畑耕作を主とする農作業であり、漁業ではなく漁撈、林業ではなく森林利用にとどまる（関根 2018, p.200）。また、サブシステンスにはそのような経済面だけでなく、血縁・地縁関係のもとにある人々との間に相互扶助的な関係を基盤とする伝統的紐帯の存在も含意される（関根 2017, p.9）。

　筆者が主たる調査フィールドとしてきたメラネシアのソロモン諸島も、総人口約72万人（2019年）のうち、約73％の人々がいわゆる村落社会でサブシステンスを中心と

写真1　ソロモン諸島の村落の風景（筆者撮影）

した暮らしを営んでいる (Solomon Islands National Statistics Office 2023)。また、陸地面積の約85％は親族集団単位で所有する入会地 (現地では customary land という語が用いられており、以下ではその訳語として慣習地と表記する) であり、ほとんどの人々は父方か母方いずれかの親族集団の成員権を伝統的相続システムにしたがい生得的にもつため、慣習地に全く何の権利も持たない人はほとんどいない。人々は子どもの就学や日々の暮らしの中で必要な商品の購入などのために現金を必要とするが、一般に太平洋島嶼国では労働市場が小さいため、学歴や専門職的技術や知識をもたない多くの人々が賃金労働の機会を得ることは容易ではない。しかし一般的に、皆が同程度の経済状態の下にあるという意味で「貧困を共有」しており、持つ者が持たない者を支援したり協力したりするような慣習のもとにある。

2　セーフティネットとしてのサブシステンス・アフルエンス

　フィスクは、太平洋島嶼地域に特徴的な社会経済のあり方をサブシステンス・アフルエンス (subsistence affluence ＝原初的豊かさ) と呼ぶ。それは、人々が使用権をもつ耕作地や森、海などの資源と、彼らが日常食として必要とする食糧・食料、儀礼などの伝統的行為に必要な労働を確保するために使われる余剰の産出量との均衡状態を意味する。ただし、これには土地に対する低い人口圧と、必要かつ十分な労働力の存在、限定的な商業経済との結びつきを条件とする。したがって、人口増加や商業経済の活発化、新しい産業が島外社会に持ち込まれることによって均衡が崩れ、サブシステンス・アフルエンスは脅かされることになる (Fisk 1982)。

　ソロモン諸島では、1990年代以来今日に至るまで韓国やマレーシアなど外国系企業による熱帯林伐採が同国の主要産業であり、輸出総額の76.9％ (2015年12月期) を占めている (Solomon Islands National Statistics Office 2016, p.14)。熱帯林はたいてい慣習地の一部であるため、伐採には当該集団の許可 (合意) が必要である。慣習地は親族集団の入会地であることから、権利者が多い。また誰がどの土地にいかなる権利を有しているかについては基本的に口頭伝承で伝えられ、登記されていないことが多く、利権の絡む開発計画が持ち上がると、土地権に関する紛争が発生し、裁判沙汰に発展するのが常である。森林伐採のような大

規模開発は人々が見たこともない大金を手にする稀な機会であり、彼らはその獲得に無関心ではいられない。サブシステンス・アフルエンスを享受しているかに見える人々も、今を生きるために、ある意味「貪欲に」金銭を欲している。

　しかしながら、彼らはやみくもに金銭を欲し、近代的文物を求めているわけでもない。たとえ人々が賃金労働の機会を得られなかったり失ったりしたとしても、彼らの生活が基本的にサブシステンスを基盤にしていることから、自前の畑や、海や森など生活環境内にある自然を活用した生業活動を通じて食糧（食料）を得ることができ、また地縁・血縁関係を通じた支援も期待できる。例えば、筆者が現地調査を契機に懇意になったあるソロモン人は、自らの親族集団で所有する小島を使って外国人観光客を主な対象とするロッジ経営を行っていた（関根 2003, pp.183-189）。しかし、2000年前後に同国で発生した国内紛争（以下、現地での呼称「エスニック・テンション」を用いる）によって外国から観光客が訪れなくなり、それに伴いロッジは事実上休業状態に陥った。だがその経営者は、自ら使用権をもつ慣習地の一部で根菜類や緑黄色野菜、豆類などの農作物を収穫して自家消費したり、近所の青空マーケットで販売したり、地縁・血縁者間で相互扶助したりするなど、いわゆるサブシステンス活動を通じて、日常生活を維持していた。そして、エスニック・テンションによる社会混乱が収まると、ロッジを再開した。つまり、サブシステンスが、近代的市場経済の文脈において脆弱な基盤しかもたないソロモンの人々のセーフティネットの役割を果たしていたのである。

　また、1990年代からソロモン諸島では外国企業による熱帯林の大規模伐採事業が盛んに行われており、林業は同国の歳入に大きく貢献してきた。しかし、熱帯林は人々のサブシステンス活動の中心である焼畑を行う場でもあり、過剰な伐採は彼らからそれを奪いかねない。ゆえに人々は自らの親族集団が所有する熱帯林における大規模伐採事業を集団として受け入れるか否かの判断をする際に、収益性などの経済的諸条件だけでなく、それまで自分たちが依存してきたサブシステンスの維持が可能であるか否かにも大きな関心を寄せる。人々は、数年で終了してしまう伐採後の生活の姿として、従来のサブシステンス以外に具体的には想像できないからである（関根 2021, pp.153-154）。ここにも、サブシステンスが彼らのセーフティネットになっている姿を見ることができ

る。つまり、彼らにとって大規模伐採のような資本主義的開発行為は、常にサブシステンスの維持を前提にしているのである（関根 2021, p.159）。

III.　開発的公共圏を生きる—村落社会から州社会へ

　ところで、ソロモン諸島で2000年前後に発生した前述のエスニック・テンションは、同国が「近代化」を追求する過程で、首都のある島（以下、ガダルカナル島）の人々が独立以来累積的に抱き続けてきた不公平感や近代的欲求が充足されないことへの不満など、多くの要因によって沸点に達したことで発生した武力紛争である。具体的にはガダルカナル島の一部の島民が、第二次世界大戦後に近隣のマライタ島からガダルカナル島に移住してきた人々に銃口を突きつけ、島から追い返す行為によって始まり、その後追い返された側が報復を目的とする武装集団を組織して対抗したことで激化した。紛争の過程で、それは単なる両島民間の「いざこざ」という次元にとどまらず、国内全体で抱える共通の課題として捉えられるようになり、やがて独立以来維持されてきた国の体制を中央集権制から地方分権的な連邦制へ移行させる議論へと発展した。その背景には、近代化と開発に関する地方社会の人々の「疎外感」が存在していた（関根 2012）。

　ソロモン諸島の基本的な地方行政単位は州（province）であり、同国には9つの州がある。その中で、ソロモン東部、同国で最も辺境の地にあるテモツ州の知事は、同州が1982年に誕生してから州内のインフラ整備やビジネス振興に関わる開発行為が進まず、放置されたままであることに強い不満を抱いていた。エスニック・テンション発生前後の時期に、「中央政府から忘れられてきた」、「無視されてきた」といった思いから、5つの州の知事や州選出国会議員、あるいは比較的高学歴の地方出身者から、自州のソロモン諸島国からの分離独立を望む声があがり、それは州の実情に見合った統治形態や法制度に改変する主張へとつながっていった（関根 2012, pp.261-265）。賃金労働機会の少なさ、学校教育費や日用品購入に必要な現金を得る手段の少なさなどは、地方出身政治家や高学歴者だけでなく、村落などの地域社会の人々の間にも共有される事柄であった。地方政府や地域住民が、自らの政治的、経済的意思決定に基づいて国内・外からの投資や社会基盤整備を進め（あるいは差し止め）、そこから得ら

れる経済・社会開発の便益を制度的に州民や州政府に結びつけられない状況は、地域社会に被害感情を抱かせてきたのである（関根 2015, p.159）。

　州（地域）社会が政治的・経済的に国家から疎外されているという言説を州知事や州選出国会議員などが発信することによって、人々は自己と他者との境界線を「サブシステンスを基盤とする村落と村落外」の間にではなく、「そのような村落社会を内包する州と国家（中央政府）」との境に拡張的に引き直して、自らのアイデンティティを認識していたのである（関根 2012, pp.270-272）（図2の「対峙／媒介②」）。

　ユルゲン・ハーバーマスは、公権力を批判し、公権力への異議申し立てや監視などを目的に、自由な意思に基づく言語的コミュニケーションに媒介されて形成される社会圏のことを政治的公共圏と言い、それはコミュニケーションを担う主体者間の了解を調整する合理性によって支えられるものであると述べる（ハーバーマス 1994, pp.46-50, 72-73）。そこには権力に対する異議や監視の機能が含まれるため必然的に国家への対抗性が含意されるが、同時に社会全体に関わる問題を世論化し、国家の意思決定に一定の影響力を及ぼす性格ももっており、その意味において政治的公共圏は媒介性を併せ持つ（関根 2012, pp.266-267, 2015, pp.142-143）。

　2006年に、ソロモン諸島最大の人口を擁するマライタ州の当時の知事は、戦略的10カ年計画を打ち出し、村落社会と中央政府とを媒介する州政府の役割の重要性を強調していた（SS, 28 June 2006）。村落社会における親密な人間関

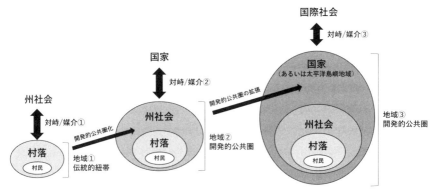

図2　「地域」カテゴリーと開発的公共圏
出典：筆者作成

係から立ち上がってくる政治的言説の受け皿たる州社会（政治的公共圏）、および その政治的シンボルとしての州政府は、村落などの親密な関係のもとにある 私生活圏と国家の圏との中間領域に位置し、文脈に応じて州民と共に国家に対 峙したり、国家と私生活圏をつないだりする役割を果たす（関根 2012, p.267）。 このような、開発や近代化に関わる欲求と、それらを思うように享受できない 状況に基礎づけられた空間を、ここでは開発的公共圏と呼ぶことにする（関根 2012, pp.267-272）。村落社会の人々は、自らを近代的文脈に身を置く時、村落と いうサブシステンス主体の社会から一時的に抜けだし、国家に対峙（あるいは 媒介）しうる開発的公共圏にアイデンティティを重ね合わせ、そこを「自らの 地域」として戦略的に内面化するのである。これは人々が開発的公共圏を介し て国家との距離を測りながら、ある意味主体的・自律的に近代的状況に近づこ うとする行為であるともいえる。

　ソロモン諸島の人々が近代的欲求に強い関心を寄せ続ける限り、開発や近代 化は「適切に」地域社会にもたらされなければならず、そのことは少なくとも 言説レベルでは確実に一般の人々の内面や日常生活に埋め込まれている（関根 2012, pp.270-271, 2015, p.150）。そこでは市場経済や経済成長など、脱成長論者が 警戒する事柄が排除されるわけではない。そして、人々は現金収入や子どもの 学校教育などの近代的恩恵を求めてサブシステンスの支配する村落社会やそこ に息づく伝統的システムから抜け出すが、その行為は自給的経済や村落などの 地縁・血縁の緊密な人間関係といったサブシステンスの維持を前提としている。

　本節では、村落社会（図2の「地域①」）や、それを含みつつ超えたところにあ る州などの社会的枠組み（開発的公共圏（図2の「地域②」））を、それぞれ「地域」 として捉えてきた。それは、共同性の単位としての「地域」の範囲が人々の開 発欲求との兼ね合いに応じて「村落から州へ」と拡張されるような可変性をも つことを意味している。

IV.　レントとともに生きる──国際社会における地域主義

　ここまで、地域の主体を村落や地方行政単位としての州など国内の次元で見て きたが、本節ではさらにそれぞれの島嶼国自体を一つの「地域」（図2の「地域③」）

として拡張的に捉え、その立ち位置から太平洋島嶼の地域主義について考える。

1　レントに依存する太平洋島嶼国

　太平洋島嶼地域における主要産業は、プランテーションや水産、熱帯林伐採などの第一次産業、ニッケルや金、銅、石油採掘などの第二次産業、そして観光などの第三次産業が存在しているが、3つのサブ地域（ネシア）や国によって産業構成は異なる。しかし、一般に同地域は、人口希薄、陸地面積の狭隘性からくる経済規模の極小性、陸地（島）が同じ国内でも分散していることによる経済活動の分断性、世界の主要市場から隔絶されているという辺境性を理由として、産業がおこりにくいと言われる（小林 1994, p.170）。さらに小林は、これらによって、「インフラストラクチャー整備に多額の経費を必要とすること、低コストを生み出す規模の経済メリットを生かせないこと、市場間の輸送、コミュニケーション・コストが嵩むこと、労働力の安定確保ができにくいこと等々、近代産業化のためにはいずれも不利な条件として作用している」（小林 1994, p.170）という。実際に、2022年における太平洋島嶼諸国のGDPを見ると、名目GDPの平均は約31億米ドル、1人当たり名目GDPは5,500米ドル程に過ぎない。液化天然ガス、金、銅、木材、原油などを輸出するパプアニューギニアがGDP値において突出しているが、1人当たりGDPは島嶼国平均以下である（表1）。表中の12カ国はすべて国連が認定する小島嶼開発途上国であり、前述の極小性、分断性、遠隔性など、小島で構成される国特有の脆弱性から、持続可能な開発が困難とされている。なお、2023年時点でキリバス、ソロモン諸島、ツバルの3カ国は後発開発途上国（LDC）でもある。

　このように、太平洋島嶼国はいずれも実質的に産業振興は困難で、海外からの援助などのレント収入に依存せざるをえず、産業振興や経済成長といった、自立を目指した経済活動が困難な状況にある。

　レントは、前述のとおり、外国や国際機関などからの開発および財政援助、海外移住者からの送金など、自国の生産力の拡大と直接関係のない収入のことである。太平洋島嶼国の場合、ミクロネシア3国（パラオ、ミクロネシア連邦、

表 1　太平洋島嶼国の GDP（2022 年国連統計）

地域	国名	名目 GDP 単位：百万米ドル	1 人当たり名目 GDP 単位：米ドル
ミクロネシア	パラオ	226	13,941
	ミクロネシア連邦	427	4,039
	マーシャル諸島	280	5,840
	キリバス	224	1,822
	ナウル	148	12,089
メラネシア	パプアニューギニア	31,610	2,622
	ソロモン諸島	1,597	2,205
	ヴァヌアツ	1,073	3,325
	フィジー	985	5,474
ポリネシア	サモア	857	4,143
	トンガ	488	4,978
	ツバル	59	5,452
島嶼国平均		3,165	5,494
（参考）域内先進国	オーストラリア	1,776,577	64,814
	ニュージーランド	245,845	47,226
（参考）	日本	4,232,174	33,854

出典：グローバルノート（https://www.globalnote.jp/post-12794.html 及び https://www.globalnote.jp/post-12796.html）より筆者作成。2024 年 1 月 29 日アクセス

マーシャル諸島）は、アメリカとの間に自由連合協定（コンパクト）を結んでおり、それに基づく経済援助が国家財政の 50％以上を占めている。主要なレントである海外からの援助は、主にオーストラリア、ニュージーランド、イギリス、アメリカ、日本、台湾、中国、欧州連合（EU）、多様な国際機関などから拠出されている。

2　国家＝開発的公共圏としての「地域」

　2019 年 9 月に、ソロモン諸島とキリバスは長年友好関係を築いてきた台湾と断交し、中国と国交を樹立した。その後ソロモンと中国は 2022 年 7 月に安全保障条約を結ぶと共に、警察協力協定など 9 つの協定を締結して包括的戦略パートナーシップ関係を構築した（Brennan 2023）。アメリカや日本、オーストラリア、ニュージーランドなどの西側諸国はこの事態を明確な中国の脅威と認識し、一種の衝撃をもって捉えられた。

　このように外交パートナーを台湾から中国へ、あるいは中国から台湾へと「乗り換える」事態は、これまでにもいくつかの太平洋島嶼国にみられたことである。例えば、太平洋南西部に位置するナウルは、主要産業のリン鉱石が枯渇に近づいたことや、政府の乱脈経理、政治腐敗などから多額の債務不履行に陥り財政が破綻したことにより、周辺諸国からの支援を取り付ける必要が生じた（小林 2009, p.15）。中国は当時ナウルと国交をもっていなかったが、2002年に100万ドルの無償援助と240万ドルの借款をナウルに提供することを約束した。それは、ナウルが台湾と断交し、中国と外交関係を結ぶことを意味していた（小林 2009, p.16）。しかし、その3年後の2005年5月にナウルの大統領が台湾を訪問し、2002年に台湾と断交したことを詫び、中国との関係を絶って再び台湾と国交を結ぶことを表明した。その背景には、国営ナウル航空が購入したジェット旅客機の代金未払いや、同国でリン鉱石採掘のために働いていた外国人労働者への賃金未払いといった財務問題があった。台湾がそれらの解決のために債務保証と賃金を支払うための援助金の拠出を申し出たことで、中国から台湾へ再び乗り換えたのである（小林 2009, pp.16-18）。さらにそれから19年後の2024年1月に、ナウルは突然台湾と断交し、「自国と国民の最善の利益のために[3]」中国との外交関係を復活させた。つまりナウルは、2000年以降に「台湾→中国→台湾→中国」と外交パートナーを替えたことになる。そのほかに、台湾から中国へ乗り換えた国はトンガ（1998年）、逆に中国から台湾に乗り換えた国はマーシャル諸島（1998

写真2　フィジーの首都スヴァ中心部。近代的な町並み（筆者撮影）

年）とキリバス（2003年）である。そのほかに、ヴァヌアツのように、中国から台湾へ変更しようとした際に中国から強い反発を受けたことで国内議会の反対に遭い、政権交代という内政事情にまで発展した国もある（小林 2009, pp.19-20）。

　中国は2006年以降「中国・太平洋島嶼国経済発展協力フォーラム」を複数回開催したり（八塚 2018, p.2）、2014年に習近平国家主席が

フィジーを訪問し、一帯一路構想のもと南南協力の文脈で先進国とは異なる開発援助や貿易投資などを行い（塩澤 2020）、この地域における協力関係の戦略的構築に乗り出した。

　ガバナンス改革や価値観を援助の条件として課すオーストラリア、ニュージーランド、アメリカや EU などと違い、中国からの援助は「一つの中国政策（One China Policy）」への支持以外の条件を付けずに、太平洋島嶼国の欲しい援助を拠出してくれるといわれている（畝川 2016, p.21）。そのことは、例えば、フィジーで 2006 年にクーデターが起こり軍事政権となった後、オーストラリアやニュージーランドなど西側諸国は民政復帰を求めて 8 年間にわたりフィジーに経済制裁を加え、同国を孤立状態にしたが、その間に中国はフィジーに経済援助を行い、結果的に経済制裁はフィジーと中国の関係を強化することに導いた（八塚 2018, p.4; 畝川 2016, p.21）。その頃フィジー政府は、「中国という友人がいる限り、オーストラリアは必要ない」というような「親中」「離豪」の考えを示すようになった」（畝川 2016, p.21）という。さらに、2018 年にトンガ国王トゥポウ 6 世が北京を訪問した際には、習近平国家主席が、中国はトンガのような発展途上の小さな島国が直面する経済的・社会的課題に対する援助にいかなる政治的条件も付けないことを約束した。[4]

　それに対し、オーストラリア、ニュージーランド、アメリカ、日本など太平洋島嶼諸国の「伝統的な」援助供与国は、2019 年にソロモンとキリバスが外交相手国を台湾から中国に変更して以降、それまで以上に積極的に同地域への援助を増やす姿勢をみせている。例えば、2022 年 6 月には、日本、アメリカ、イギリス、オーストラリア、ニュージーランドの 5 カ国で、太平洋島嶼地域の支援に向けた新たな枠組み「青い太平洋のパートナー（Partners in the Blue Pacific）」を設立した。これは、「太平洋島嶼地域で軍事的な影響力を増す中国を牽制し、太平洋島嶼国が抱えている優先事項について、より透明性をもって効果的、効率的に支援し、太平洋の人々に利益をもたらす、地域を支援するという共通の理解で結ばれる、非公式な枠組み[5]」として位置づけられた。また、ソロモン諸島が中国と国交を樹立した 1 年後の 2022 年 9 月には、アメリカが太平洋地域の優先課題に応えるための「アメリカ太平洋パートナーシップ戦略」を打ち出した。さらに 2023 年 9 月にはそれを強化する援助計画も発表している。[6]

　太平洋における中台の対立を「米中対立」という現代の国際社会における大きなパワーポリティクスのうねりの中に包み込みつつ、その状況に対して、圧倒的な弱者としての太平洋島嶼国は「援助の受け取り」を基本軸に外交を展開し、援助によって相手国が「友人」であるか否かの判断を行っているかのようである。太平洋島嶼国にとって、自分たちに利のある援助を欲しいときに出してくれるのであれば、「付き合う相手」はアメリカでもオーストラリアでも中国でもどこでも構わない。村落や州といった国内の地方社会を包摂する国家そのものを開発・近代化を求める主体（開発的公共圏）として拡張し、国際社会に向き合う際の「地域」として戦略的に認識するのである。太平洋島嶼諸国は、援助をはじめとするレント、すなわち自国の産業振興とは無縁な「座して入る」収入と、それを効果的に獲得しようとする外交戦略によって国家を維持しており、それが国家レベル、あるいは国家の集合としての太平洋島嶼における地域主義の姿なのである（図2の「地域③」）。

Ｖ．現代に漂う地域

　19世紀から20世紀にかけて確立された近代（西洋的近代）は、過去から現在、未来へ向かって常に社会的に「発展」し、経済的に「成長」し続けることを、あらゆる社会や人々に義務づけてきたともいえる。そして、第二次世界大戦後、太平洋島嶼地域にあった多くの植民地は独立し[7]、国家形成を目的とする経済開発や、社会や国民のエンパワメントを目指す様々な社会開発事業を、自明のこととして展開されてきた。それらの国々にとって、独立後の政治形態は国民国家という西洋的統治システムしかありえず、そのシステムによって国際社会の中に位置づけられ、開発を通じて「近代化」することが国家形成に必須とされたのである。そして、太平洋島嶼国は植民地時代に産業育成や人材育成、インフラ整備など、「近代化」に必要とされる基盤が構築されてこなかったため、独立後にそれらを整備することが求められた。例えばソロモン諸島では、1995年から1998年までの期間を対象にした『国家開発5カ年計画』において、賃金労働機会の創出、開発利益のより公平な分配、財政の安定、国民レベルの結束と共通のアイデンティティの創出を目標として掲げていた（SINURP 1994, p.37）。

近年においても、2015年に『国家開発戦略2016年から2035年』を策定し、農林水産業、鉱業、観光業の振興や経済インフラの整備を柱とする持続的かつ包括的成長から、農村雇用、国民の生活改善などの社会開発分野、国家統合、平和の追求、法と秩序の維持といったガバナンスに関わる事柄まで広範囲にわたる15の戦略目標を公表している（Solomon Islands National Statistics Office 2016）。これらは効果がみられないがゆえに、概ね似たような総花的内容の開発計画・戦略を繰り返しているともいえる。

　しかし今日、この地域は、「西洋世界から発せられる低開発言説のみによって自分たちの置かれている苦悩を認識するばかりではない」（関根 2015, p.158）。経済開発が量的な経済成長によって「近代化」を求めるものであっても、また例えばソロモン諸島の人々が、子どもの学校教育や生活に必要な物品購入のためのお金やインフラの整備などを求め、開発を必要とし、それらの近代的欲求を満たすために州という開発的公共圏に依存して国家に向き合おうとしても、彼らは従来のサブシステンスを基盤にした農村生活や人間関係、生活域内の自然環境を維持しようとする。しかし、その国家も脆弱な社会的・経済的基盤しか持たない現実から、自らを開発的公共圏の一部と化して「地域」を旗印に国際社会と向き合い、より効果的に援助を得ようと、中台対立や米中対立、その他の国際的諸課題を利用しながら立ち居振る舞う。太平洋島嶼の国家も国民も自らの欲求を満たすお金を望むが、必ずしも急速な経済成長を求めるわけでも、資本主義的な拡大再生産を指向するわけでもない。その姿は、西洋的近代のシステムからは一定程度の距離があるサブシステンス、西洋的近代のシステムからの恩恵を期待する開発的公共圏の存在やレント収入（援助など）の確保という、地域性をふまえた「程々の近代」（関根 2015, pp.61-62）的状態を望んでいるようでもある。

　例えばソロモン諸島の人々は、確かに現代生活において現金収入が必要であると説く。そのためには商店や開発現場などでの賃金労働や、自前の畑の収穫物を青空マーケットなどで販売したり、自分たち親族集団単位で所有する熱帯林などを利用した開発行為からの権益を獲得したりすることが必要であるとも言う。自給自足に重きをおく村落社会の人々であっても、基本的にそのような発想は変わらない。その一方で、人々は、自分たちの土地や、生活圏内にある

155

海、森からの恵みがあるので食べるに困ることはない、とも語る。本章第Ⅱ節で述べたように、ソロモンでエスニック・テンションという不測の事態が発生し、それによって観光ロッジ経営がうまくゆかなくなっても、ロッジ経営以前と同じ生活、すなわちサブシステンス中心の生活に戻るだけで、特に生活に困窮したわけではない（関根 2015, p.164）。そこには、イリイチの述べるコンヴィヴィアルな「豊かさ」がある。

　玉野井や鶴見が地域主義や内発的発展論を掲げ、ラトゥールやアンベールらが脱成長論を展開したように、従来の「常識的な」西洋近代に対する理解と方向性を持ち続けても、それだけで太平洋島嶼の人々が「幸福」に辿り着けるわけではない。太平洋島嶼地域の実態は、「市場主義を拒否するわけでもなく、西洋的普遍主義や「単一の世界」を殊更に嫌悪するわけでもない」（関根 2015, p.165）。人々は開発的公共圏という「地域」を戦略的に伸縮させながら、国家や州による行政サービス、外国や国際機関などからのレントに「依存」して、程々に近代化し、サブシステンスの存続と絡めてそのような状態を確保するという、いわば戦略的依存の状態に自らの地域主義の姿を映し出そうとしているのである。GDP などの一般的な基準に照らせば、この地域が「遅れ」ていて「貧しい」ことは疑う余地がない。ゆえに彼らは現代世界に「さまよっている」ようにも映る。しかし、サブシステンス・アフルエンス、開発的公共圏、レント収入をキーワードにしたその姿は、近代における脱埋め込みを反転させたような「埋め戻し」でも脱成長の実践というわけでもなく、むしろ「地域」という御旗を掲げながら、ただ現代の海原に「漂っている」だけなのである。

読んでみよう、学んでみよう

1．石森大知・黒崎岳大編（2021年）『ようこそオセアニア世界へ（シリーズ地域研究のすすめ 4）』昭和堂
　　＊太平洋島嶼地域の自然と地理、歴史と社会、現代的課題が網羅的に解説されており、太平洋の島々を多角的に理解するための入門書です。
2．西川潤（2000年）『人間のための経済学──開発と貧困を考える』岩波書店
　　＊経済を地域社会や文化との関わりの中から考える必要を説き、当たり前となっていた豊かさや貧困の意味を改めて問い直すきっかけとなる本です。

注

1）　真崎 2015, p.26の引用箇所を参照。

2）　外務省ウェブページ（https://www.mofa.go.jp/mofaj/gaiko/kankyo/sids/sids.html）より。2024年1月10日アクセス。

3）　The Japan News ウェブページ , "Taiwan Loses Ally Nauru, Accuses China of Post-Election Ploy (UPDATE 1)", January 15, 2024, 2024年1月15日アクセス（https://japannews.yomiuri.co.jp/news-services/reuters/20240115-162273/）

4）　Xinhua Net ウェブページ、"China, Tonga agree to promote strategic partnership", 2018-3-2記事。2024年1月13日アクセス（http://www.xinhuanet.com/english/2018-03/02/c_137009307.htm）

5）　読売新聞オンラインウェブページ、「「青い太平洋のパートナー」日米英豪 NZ が新枠組み設立…中国をけん制」2022年6月25日記事。2023年4月9日アクセス（https://www.yomiuri.co.jp/world/20220625-OYT1T50229/）。Hindustantimes ウェブページ、"In new Indo-Pacific move, US and allies launch Partners in the Blue Pacific initiative", Jun 26, 2022. 2023年4月9日アクセス（https://www.hindustantimes.com/world-news/in-new-indo-pacific-move-us-and-allies-launch-partners-in-the-blue-pacific-initiative-101656183216705.html）

6）　The White House ウェブページ、"FACT SHEET: Enhancing the U.S.-Pacific Islands Partnership, The White House", September 23 2023. 2024年1月14日アクセス（https://www.whitehouse.gov/briefing-room/statements-releases/2023/09/25/fact-sheet-enhancing-the-u-s-pacific-islands-partnership/）

7）　キリバス、サモア、トンガ、ツバル、ニウエ、フィジー、ソロモン諸島、ヴァヌアツはイギリスの植民地（保護領）だったが、ヴァヌアツはイギリスとフランスによる共同統治であった。パラオ、ミクロネシア連邦、マーシャル諸島は第二次世界大戦前にはスペイン、ドイツ、日本が統治し、戦後はアメリカによる国連信託統治が行われた。パプアニューギニアはドイツ、続いてオーストラリアによって統治された。

参考文献

アンベール，マルク（雨宮裕子訳）(2017)「共生主義の経済」西川潤・マルク・アンベール編『共生主義宣言―経済成長なき時代をどう生きるか』コモンズ。

イリイチ，イヴァン（渡辺京二ほか訳）(1989)『コンヴィヴィアリティのための道具』日本エディタースクール出版部。

ギデンズ、アンソニー（松尾精文・小幡正敏訳）(1993)『近代とはいかなる時代か？―モダニティの帰結』而立書房。

桑垣隆一 (2016)「ポスト開発思想の再考―ボリビア高地先住民農村女性の事例から」『国際開発研究』25巻1・2号、165-174頁。

小林泉 (2009)『中国・台湾の激突―太平洋をめぐる国際関係』太平洋諸島地域研究所。

小林泉 (1994)『太平洋島嶼諸国論』東信堂。

塩澤英之 (2020)「新しいステージに向かう日本と太平洋島嶼関係 (2) —福島県いわき市での第8回太平洋・島サミットの意義」笹川平和財団国際情報ネットワーク分析 IINA。2024年1月10日アクセス (https://www.spf.org/iina/articles/shiozawa_02.html)

畝川憲之 (2016)「岐路に立つオーストラリアの対島嶼国外交」『アジ研ワールドトレンド』244号、20-23頁。

関根久雄 (2003)「未知の世界、「漂う」人びと—ソロモン諸島におけるエコ・ツーリズムと「開発参加」」、橋本和也・佐藤幸男編『観光開発と文化—南からの問いかけ』世界思想社、171-206頁。

関根久雄 (2012)「疎外される州民：ソロモン諸島における「開発的公共圏」」須藤健一編『グローカリゼーションとオセアニアの人類学』風響社、257-274頁。

関根久雄 (2015)『地域的近代を生きるソロモン諸島—紛争・開発・「自律的依存」』筑波大学出版会。

関根久雄 (2017)「太平洋島嶼地域におけるサブシステンスと持続可能な開発」『開発学研究』27巻3号、7-15頁。

関根久雄 (2018)「落胆と「成果」—太平洋島嶼の地域性と青年海外協力隊」岡部恭宜編『青年海外協力隊は何をもたらしたか—開発協力とグローバル人材育成50年の成果』ミネルヴァ書房、195-214頁。

関根久雄 (2021)「サブシステンスと持続可能な開発—ソロモン諸島における SDGs をみる視点」関根久雄編『持続可能な開発における〈文化〉の居場所—「誰一人取り残さない」開発への応答』春風社、143-164頁。

玉野井芳郎 (1978)「地域主義のために」玉野井芳郎ほか編『地域主義—新しい思潮への理論と実践の試み』学陽書房、3-17頁。

玉野井芳郎 (1990)「地方分権の今日的意義」鶴見和子・新崎盛暉編『地域主義からの出発 (玉野井芳郎著作集第3巻)』学陽書房、24-33頁。

鶴見和子 (1989)「内発的発展論の系譜」、鶴見和子・川田侃編『内発的発展論』東京大学出版会、43-64頁。

中野佳裕 (2013)「日本語版解説〈脱成長の倫理学〉への道案内」ラトゥーシュ，セルジュ (中野佳裕訳)『〈脱成長〉は、世界を変えられるか？—贈与・幸福・自律の新たな社会へ』作品社、263-309頁。

西川潤 (2000)『人間のための経済学—開発と貧困を考える』岩波書店。

八塚正晃 (2018)「中国の太平洋島嶼国への進出と「一帯一路」構想」『NIDS コメンタリー』73号、1-7頁。

ハーバーマス，ユルゲン (細谷貞雄ほか訳) (1994)『[第2版] 公共性の構造転換—市民社会の一カテゴリーについての探究』未来社。

ポランニー，カール (玉野井芳郎・平野健一郎編訳) (1975)『経済の文明史』日本経済新聞社。

ポランニー，カール（玉野井芳郎ほか訳）（1998）『人間の経済 I—市場社会の虚構性』岩波書店。

真崎克彦（2015）「脱成長論の意義と課題—文明論として、実践理論として」『国際開発研究』24巻2号、21-33頁。

ミース，マリア（竹野内真理訳）（2003）「サブシステンス・パースペクティブの可能性—女性・環境・反グローバリズム」『環』12号、332-356頁。

メドウズ，D.H.、D.L. メドウズ、J. ラーンダズ、ウィリアム W. ベアランズ3世（大来佐武郎監訳）（1972）『成長の限界—ローマクラブ「人類の危機」レポート』ダイヤモンド社。

柳田香織（1999）「ポランニーの経済学方法論」『経済セミナー』528号（1999.1）、99-104頁。

ラトゥーシュ，セルジュ（中野佳裕訳）（2013）『〈脱成長〉は、世界を変えられるか？—贈与・幸福・自律の新たな社会へ』作品社。

ラトゥーシュ，セルジュ（中野佳裕訳）（2020）『脱成長』白水社。

Brennan, Dechlan (2023) "Can China Deliver What Solomon Islands Wants?" in *The Diplomat*, July 31, 2023. 2024年1月13日アクセス（https://thecUplomat.coni/2023/08/can-china-deliver-what-solomon-islands-wants/）

Fisk, E.K. (1982) "Subsistence Affluence and Development Policy" in *Regional Development Dialogue*, Special Issue, pp.1-12.

Giddens, A. (1990) *The Consequences of Modernity*. Stanford: Stanford University Press. Beyond Left and Right: the Future of Radical Politics.

Giddens, A. (1994) *Beyond Left and Right: the Future of Radical Politics*. Cambridge: Polity Press.

SINURP (Solomon Islands National Unity, Reconciliation and Progressive Pati) (1994) *Development Frameworks: Policies, Strategies and Programme of Action 1995-1998*. Honiara: SINURP Government.

Solomon Islands National Statistics Office (2015) *Statistical Bulletin: 5/2016, International Merchandise Trade Statistics (December Quarter, 2015)*. Ministry of Finance and Treasury, Solomon Islands Government.

Solomon Islands National Statistics Office (2023) *Basic Tables and Census Description (Volume 2), Report on 2019 Population and Housing Census*, Ministry of Finance and Treasury, Solomon Islands Government.

SS, Solomon Star, daily newspaper published in Solomon Islands, Honiara.

第9章

「取り残された地域」にとっての持続可能な開発目標

―インドネシア・西ティモールの事例―

堀江　正伸・森田　良成

Ⅰ．序論

2015年9月に国際連合（国連）持続可能な開発サミットで「我々の世界を変革する：持続可能な開発のための2030アジェンダ」（UN 2015a）が採択された。それ以降、持続可能な開発目標（Sustainable Development Goals: SDGs）が国際社会の開発支援の道標となった。

SDGs は、「誰も取り残さない」を副題としている。「誰も取り残さない」は2030アジェンダの導入部の第4パラグラフの題名でもあり、このパラグラフに「我々は、最も遅れているところに第一に手を伸ばすべく努力する」と記されている。SDGs の前身であるミレニアム開発目標（Millennium Development Goals: MDGs、2000年から2015年まで）は、全体としては成果があったものの、国家間さらに同じ国家の内部で地域間の開発度合いに格差があったと評価された。「誰も取り残さない」という理念は「誰かが取り残された」という評価を踏まえて設定されたのである。

本章では、この「取り残された地域」に焦点を当てる。SDGs という国際社会全体で取り組むべきものとして設定された目標が、「最も遅れているところ」という極めてローカルな場所にどのように反映できるのだろうか。言い換えれば、経済成長堅持路線をとる SDGs が、これまで経済活動が活発でなく、資源もないために国家の開発戦略重点地区にもならずに「取り残された」場所にとってどのような意味があるのかという問題である（影浦 2022, p.7）。さらに、SDGs 達成のために、外部からの支援が限られている「取り残された地域」が自ら行えることは何なのかということを、具体的な地域の事例を取り上げて検

討する。

　筆者たちはそれぞれインドネシアの西ティモールにてフィールド・ワークを重ねてきた。西ティモールは、ティモール島に加えて周辺のフローレス島、ロテ島、サブ島、アロール島など550余りの島から成るヌサ・テンガラ・ティムール州（Nusa Tenggara Timur：NTT）の一部である。ティモール島というと、2002年にインドネシアから独立を果たした東ティモール民主共和国がまず想起されがちだ。西ティモールは同じ島の西半分であり、西端にはNTT州の州都クパン市がある。NTT州はインドネシアの中でも最も開発が遅れている場所の一つであり、2022年の人間開発指数ではインドネシア34州中32位¹⁾に位置している²⁾。インドネシア人に「西ティモールに行く」と話すと、なんでそんなところにわざわざ行くのかと笑われるか怪訝な顔をされるという地域である。

　本章の以下では、まずSDGsがどのようにして成立したのかについて概略を説明し、そのうえでインドネシア政府がどのようにSDGsを捉えてきたのかを概観する。その後、西ティモールの二つの村でのフィールド・ワークの結果をもとに、既に「取り残された地域」にとってSDGsがどのように有効なものになりえるのかを検討する。そのうち一つの村においては、SDGsの169のターゲットがどのくらい活用できるか、村人と具体的に検討してみた結果を整理した。最後に、SDGsの17の目標の二つ、また169のターゲットのうち五つに含まれているレジリエント（強靭性）に注目し、SDGsと地域社会の関連性を考察する。

Ⅱ．SDGsの成り立ち

　2023年現在、日本ではSDGsは多くの企業と行政の政策や活動指針に盛り込まれ一定の認知を得ている。では、何故企業や団体はこぞってSDGsを掲げ、取り組みを発信するようになったのであろうか。SDGsとMDGsを比較することで背景を理解することができる。

　MDGsは、2000年9月に国連で採択された「ミレニアム宣言（Millennium Declaration）」に沿って、貧困、飢餓、安全な水、教育、男女差などいわば「伝統的」な開発の課題を、八つの目標に整理したものであった。MDGsの期間が満

了した2015年、各目標の達成度合いに対する評価が行われ、『ミレニアム開発目標報告書（*The Millennium Development Goals Report*)』(UN 2015b) にまとめられた。報告書では、発展途上国で極度の貧困に苦しむ人々の割合が1990年の47%から14%に減少したことをはじめ多くの成果が報告されている。一方、貧困層と富裕層、地方と都市部との間では、医療体制や飲み水へのアクセスなど生活水準において大きな差があることが指摘されている。報告書はこれらの問題を考慮したうえで「何百万人の人々が置いてきぼりになった」と締めくくられている。SDGsの「誰も取り残さない」という理念は、先述のとおり誰かが「置いてきぼりになった」「取り残された」というこうした認識が出発点となっている。

　SDGsがMDGsと異なる点は、従来の「伝統的」な開発課題に加え、環境に関する目標が新たに立てられていることである。前提には、経済発展と環境はトレードオフの関係にあるという考えがある。またエネルギーへのアクセス、雇用、インフラなどの産業基盤といった、MDGs時代にはともすると軽視されていた経済部門に関する目標が設定されている。SDGsは社会問題を解決していくうえで脱経済路線を支持しておらず、経済成長、つまり生産と消費のレベルを高めることを放棄していない (影浦 2023, p.7)。さらにSDGsには、多様性の尊重が強調されている一方、新自由主義的な経済思想もはっきりと見受けられる。例えば、バリューチェーン、サプライチェーン、市場への統合やアクセスを整備することを掲げており、多国籍企業の積極的な関与を求めている (吉田 2023, pp.11-12)。

　1983年、「環境と開発に関する世界委員会 (World Commission on Environment and Development: WCED)」が国連決議により発足した。1987年に発表された『私たちの共通の未来 (*Our Common Future*)』(WCED 1987) は、持続的な開発を「将来の世代がそのニーズを充足する能力を損なうことなく、現在の世代のニーズを充足する開発」と定義付けている。その後、持続可能な開発は「国連環境開発会議 (地球サミット)」(1982年)、「持続可能な開発に関する世界首脳会議」(2002年) で議論された。2012年にはリオデジャネイロで開催された「国連持続可能な開発会議 (United Nations Conference on Sustainable Development) (リオ+20)」でも引き続き議論され、成果文書である『我々が望む未来 (*The Future We Want*)』(UN 2012) では、経済・社会開発と「持続可能な開発」が不可分であることが全

編に渡って述べられた。

　このような背景と議論の展開を通して最終的に出来上がった SDGs は、①社会開発のみをただ目指すのではなく、これにその手段としての②経済開発、③環境分野が統合されているという特徴を持っている。グローバル化が進む経済分野や、国境を越えて影響を及ぼす環境分野では、特定の国々だけに留まらない国際社会全体としての取り組みが必須である。このことから、かつての MDGs が発展途上国、あるいは発展途上国支援の目標であったのに対して、SDGs は「国際社会全体の目標」となっているのである。経済、環境分野では、国家や国際機関といった「伝統的」開発のアクターに加えて、産業界のアクターの関わりが必須となる。こうしたことから、「先進国」である日本でも SDGs は MDGs よりもはるかに注目され、企業が関連する取り組みを活発に行い、それをアピールするようになったのである。

Ⅲ.　インドネシア開発政策における SDGs の導入と地域の位置づけ

　2015 年に SDGs が採択されると、インドネシアでも取り組みが始まった。2017年 7 月ジョコ大統領（Joko Widodo）は、国連加盟国として SDGs を国家的に推し進めるとする大統領令 2017 年 No.59（Peraturan Presiden Nomor 59 Tahun 2017）を発令した。大統領令により、国家開発計画局（Badan Perencanaan Pembangunan Nasional : BAPPENAS）を SDGs の担当省庁にすることが決まった。

　BAPPENAS では副大臣をトップとするチームが形成され、まず SDGs ロードマップ（Peta Jalan Nasional Tujuan Pembangunan Berkelanjutan）の作成が始まった。続いて国家 SDGs アクションプラン（Rencana Aksi Nasional Tujuan Pembangunan Berkelanjutan）作成の作業に取り掛かった。この作業は省庁間、国家と地方の間で必ずしも調整されてこなかった開発関係を調査し、プロジェクトなどの実施状況のデータを隅々から拾い一元化するもので、JICA の支援が大きな役目を果たした。膨大な作業の結果、2018 年 5 月に完成した SDGs アクションプランは、向こう 5 年間（2020 年〜2024 年）の国家開発プランである国家中期開発計画（Rencana Pembangunan Jangka Menengah Nasional）に反映された。

　次なるステップは、国家開発計画をどのように地方に浸透させていくかとい

うことである。ロードマップでは、地方レベルでもアクションプランを策定することが謳われている。これに従って、州レベルでもSDGsアクションプランが作成され、国家レベルで行われた作業と同様に、これが州中期開発計画（Rencana Pembangunan Jangka Menengah Provinsi: RPJMP）に反映された。ここまでの説明を整理すると、大統領令により国家SDGsアクションプランを作成した後、インドネシアで従来から設定されてきた国家開発計画をSDGsアクションプランと統一感のあるものへと調整し、さらにその流れを地方レベルにまで浸透させようとしているということである。

　しかし、国家管理のもとに各州レベルの開発計画にまでは反映されたSDGsであるが、「取り残された地域」であるNTT州において、州より下位レベルの行政、つまり県、郡、村では反映、実践されていない。州レベルの行政には中央から派遣されている職員もおり、ある程度中央と歩調を合わせることができる。しかしそれ以下の地方政府の現場では地域色が一気に強くなり、中央の意向は伝わりにくくなる。例えば郡長や村長の役職を、インドネシアが国家として成立する以前よりの有力者の家系が務めている場所もある。つまり少なくともNTT州においては、州レベルでは国家レベルの管理の一部として政府が機能しているが、そこから下位の行政区とは関係がほとんど切れているのである。

　インドネシアでSDGsが国家主導の下で急速に国内政策に取り込まれたことには、国内、国際政治に要因があるとする分析がある。まず、2000年代初頭よりの地方分権化との関連である。それまでの中央集権的な政治が否定されて民主化が目指され、地方分権化がすすめられたことで、地方ではそれぞれの政情やニーズを踏まえて開発計画が立てられるようになった。その結果として、中央政府と地方政府の開発計画に統一感が無くなるとともに、中央政府による指示やコントロールが必要以上に効かなくなってしまったことへの懸念が中央政府にあったようだ。

　もう一つの分析は、中央政府の開発担当省であるBAPPENASが、復権を狙ったとの見方である。中央集権の終焉とともにBAPPENASの重要性は低くなり、開発はそれぞれの担当省庁の管轄という色合いが濃くなっていた（三井 2018, p.4）。筆者（堀江）もインドネシアでの勤務中、自身の業務と関係が深い農業省、厚生省との調整が多く、BAPPENASが果たしている役割については

疑問を持つことが多かった。

インドネシアが国家レベルでSDGsを推進した理由は、国際政治にも見出すことができる。インドネシアは、2017年に開催された「国連ハイレベル政治フォーラム (United Nation High Level Political Forum)」[a]でもSDGsにコミットする立場を強調し、また進捗を自主的に発表している。つまりインドネシアは、SDGsという国際社会がともに掲げている目標を活用して、国内では中央政府による地方へのコントロールを高め、国外では国際社会と歩調を合わせる立場をアピールしようとしているということである。

IV. 村落開発の現状

ここからは、西ティモールの村における具体的な生活をSDGsとの関連から見ていきたい。表1は、インドネシアの行政における階層を整理したものである。日本と大差はないが、違いは県と国家の間に州が設定されていること、そして市が県に含まれず独立した地方行政機関となっていることである。紛らわしいが、クパン市 (Kota Kupang) とクパン県 (Kabukaten Kupang) は隣接している別の行政単位である。

表1 日本とインドネシアの行政単位

階層	日本	インドネシア
第1階層	国家	国家
第2階層	都道府県	州 (Provinsi)
第3階層	郡及び市	市 (Kota) 及び県 (Kabupaten)
第4階層	町及び村	郡 (Kecamatan)
第5階層		町 (Kelurahan) 及び村 (Desa)

出典：筆者作成

郡、町、村といった下位行政単位の開発状況を検討するうえでもう一つ重要なことは、第1節で紹介した開発計画 (中期5年、長期10年) は、国家、州、県レ

[a] 国連ハイレベル政治フォーラム：SDGsの経済、社会、環境の側面を横断的に政治的リーダーシップや指針を提供することを目的に設置されたフォーラム。中でも成功、課題、教訓など、SDGs実施にあたって得られた経験を共有するために、国家が提出するレビューはフォーラムの基幹となっている。

図1　インドネシアとティモール島略地図
出典：筆者作成

ベルで作られているということである。下位行政単位は、毎年年間の開発計画を作成して上位へ提出し、県レベルの開発計画の優先順位とマッチングさせて実際のプロジェクトが決定される仕組みになっている。

　調査は二つの県にある二つの村で行っている。まず一つ目はクパン県にあるB村、二つ目は南中央ティモール（Timor Tengah Selatan: TTS）県にあるN村である。冒頭で紹介したとおりNTT州はインドネシアでも開発が遅れた場所として知られているが、それぞれの開発度合いを表す指標を表2に示しておきたい。しかしながら、統計データは地域の平均値であるので、県庁所在地と村とでは相当の開きがあることも念頭に置く必要がある。

表2　クパン県とTTS県の開発度合い[3]

指標	単位	インドネシア		クパン県		TTS県	
		2015年	2022年	2015年	2022年	2015年	2022年
人間開発指数	ポイント	69.55	72.91	62.04	65.04	59.4	62.73
高校在学率	パーセント	70.61	73.15	60.45	59.91	47.92	54.54
平均寿命	年	70.78	71.85	63.17	65.22	65.55	66.68
賃金	千ルピア／月	2,829	3,071	2,029	1,936	2,035	1,971

出典：中央およびNTT州統計局データに基づき筆者作成

　2015年と2022年の開発に関する指数を比較すると、インドネシア全体では全般的に伸びが確認できる。国連の2022年インドネシア年間レポートにおいても、2022年には他国の経済成長が鈍化する中で、インドネシアは輸出の堅調な伸びを背景に強さを発揮していると説明されている（UN in Indonesia 2023, p.12）。SDGsの達成度合いを表すSDGs指数も2015年の64.7ポイントから70.16ポイントまで上がっている。ちなみに隣国マレーシアの2022年SDGs指数は69.85ポイントであることを鑑みれば、インドネシアは健闘していると言える。

　しかし、表2から分かるように、インドネシア全体とクパン県、TTS県の成長では格差がある。高校レベルの教育はアクセス、資金といった面からインドネシア全国平均を下回る。また、これといった産業が無いために教育を受けても雇用に繋がりにくいことがNTT州で高等教育を受ける人々の割合が低くなっている原因であろう。たとえ雇用されたとしても、その賃金は減少傾向にある。また、食糧、水、保健状況などを総合的に反映する平均寿命もインドネシア全体と比較して低くなっている。これが冒頭紹介したとおりNTT州が人間開発指数でインドネシア34州のうち32位と低迷している理由でもあろう。

■1　クパン県B村

　B村はクパン市から40km程度の距離にある。県庁所在地から比較的近いこと、一定の人口が居住していることから「町（Kelurahan）」という行政区になっている。筆者（堀江）は、当初は支援機関の職員として、現在は研究者として20年間B村の開発状況を見てきた。村（Desa）から町（Kelurahan）に昇格すると、日常生活における決定や、町長への報告などは村長ではなく地区長が行うようになる。また、毎年取りまとめられ郡事務所に提出される村開発計画は、地区長を中心にまとめられている。筆者は地区長とその友人とに集まってもらいSDGsについて説明したうえで、17の目標、169のターゲットの全てについて可能性を話し合ってもらった。ちなみにSDGsについては、誰も何も知らない状況であった。

　169のターゲット全てについて話し合ったことは、筆者にとってもB村を良く知る機会となった。例えば、インドネシアで僻地とされる場所であっても現

在は保険証を全員が持っていること、また以前は誰も頼りにしていなかった保健所（Puskesmas）は、人材、建物、設備の面で改善が進み村人の信頼を得ていることなどである。特殊なものでなければ薬もすぐ手に入り、投薬は薬カードというもので管理されている。聞き取りは2023年3月に行ったが、2020年よりインドネシアでも猛威を振るった新型コロナ感染症予防のためのワクチン接種証明書も皆が保有していた。SDGs目標3「あらゆる年齢のすべての人々の健康的な生活を確保し、福祉を促進する」は、相当に改善が見られたことが理解できた。

　一方で村人が「村の努力では達成できない」としたものが、エネルギー、雇用、産業に関わる目標、つまり目標7から13の辺りである。しかしながら、SDGsに何度も出てくる「レジリエント」という言葉に村人が反応したのが印象的であった。インドネシアでは "ketahanan" と訳されており、直訳すれば「耐えること、耐える力」となる。日本語版SDGsでは「強靭な」と訳されることが多く、自然災害などが起きても壊れないインフラを想像させる。実際SDGsでの「強靭性」とは、壊れない頑丈な防災施設、頑丈な農業施設や生産システム、頑丈な建造物、頑丈な防災施設などを指しているが、村人が想像したものは全く違うものであった。村人がレジリエントで反応した理由は、2021年7月にティモール島、特にB村近隣にサイクロン・セロジャ（Seroja）が襲来した時のことを思い出したからである。

　破損した家はやはり多く、村人が助け合い修復作業をしたと説明してくれた。全半壊した3軒については、町（村）役場を通じて申し込んだ政府の補助金が支払われたという。しかし、筆者が「食べ物は困らなかったか」と尋ねると、「困らなかった」と言う。そこで理由をそこにいた人々に考えてもらった。結果として、この地方の農業の特徴をあげた。それは、一つの穴にカボチャ、サヤインゲン、トマト、トウモロコシなどの種を混ぜて撒くことである。筆者は農業の専門家ではないが、かねてよりこの農法について「非効率」と感じていた。ところが数種の作物を一度に同じ場所で生産しているお陰で、強風でトウモロコシは倒れてしまったが、その根元にカボチャ、豆など別に食べられるものが育っていたとのことである

　倒れてしまったトウモロコシも、実は家に備蓄がある。ティモール島全域で

見られるが、トウモロコシの皮をむかずに家の中、特に煙が出る台所の梁に括り付けて保存する習慣がある。括り付けたトウモロコシは 3 年食べることができるのである。このように SDGs 全項目に村人が目を通したことで、おそらく村人も考えたこともなかった「耐える方法」が村には備わっていたことを再確認する機会となったのである。

　このトウモロコシへの気付きは、別の議論へと発展した。というのも、こうした伝統的なトウモロコシ栽培、そして保存形態は現在岐路に立っている。近年 B 村のトウモロコシ栽培では、ハイブリッド種[b]が使われることが増えてきているのだ。ハイブリッド種が使われるようになったきっかけは、2021 年に政府が種子を配布したことだそうだ。種子の配布は 2022 年、2023 年にも行われ、瞬く間に伝統種を凌駕してしまった格好である。

　ハイブリッド種の配布は、中央政府農業省が進めている政策の一環である。1990 年代よりインドネシア経済は順調に発展してきたが、2000 年代には農産物消費が多様化したことに伴って食糧の安全的確保が課題になった。中でも国内生産の能力がありつつも輸入に依存しなければならない米、トウモロコシ、大豆、砂糖ならびに肉類特に牛肉は、重点産品とされた。それら品目の中で注視されているのがトウモロコシであり、ハイブリッド種が増産に寄与した（米倉 2014, pp.87-92）。そこで政府は増加する飼料用トウモロコシの需要を国産で賄うため、

民間企業と協力しハイブリッド種の配布を行っているのだ（Bahtiar 他 2022、Kementarian Pertanian 2017）。

　B 村の人々は、伝統種では収穫に 4 か月程度かかるところ、ハイブリッド種は 2 〜 3 か月で収穫でき、時間が節約できるとハイブリッド種を歓迎している。しかし、ハイブリッド種には問題もあ

写真 1　B 村で軸からむしり取られたハイブリッド種トウモロコシ（筆者撮影）

用語
解説 [b] ハイブリッド種：異なる品種を掛け合わせた交雑種。それぞれの品種の優れた要素を持つ品種を作ることが目的。

る。それは、ハイブリッド種は収穫後の次世代の種として使用できないことである。つまり、将来に渡り毎年政府より配布があることを前提としているということである。さらには、ハイブリッド種が結ぶ実は、伝統種のそれのように数年に渡り保存ができないのである。そのため、人々は収穫が終わった直後に近隣の家々を回って、軸からトウモロコシをむしり取る作業を共同で行っている。その後、すぐ農業産品業者に売られ、比較的簡単に無駄なく現金化できることも村人に好評な理由である。

　ハイブリッド種の生産と拡大にはインドネシアの大企業やグローバル企業が関わっている。インドネシアにおける種子の生産はグローバル企業の現地法人を含む6社に支配されている（Kenresearch 2018）。また2023年からは、ドイツに本拠を持つグローバル化学企業も農業省が後押しする形で市場に参入、NTT 州を含む2州で配布、栽培が開始された（KOMPAS 2023）。このような動向は、目標達成のためには開発されるべき地域がバリューチェーン、サプライチェーンと繋がり、企業が重要な役割を果たすとする SDGs の取り組みに意図的ではないまでも合致する。

　しかし外部者である筆者にはハイブリッド種が伝統種にとって代わっていることは、リスクがあるように見える。直近のサイクロン・セロジャ襲来時の事例からも分かるように、ティモールでよく目にする伝統種のトウモロコシが台所の梁にぶら下げられている光景は、人々は意識していなくとも食糧が不足しがちなティモール島に備わった知恵であったように思えるからである。

　SDGs のターゲットを村人と考察した際、レジリエントと併せて話が膨らんだのが「金融サービスへのアクセス」である。次に紹介する TTS 県の N 村ほどではないが B 村からも金融機関は遠いし、ATM もないため村人が金融機関を使うのは一般的ではない。では、まとまったお金、例えば子供の進学資金、結婚資金などはどのように貯蓄、また捻出するのであろうか。

　B 村に畜産専用の施設はない。しかし、村人は5、6頭の牛を畑で、また豚や鶏を住居の敷地内で飼育している。資金が必要になった際には、それらを売って金を捻出することになる。これはティモールの他の村でも聞いたことがあるのだが、子供の進学時にはしばしば牛が売られる。子牛を3百万ルピアほどで購入、3年飼育すると1千万ルピアを超える金額で販売できる場合もある

という。村人はこれを計画的に行っているのである。つまり3年後に子供が進学することが分かっていれば、その時点で子牛を仕入れて3年間飼育した後に子供の進学に合わせて販売するのである。もちろん牛は思ったように成長しなかったり、病気になったりすることもある。さらに、飼育には労力も必要である。しかし、自身の

写真2　B村における穀物飼料を使わない牛の飼育（筆者撮影）

畑や周囲に生えている草木を食べて育つ牛への投資は、金融機関に預金するよりよほど良い利息を生み出しているとも捉えられるのである。

　枝廣は、どの地域でもかつての地域経済は今よりもずっと多様性とレジリエンスに富んでいたとし、ある範囲内で本来自分たちの消費するモノやサービスを生産、やり取りする能力が備わっていたと説明する（枝廣 2015, p.223）。SDGsのターゲットを確認する中で特に話題に上ったトウモロコシと牛の例は、「頑丈」なインフラを整備したり、グローバルな経済の一部になったりすることで安定的に発展しようとするSDGsそのものに一石を投じているのではないだろうか。

② TTS県N村

　TTS県にあるN村は、標高1,000mほどの山地にある。クパン市から、ティモール島を東西に横断する幹線道路を東に130kmほど行った地点で、枝分かれし南岸部まで続く道路に入る。標高700から1,000mの山地を20km行くと郡の中心地がある。そこからさらに20km行ったところに村がある。地図上の距離は20kmだが、村までは傾斜のきつい細く曲がりくねった道路が続くために一般的な交通手段であるバイクで1時間ほどかかる。

　N村は、県や郡の中心地との行き来が困難で、西ティモールの中でも開発の遅れた僻地である。2009年に風力と太陽光を利用した小型発電施設が国によって実験的に導入されたことがあり、2012年には電力公社によって小型ソーラーパネルとLEDランプからなる自家消費型の設備が各家庭に設置されたことも

あったが、いずれも数年のうちに十分には機能しなくなった（森田 2017）。つまり SDGs 以前において、再生可能エネルギーによる小規模な発電設備を活用した新しい生活スタイルの可能性が実際に模索されていたのだが、十分には展開しなかったのである。2020 年になって、電力は町と同じ仕組みで料金を支払うことで使えるようになった。全戸に行き渡っているわけではないが、送電線が延長されて村まで届いた。

　村人たちは、電力が使えるようなったことの他にも、近年になって農作業の負担が大きく軽減されたこと、町で見られるようなセメントとトタンを使った「パーマネントな」家を建てる者が増えてきたこと、郡の中心地と村との間の道路の整備が進み、郡、県、クパン市へのアクセスが以前よりはだいぶ向上したことなどの村の生活の変化を「発展」として歓迎している。

　ただその一方で、気がかりなことについてもよく話題にしている。たとえば畑からの収穫についてである。村人たちの主食は、自分の畑で年に一度収穫するトウモロコシである。コメは栽培できないので、現金で購入する必要がある。B 村についての説明と同じく、種まきでは一つの穴に他の作物の種をまき、数種類の作物を一度に同じ場所で栽培する。これまでの畑仕事においては、山刀を使って雑草を取り除く作業が欠かせず、これが最も重労働だと言われてきたが、負担は現在ではかなり軽減されている。手動の噴霧器を使って農薬（除草剤）が散布されるようになったからだ。

　農薬を使うようになったことで、トウモロコシ栽培の負担は格段に軽くなっ

写真3　N村の急斜面の畑における農作業の様子（筆者撮影）

た。ただし、トウモロコシ以外の作物の収穫が難しくなっているという。西ティモールは、開発の文脈において「慢性的な食糧不足」が指摘されてきた。しかし村人たちはこれまで、「村には食べるものは何でもある」と言っていた。彼らが出稼ぎに行った先の町では、お金がなければ食べ物が買えずに飢えに苦しむことになる。しかし村であれば自分の土地に食べ物が「何でもある」。たとえその年のトウモロコシが十分に収穫できず、次の年の収穫前に尽きてしまった場合でも、イモやキャッサバなどの他の収穫物で食いつなぐことができる。しかし農薬の使用によって、トウモロコシ以外の作物が収穫しにくくなってしまったという。

　食べ物となる植物だけでなく、村では茅を手に入れることも難しくなった。西ティモールでは一般的な家屋はもともと茅葺きだった。こうした家屋は、都市や幹線道路に近い農村ではすでに姿を消していたが、N村では数年前まではまだ多く見られた。しかし現在では、農薬の影響で茅が減少してしまい、屋根を葺きなおす際に自分の土地から必要な量を確保できず、わざわざ購入しなければ手に入らなくなっている。それならば茅よりも長持ちするということで、トタンを購入して屋根とし、家屋自体も木造ではなくコンクリートブロックによる壁が好まれるようになっている。こうしたつくりの家屋は、西ティモール独特の従来の家屋よりも「進んでいる」「発展している」とみなされている。

　近年のクパン市における公園整備事業や、東ティモール（オエクシ県）との国境における検問施設の拡張工事では、伝統家屋独特の茅葺屋根のデザインを取り入れた洗練された姿の建物が建設されて、地域の文化が内外に向けて積極的にアピールされるようになっている。一方で、農村ではそうした家屋が急速に減っており、西ティモールの実際の風景の中からは失われていっているのである。

　N村においてもトウモロコシのハイブリッド種を導入しようとする動きは数年前から見られる。ただ現在のところ、その影響はほとんどない。村人たちの大半が積極的ではないからである。村人たちは、ハイブリッド種を栽培するためには、ローカルな種とは別に専用の畑を作らなければならないと語る。その理由は、二つの品種の交配を避けるためというだけではない。彼らにとってトウモロコシとはまず、祖先から受け継がれてきた種と畑、それに自分自身の労働によって産み出され、自分と家族の生活を支えるものである。それは他人が

栽培したトウモロコシとは、品種の違い以前に区別されている。自分たちで栽培するトウモロコシのために、彼らは「種をまくとき、収穫するとき、食べるとき、保存するとき」のそれぞれの段階で祖霊に祈りを捧げ、鶏をつぶして血を流す。そのようなトウモロコシは「一粒たりとも粗末に扱ってはならない」ものであり、もし扱いを誤れば大事な家畜や家族が病気になったり、ひどいときには死に至ったりもする。単なる品種の違いだけでなく、彼らのトウモロコシは、政府によって配られるトウモロコシや、市場で売買できるどこかの誰かが栽培した商品としてのトウモロコシとは別のものなのである。Ｎ村ではこうしたことから、ハイブリッド種は従来の種に置き換わるものとしてそもそも認識されなかった。結果的にＮ村では開発が遅れていたことによって、レジリエンス、すなわち「独立的で、分散的で、自己決定的で、ある程度の経済的自律性をもち、コモンズに基礎づけられた小規模な地域システム」(竹沢 2022) がそれなりに維持されてきた。

　村人たちには自分の土地と家があり、主な食物は畑で自家栽培できるため、現金収入をそこまで切実には必要としてこなかった。家を建てる際の建材も、多くが村の中で調達できるものだった。人生儀礼やその他のためにまとまったお金が必要となった場面には、クパン市などに出稼ぎに行って稼ぎ、必要な出費をその都度まかなっていた。これらの目的を果たせば、賃金労働をしばらく中断することもできた。村にはこのように、市場経済とはつながりつつも、そのまま連続しているわけではなく、市場経済に生活を包摂されてはいないある程度の経済的自律性があった。この自律性が、村人たちの現金収入の低さを補い、深刻な貧困に陥ることを食い止めていたのである。

　近年では、料金を払って電気を使い、農薬や噴霧器を購入して使用し、家を建て替える際の建材も購入するようになった。市場経済への依存の度合いが大きくなり、包摂が急速に進んでいるように見える。国家の大きな開発の文脈においてSDGsが強調される一方で、村に備わっていたレジリエンスは十分に機能しなくなり、様々な変化や災害に対して柔軟に適応することがかえって困難になっていくのではないか。

　「持続可能な開発」を目指すためには、これまで「開発の遅れた、僻地の貧しい農村」としか見なされてこなかった地域社会にもともと備わっていたレジリ

エンスを確認し、再評価することが必要である。経済・社会開発のプロセスが
これを損なうのではなく、その価値を評価し活性化する方向に働くように、具
体的な内容を調整しながら、村人たちの希望と意思を尊重して進めていくこと
が重要である。

V. 結論

　本章ではインドネシアの僻地において、SDGs や市場経済化がどのように反
映され、また人々の生活に影響を与えてきたかを考察してきた。とはいえ、グ
ローバルな潮流に抗って、伝統的な生活に固執することも現実的ではない。そ
こでまとめとして、今後外部者は既に取り残された人々に対してどのような支
援ができるかを考えてみたい。

　先ずは村に本来備わっているレジリエンスの発見である。B 村ではサイクロ
ンが襲来し建物などには被害があったが、食糧には困らなかったという事例を
紹介した。その原因は、図らずも風に強い作物とそうでない作物を同時に生産
していたことと、伝統的に備わったトウモロコシの保存方法にあった。しかし
現在そうした伝統的なレジリエンス機能は、ハイブリッド種の登場により脅か
されている。

　政府がハイブリッド種を配布している背景には、牛肉需要が伸び飼料を増産
しなければならないということがある。しかし B 村の人々は、そうした事情を
知らないし、ハイブリッド種の実を畜産に使ってもいない。であれば、現在ま
で村人が貯蓄のために行ってきた伝統的畜産に新たな展開が考えられるかもし
れない。そのために村人は、畜産に関して外部者との新しい関係性を築く必要
もあるだろう。このように村人が SDGs を知り、ターゲットを検討したことで、
自身の社会が持つ強み、これから取り組むべきこと、また外部に頼らず村内で
できること、外部に頼らなければ達成できないことを再確認できたのである。

　こうした再発見は、村開発計画にも活かされたように見受けられる。州や県
が村で行うプロジェクトの決定は、基本的には村開発計画と州や県の中期・長
期開発計画とのマッチングの中で行われていく。先にインドネシアでは国家、
州、県の開発計画に、SDGs の要素が取り入れられていることを説明した。で

あれば、村でのプロジェクト実現には村開発計画が SDGs に沿ったものである
ことが重要となる。2023 年の B 村開発計画は、SDGs 座談会で話題に出た保健
所の増築、幼稚園の増築、そして牛や農作物の販路を拡大するための農道など
が、健康、教育、農業インフラといった項目に整理されたものとなった。

　本章の目的はグローバルな潮流である SDGs がドナー国の支援や促進なども
あり国家や州・県の開発計画に取り込まれる中、村はどのような現状で、それ
に対して何ができるかを検討することであった。また冒頭で SDGs は経済成長
堅持路線上にあり、新自由主義的思想[c]も見受けられることも紹介した。しか
し、経済学においても地域経済には、商品経済や市場経済を対象とした従来の
「狭義の経済学」のほかに、人間を生産活動に駆り立てる動機は収益性以外に
も様々な非営利的動機があるとする分析もあり地域主義の重要性が謳われてき
た（玉野井 1990, p.76）。であれば、「既に取り残された地域」に必要なことは、国
家レベルで制定された SDGs ロードマップの地域主義化ということになろう。

　そこで最後に本章で紹介した事例をもとに、支援として行えることを二つ提
案したい。一つ目は、村に本来備わっていたレジリエンス力を外部者の視点を
媒介として村人たちと発見することと、またその維持や強化を考えることであ
ろう。二つ目は、SDGs といったグローバルな潮流や国家、州、県の政策を村
の状況に合わせて説明し、村人自身が村レベルで行えること、外部からのプロ
ジェクトや支援を必要とすることを整理する機会を設けることであろう。こう
したことができるのは、現地 NGO や研究機関であり、国家、州レベルの支援
に加えて、そうした機関への支援も同時に必要なのではないだろうか。

　インドネシアの NTT 州という限られた場所ではあるが、「誰も取り残さな
い」というふれこみで始まった SDGs は、取り残されている人々に知られても
いないという現状がある。そのような状況下で SDGs 関連の支援を継続すれ
ば、格差は大きくなり 2015 年時点で取り残されていた人々は 2030 年にはより
取り残された人々になっていることが懸念されるのである。

・・・・・・・・・・・・・・・・・・・・・・・
用語
解説　[c] 新自由主義的思想：経済に対する政府による介入、規制を最小化して、市場における自由競争
　　　の原理を重んじる新自由主義が、経済を通じて他のイシューにも好影響を及ぼすとする思想。

【謝辞】

本研究は JSPS 科研費19K12492『「取り残された地域」と持続可能な開発目標—国際的目標のローカルモデル構築に向けて』の助成を受けたものです。

読んでみよう、学んでみよう

1．山田満・堀江正伸編著 (2023年)『新しい国際協力論［第3版］—グローバル・イシューに立ち向かう』明石書店
   ＊本章で取り上げたような国際協力にはどのような種類があり、そのアクターはどのような機関なのかについて基本的な知識を整理して説明しています。
2．間瀬朋子・佐伯奈津子・村井吉敬編著 (2013年)『現代インドネシアを知るための60章』明石書店
   ＊多くの島々がどのようにまとめられ「インドネシア」という国家が成立したか、それが故の複雑性や多様性は何か、また豊かな天然資源の利用や政治等を読みやすく整理した入門書です。

注

1) 34州には特別州 (4州) も含む。また、2022年に4州が分離・独立して2023年7月現在は38州となっている。
2) 33位は西パプア州、34位はパプア州であった。
3) 高校在籍率については、インドネシア全体は School Participation Rate (16-18)、クパン県、TTS県は Net Participation Rates in Senior High School。
4) 説明しているように B 村は Kelurahan (町) であるが、実情は村であることから、「B 村」と標記する。
5) トウモロコシは州都クパン市に近い B 村では米と並んで半主食である。米は1960年〜70年代インドネシア政府により主食とすることが奨励されたため、従前はトウモロコシが主食であった NTT 州でも都市部を中心に主食となった。

参考文献

枝廣純子 (2015)『レジリエンスとは何か—何があっても折れないこころ、暮らし、地域、社会を作る』東洋経済新報社。

影浦亮平 (2023)「SDGs の思想的背景の検討」経済理論学会編『季刊経済理論』第60巻1号、4-10頁。

竹沢尚一郎 (2022)「被傷性＝脆弱性の生 - 政治—東日本大震災後の人類学的災害研究」日本文化人類学学会編『文化人類学』第86巻4号、543-562頁。

玉野井芳郎 (1990)「経済学の転換と地域主義—その地理学への影響」鶴見和子・新崎盛暉編『地域主義からの出発（玉野井芳郎著作集第3巻）』学陽書房、72-81頁。

三井久明 (2018)「SDGs とインドネシア」国際開発センター編『IDCJ Regional Trend』第17号、2-6頁。

森田良成 (2017)「携帯電話と電力への欲求—インドネシア、西ティモールの農村の事例」白山人類学研究会編『白山人類学』20号、57-78頁。

吉田央 (2023)「SDGs の新自由主義的性格」経済理論学会編『季刊経済理論』第60巻1号、11-20頁。

米倉等 (2014)「インドネシアの最近の政策動向—食糧安保と貿易自由化」『農業と経済』編集委員会編『農業と経済』第80巻第2号、昭和堂、87-97頁。

Bahtiar, Darmawan Salman, Muhammad Arsyad and Muhammad Azrai (2022) "Synergy of Innovation between Hybrid Corn Seed Production and Seed Companies: A Review" in *AGRIVITA Journal of Agricultural Science.* Vol. 44(3), pp.604–615.

Kementarian Pertanian (2017) *Corn Industry Development in Indonesia.*

Kenresearch (2018) *Indonesia Seed Industry is dominated by PT Bisi International Tbk, PT East West Seed Indonesia, PT DuPont Indonesia, PT Syngenta Indonesia, Monsanto Indonesia and PT Advanta Seeds Indonesia.*

KOMPAS (2023) "Benih Bioteknologu Tingkatkan Produksi Jagung Nasional", 26 July 2023.

United Nations (1992) *United Nations Conference on Environment & Development Rio de Janerio, Brazil, 3 to 14 June 1992, AGENDA 21.*

United Nations (2002) *Johannesburg Declaration on Sustainable Development: From Our Origins to the Future.*

United Nations (2012) *The Future We Want (A/RES/66/288).*

United Nations (2015a) *Resolution adopted by the General Assembly on 25 September: Transforming our world: the 2030 Agenda for Sustainable Development (A/RES/70/1).*

Unites Nations (2015b) *The Millenium Development Goals Report 2015.*

United Nations in Indonesia (2023) *Country Results Report.*

World Commission on Environment and Development (1987) *Our Common Future,* Oxford University Press.

第三部

地域のつながりで
育つ子ども

第10章

地域主義の視点から見た子ども食堂
―コロナ禍の青森県における事例からの考察―

平井 華代

Ⅰ．はじめに

　子どもや家族を取り巻く貧困課題は、開発途上国だけでなく日本を含む先進諸国にとっても深刻な課題である。日本の子どもの相対的貧困率(17歳以下)[a]1)は11.5％であり(厚生労働省 2023)、前回の調査より改善傾向にあるものの、いまだ8.7人のうちひとりが相対貧困下に暮らしている。とりわけ、日本のひとり親世帯の貧困率は44.5％と、2世帯に1世帯が貧困状態にあり、経済協力開発機構(以下OECD、日米欧を含む38か国が加盟)諸国のひとり親世帯の貧困率の平均値31.9％を大幅に上回っている(OECD 2021, p.3)。子育て世帯の経済状況は、生活困難感にも表れている。「2022年国民生活基礎調査の概況」(厚生労働省2023)によると、児童のいる世帯の54.7％が暮らしむきが「苦しい」と答え、高齢者世帯(48.3％)及び全世帯(51.3％)に比べ、生活困難感が高い。母子世帯の生活困難感は特に深刻であり、86.4％の母親が仕事をしているにもかかわらず(厚生労働省 2022)75.2％が暮らしむきは「苦しい」と感じている。

　小西(2009, p.10)は、子どもの貧困を「子どもが経済的困難と社会生活に必要なものの欠乏状態におかれ、発達の諸段階におけるさまざまな機会が奪われた結果、人生全体に影響を与えるほどの多くの不利を負ってしまうこと」と定義している。経済的な不利が子どもに及ぼす影響は単なる経済的な問題にとどまらず、人生全体にわたる様々な機会の制約となり得る。このような事態は、将

用語解説 [a] **相対的貧困率**：相対的貧困率とは、貧困ライン（一定の所得基準）を下回る等価可処分所得を得る人の割合であり、その国の一定所得基準を下回る人口割合を指す。可処分所得とは、収入から税金や社会保険料を支払ったうえで年金や手当などの社会保障給付を受けとった後の所得である。

来にわたって社会的な孤立を招き、次世代の貧困の連鎖を懸念させるものとなっている（阿部 2011, p.68）。

　子どもの貧困をめぐる現状は、家族による自助の限界を浮かび上がらせている。しかし、この課題に対する公的支援（公助）は限られている。例えば、日本の家族関係給付の対 GDP 比は1.95% であり、OECD 諸国の平均値2.29% よりも低く、フランス（3.44%）の半分以下である（OECD 2023, pp.1-2）。同様に、小学校から大学までの教育機関への公的支出について、OECD 諸国は平均して GDP の4.9% を拠出しているが、日本は4%にとどまっている（OECD 2020）。

　2013年には「子どもの貧困対策の推進に関する法律」、翌2014年には「子供の貧困対策に関する大綱」が制定され、全ての子供たちが夢と希望を持って成長できる社会を目指す旨が謳われたが、実態としては日本の子どもや子育て世帯への公助の割合は、他の主要国よりも少ない。そのため、養育費や教育費が、各家庭にとって大きな負担となっており、雇用条件の悪化と所得再分配の機能不全も相まって、親の経済状況が容易に子どもの不利な状況につながりやすい構造が存在している。

　このような中、地域の人々が親子の支援に乗り出す新たな動きが広がっている。その中で注目されるのが、食を通じ親子の孤立を防ごうとする民間ボランティアによる取り組み、「子ども食堂」である。2010年代初頭から広まり、国や自治体が推奨する地域活動へと発展している。コロナ禍の影響でその数は一層増加し、現在までに全国で7,363カ所が確認されている（認定 NPO 法人全国こども食堂支援センター・むすびえ 2023a, p.1）。

　ポスト資本主義時代における日本の地域主義のあり方を探る際、子ども食堂の実践を考察することは重要な意味を持つ。なぜなら、子ども食堂は地域の生活者が協力し、子どもや世帯への支援的な働きかけと交流を促す住民主導の活動であり、その数は日本全国に広がりつつあるからである。地域主義を唱えた玉野井芳郎は、「国家大の社会ではなく、より小さい地域を単位として社会を見ることを提唱」し、最終的には「地域の最小単位として、ハウスホールド（世帯）」（鶴見 1990, p.260）、さらにはそこに生きる「生活者という地域の担い手」（鶴見 1989, p.51）を見つめ、その人々の営みから社会の構造と変容をとらえることの重要性を唱えた。また、内発的発展論を展開した鶴見和子は、「地域の小さ

き民」(1989, p.59) による「地域を単位とした小規模な社会変化の事例」(鶴見
1989, p.59) の中にこそ、近代化がもたらす困難な問題を解くかぎを発見できる
ととらえた。これらの考えに立つと、地域の最小単位である子どもと親との社
会的な結びつきを意識して、人々の営みの最も基本にある食支援を行う子ども
食堂は、地域における内発的な社会変化の事例としてとらえることができる。

　子どもや家族を取り巻く課題に対する自助の限界と公助の不足が浮き彫りに
なる中、地域の子ども食堂はどのような意味を持つのだろうか。これらの実践
は、いかに人々のつながりを育み、地域の社会基盤を形成しうるだろうか。さ
らに、それらはポスト資本主義時代における社会の新たな価値創造の模索にど
のような示唆を与えるだろうか。以下、子ども食堂の取り組みを概観した後、
コロナ禍の青森県八戸市における調査事例を通じて検討する。

Ⅱ．地域における子ども食堂の取り組み

　湯浅 (2019, pp.16-17) によると、子ども食堂は「子どもが一人でも安心して来
られる低額または無料の食堂」を指す。子ども食堂の活動は、地域住民等のボ
ランティアによる温かい食事の提供を軸にしているが、交流や遊びの場となる
居場所の提供や、学習支援、体験プログラム、親を対象とした子育て支援プロ
グラム、地域交流の実施など、団体により様々な活動が実施されている。

　子ども食堂は地域をベースに活動する小規模な実践である。半数を超える子
ども食堂が年間30万円未満の運営費で月に1回程度開催しており、運営主体は
任意団体 (市民活動) が42.9% と半数近い (認定 NPO 法人全国こども食堂支援セン
ター・むすびえ 2022, p.1, p.12, p.19)。食材は、地域住民、生産者団体や生産者個
人、フードバンク、スーパーや食品メーカー等から提供される他、参加者から
の会費や助成金等で購入されることもある (農林水産省 2018)。

　子ども食堂が他の住民による活動や放課後実践と異なる特徴として、子ども
の貧困や孤立を防ぐための働きかけを意識している点が挙げられる (柏木 2017,
p.44)。農林水産省 (2018) によると、9割の運営者が、「子育ちに住民が関わる
地域づくり」や「多様な子どもたちの地域での居場所づくり」を活動目的とし
ており、同時に「生活困窮家庭の子どもの地域での居場所づくり」(86.5%) や

「生活困窮家庭の子どもへの食事支援」(84.3％) も目的としている。この特徴を、湯浅 (2019, p.15, p.19) は「こども食堂は『地域交流拠点』と『子どもの貧困対策』の２本足で立つ」と整理している。

　子ども食堂が注目される理由のひとつに、親子と地域とを結びつけるその紐帯機能があげられる。田中 (2019, p.215) は、「子ども食堂は、欠食や孤食の改善を目的にしているが、効果は食事の摂取以上にある。それは、孤立の予防やつながりづくりだといえる」と述べている。露口 (2019, p.7) も、「伝統的コミュニティが持つ紐帯に参加困難な家庭の子どもにとって、代替的ソーシャル・キャピタル (社会関係資本) 醸成機会 (つながりのセーフティーネット) としての意味をもつ」と指摘している。平井 (2023) は、子ども食堂に参加する母子を対象にした調査から、子ども食堂への参加を通じて、親子が参加者や子ども食堂との共感的な結びつきを形成しており、その結びつきが親子の地域参画の発展の起点となっていることを明らかにした。このように、子ども食堂の実践は、貧困や孤立などの困難やそのリスクを抱える親子の地域における社会的包摂を意識しつつ、食を通じた支援と交流により、人と人とのつながりを形成し、支えようとする内発的な地域活動であるといえる。

III. 子ども食堂の葛藤

　経済的な困難や孤立などのリスクを抱える親子を意識しつつも、実際には対象者を限定せず、むしろ広く参加者を募る子ども食堂が多い。農林水産省 (2018) によると、86.1％の子ども食堂が、「子どもならだれでも」、もしくは「子ども以外を含めてだれでも」として幅広く参加者を募っている。この背景には、対象をすべての子どもや住民にすることで、子ども食堂を利用することへの差別的視線や屈辱感 (スティグマ) の付与を避け、結果的に生活困窮に陥っている家族や孤立しがちな親子が参加しやすい環境をつくりたいという、運営者側の配慮と狙いがある (一般社団法人日本老年学的評価研究機構 2019, p.81, 農林水産省 2018, p.34)。

　しかし同時に、この配慮は運営者にとり、支援を必要としている人に支援を届けたいにもかかわらず、それが果たせているのかわからないといった葛藤を

引き起こしている。農林水産省 (2018) によると、42.3％の子ども食堂の運営者が「来てほしい家庭の子どもや親に来てもらうことが難しい」と感じている。同様に、認定 NPO 法人全国こども食堂支援センター・むすびえが運営者に困りごとを訪ねたアンケート調査 (2023b, p.20) では、「必要な人 (貧困家庭など) に周知・広報し支援を届けること」と回答した子ども食堂が56.3％に上り、最も多い傾向が見られた。

　さらに、新型コロナウイルスの影響で、子ども食堂の開催形態に変化が生じた。以前は、皆で一緒に食事をするスタイル (会食形式) が主流であったが、感染拡大を防ぐため、非会食形式を取り入れる子ども食堂が増加した。図1は、コロナ禍における子ども食堂の主な開催形態を表している。非会食形式には、好きな食材を選んで持ち帰ってもらうフードパントリー[b]や、あらかじめ梱包しておいた食品や食材等を渡す集合提供形式、そして補完的に自宅まで食材や弁当を配達する宅配形式がある。これらの非会食形式を採用する子ども食堂は、一時期7割を占めるほどになった (認定 NPO 法人全国こども食堂支援センター・むすびえ 2023b, p.8)。

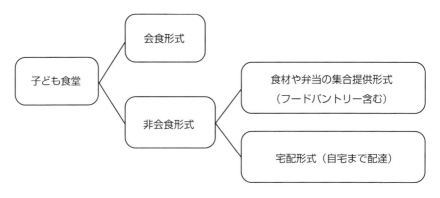

図1　コロナ禍の子ども食堂の開催形態
出典：筆者作成

用語解説 [b] フードパントリー：食品支援が必要な時に誰でも食品が受け取れる場所のことをいう (セカンドハーベスト・ジャパン 2012)。しかし、コロナ禍の子ども食堂の活動では、指定場所で、多くは好きな食材等を選び、食品を持ち帰るという非対面形式の子ども食堂の一形態をさすことが多い。

Ⅳ. 青森県八戸こども宅食おすそわけ便の事例

　では、コロナ禍における非会食形式の子ども食堂に参加する当事者にとり、その参加体験はどのような意味を持つであろうか。以下、筆者が青森県で行った非会食形式の子ども食堂に参加した参加者および運営者に対する調査事例をもとに検討する。調査は青森県八戸こども宅食おすそわけ便実行委員会（以下実行委員会）の協力を得て、2021 年 10 月 31 日に全 9 か所で実施された八戸こども宅食おすそわけ便（以下こども宅食おすそわけ便）に参加した 572 世帯を対象に行った。アンケート調査の結果、114 世帯より回答を得た（全数調査、回収率 20％）。コロナ禍における非会食形式の子ども食堂にどのような親子が参加しているのか、そして参加親子にとって子ども食堂の支援はどのような役割を果たしているかに着目して分析を行った。調査結果は実行委員会に報告し、同委員会を構成する運営者（表 1）に対するアンケート調査も別途実施した。

表 1　八戸こども宅食おすそわけ便実行委員会の構成団体と実施状況

団体名	実施形式	対応数（世帯）	利用方法
社会福祉法人青森県社会福祉協議会	－		
地域交流スペース "そよ風"	集合提供 宅配	40 20	事前予約制
社会福祉法人東幸会大久保の里地域交流ホール（東幸園）	集合提供	－	当日先着順
特別養護老人ホーム見心園	集合提供 宅配	－ 5	当日先着順 事前予約制
学生服リユースショップ「さくらや」	集合提供	－	当日先着順
社会福祉法人みやぎ会	集合提供 宅配	40 10	抽選制
ふれ愛・あおば食堂（八戸あおば高等学院）	集合提供	－	事前予約制
はちのへ未来ネット	集合提供	50	事前予約制
ちょうじゃこども食堂	集合提供 宅配	－ 10	事前予約制 抽選制
みんなの森のはらキッズ	集合提供	－	当日先着順

出典：広報チラシより筆者作成

　社会福祉法人青森県社会福祉協議会（2020a）によると、こども宅食おすそわけ便の活動目的は、「食品等の定期的な配達・配布を通じて、支援につながり

にくい子育て世帯等とつながり続けること」であり、「社会的に孤立しがちな子育て家庭とつながりをつくることにより、必要な支援に結びつけ、小さな変化にも気づきやすい関係性を築くこと」（社会福祉法人青森県社会福祉協議会 2020b, p.1）を趣旨としている。社会福祉法人青森県社会福祉協議会が運営、または実施の支援をするこども宅食おすそわけ便は、県内三沢市、五所川原市、八戸市、青森市で実施されている。調査の対象である八戸こども宅食おすそわけ便は、2020年12月のコロナ禍に八戸市および八戸都市圏の一部をなす三戸郡階上町において開始され、以後2か月ごとに開催されている。調査時点では6回目の実施で、一回ごとの利用者数はのべ約1,500名である（社会福祉法人青森県社会福祉協議会 2020b）。食品等は主に地域の団体、企業、個人から寄贈されている。参加者の呼びかけは、主にチラシの配布や掲示が学校や保育園などの教育機関を通じて行われている。

　社会福祉法人青森県社会福祉協議会の役割は、(1) 活動や運営の情報提供、(2) 活動や運営の連携体制の構築、(3) こども宅食"おすそわけ便"の名称の使用、(4) 食品等の安定した提供体制の確保、(5) その他、趣旨に基づいた必要な支援である。一方、各運営団体の役割は、(1) 食品等寄贈の受入・保管、(2) 利用申込及び調整、(3) 食品等の受取及び取扱、(4) 個人情報の保護である。

写真1　パントリー形式で行われている様子（筆者撮影）

各団体、40世帯から60世帯ほどの食料品や日用品を用意しており、届ける方法には、①自宅への配達（運営者や運営協力者が自宅等に梱包食品を配達する）、②指定場所での受け取り（指定場所で梱包食品を受け取る）、③パントリー（指定場所で好きなものを選んで持ち帰る）（写真1参照）の3つがあり、個々の団体が状況に応じて実施している（福祉法人青森県社会福祉協議会 2020a）。

　内容はその時々の在庫や寄付状況に基づいて、野菜、お米、お弁当、

調味料、レトルト食品などの食品、ティッシュペーパーやノートなどの日用品や学用品などが含まれる（写真2参照）。集合提供形式では、予約申し込みが必要な事前予約制や、先着順で終了する当日先着順制、および事前申込者の抽選を行う抽選制がある。事前予約制や抽選制は、電話やSNS等を通じて行われる。9団体のうち、4団体が事前予約制、4団体が当日先着順制、1団体が抽選制を採

写真2　八戸こども宅食おすそわけ便の袋詰め中身の一部（例）（筆者撮影）

用している（表1）。宅配を実施する団体は、人員や配送車等の資源に応じて5～20世帯程度を事前予約制か抽選制で受け付けている。

　支援対象としては、前述の通り「社会的に孤立しがちな子育て家庭」を重視し、食支援を通じて関係を築くことを目指しているが、広報では、「お子様のいる世

図2　八戸こども宅食おすそわけ便のチラシ（表面）
出典：社会福祉法人青森県社会福祉協議会（2021）

帯どなたでもご利用できます」と呼びかけ、参加世帯を広く募っている（図2）。

V．調査結果

1　参加者世帯の生活困難

　参加者アンケートの結果によると、参加者114世帯のうち64%が夫婦と未婚の子で構成されるふたり親世帯であり、25%が母子世帯、祖父母を含む三世代世帯が8%、祖父母と孫の世帯が2%、父子世帯が1%であった。また、9割の回答者がコロナ禍以前（2020年1月以前）、対面式の子ども食堂には参加したことがないと回答した。

　世帯の経済状況に関して、「現在の世帯の暮らしの状況を総合的にみてどう感じていますか」という問いに対する回答では、参加者の53%がやや苦しい、17%が大変苦しいと答え、全体の7割が生活困難感を抱えていることが明らかになった（図3）。

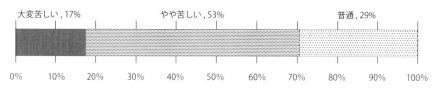

図3　参加者の生活困難感

　参加者が感じる生活困難感の背景に、コロナ禍での世帯収入の減少が影響していることが示唆された。図4は「コロナ禍前の2019年度と比べて、2020年度の世帯年収に変化はありましたか」という質問の結果と世帯年収の変化を示し

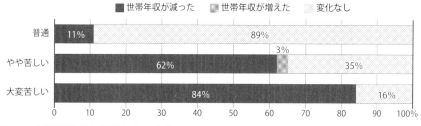

図4　生活困難感と世帯年収の変化

ている。生活が「大変苦しい」と答えた世帯では84%、「やや苦しい」と答えた世帯では62%が、「世帯年収が減った」と回答しており、これに対して「普通」と答えた世帯の9割には年収の変化がなかった。全体の年収は中央値で2019年は約375万円であったが、2020年は約275万円となり、参加者の年収はコロナ禍で有意に減少していた（t(111)=4.58, p<.001）。世帯収入の減少の理由として、「コロナが原因となり、シフトが減り働きたいのに働けず収入が減り、仕方なく転職したが上手くいかず現在無職となってしまった」、「夫の会社が半年以上の休業となった」、「コロナによって、勤務日数や時間数の減少があった」等述べられ、コロナ禍の就業状況の悪化が色濃く表れた。

　これらの影響は家族の食卓にも及んでいた。「コロナの影響でこの一年間ご家族が必要な食糧を買えないことがありましたか」という質問に対して、35%が「あった」と答えた（図5）。その際、「どのように乗り越えたり、当座をしのぎましたか」という質問では、母親自身の食事の質や量を落としたという回答が見られた。具体的には、「私（母親）だけ1日1食にしたり飲み物を水にしたり」、「自分（母親）が我慢したり、量を減らしたり」といった苦しい対応策が語られた。また、「ジュースやお菓子などは可能な範囲で子どもに我慢してもらった」というように、子どものおやつを減らした他、「子供達には乾麺を炒めたりして飽きさせないよう考えて食べさせたり」、「家にある残りを小出しにしたり」して、家計や食材をやりくりしていた。さらに、「実家に食べ物をもらいに行きました」、「姉に頼んでお金を借りて」など、親族からの支援を仰いでいたケースもあった。一方で、「子育てには想像以上にお金がかかり、育児休暇中ということもあって貯金を切り崩して生活しています」、「金融機関にお金を借りた」など、切羽詰まった状況も見受けられた。同時に、「このおすそわけ便を利用したり」、「おてらおやつクラブに支援を依頼」というように、地

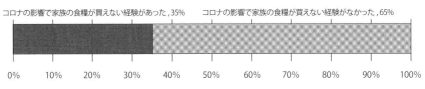

コロナの影響で家族の食糧が買えない経験があった,35%　　コロナの影響で家族の食糧が買えない経験がなかった,65%

0%　10%　20%　30%　40%　50%　60%　70%　80%　90%　100%

図5　コロナ禍での家族の食糧購入困難経験

域の支援団体からの助けも示された。

2　支援の多面的な効果

　次に、こども宅食おすそわけ便による支援の効果を参加者の声から検討する。「こども宅食おすそわけ便はどのような助けになりましたか」という質問に対する回答から、支援が物質的な側面のみならず精神的なサポートとしても機能していることが示された。具体的には、「日常の食料品の補充、確保ができた」という回答が最も多く（99名）、「家族に笑顔が増えた」（58名）、「安心感が増した」（57名）「気力・元気がわいた」（43名）が続いた。

　また、自由記述欄には感謝の気持ちや励みとなっている様子が綴られた。例えば、「胃も心も大変助けられています。とてもありがたく感謝してもしきれないくらい、すごくありがたいです」、「食費の助けはもちろん、温かい助けがあることで精一杯生きようという気持ちになれた。もらったものを食べた時に家族が笑顔になる機会になった」、「その日（次のこども宅食おすそわけ便の日）まで仕事や家事を頑張ります」との感想が寄せらた。また、「母子家庭で生活が不安で辛く、人に頼る事もできませんでした。無料で貰う事に後ろめたさがありましたが、参加させて頂き本当に良かったと思います」、といった孤立感や不安の緩和や、「行くたびにスタッフの方があたたかく迎えてくださりとてもあったかい気持ちになります。そして食料をいただけて本当にありがたいです」、「子供たちが大人になって色んな人達に助けられて育ったと思えるように、そして色んな人達に恩返しができるようになってもらいたい。今は自分のことでいっぱいですが子育てが落ち着いたら私もできる範囲で地域に寄り添えたらと思っています」、「頂いた分恩返しできたらという思いにもなった」、「このような機会を作って頂いて、大変ありがたい。お洋服の寄付などもあれば、寄付したい」といった、支えを感じる安心感や自らも地域の人々に貢献したいという気持ちが綴られた。

3　ポスト・コロナでの支援

　「今後、コロナが終息した際、どのような形態の子ども食堂を利用されたいですか」という質問に対しては、会食形式を希望する参加者は5%にとどまり、

一方で集合提供形式が34%、参加者やスタッフとの会話を行う機会のある集合提供形式が33%、宅配形式が28%であった。95%の参加者が非会食形式の子ども食堂を望んでおり、ポスト・コロナにおいても非会食形式の子ども食堂への希望が多いことが示された（図6）。これには、「コロナが終息しても、しばらくは気をつけると思うから」といった感染予防の観点からの意見のほか、「仕事で忙しく行く時間がないため」、「小さい子供がいると家で食べた方が楽だから」といった利便性や、「人との会話が苦手なため」といったコミュニケーションへの抵抗感が挙げられた。

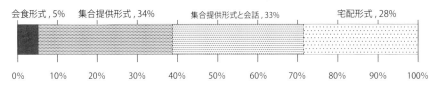

図6　コロナ禍の後に希望する子ども食堂の開催形態

　一方で、これら集合提供形式を望む参加者の中にも交流を求める意見があり、「交流が減ったので孤独を感じることがあったから、話をする場はほしいと思った」、「相談出来るスペースとかあれば、いいなと思う。知り合いとかも増えていいのかと思う」といった声や、「子育てしているとなかなか他の方とふれあう機会がなく1人で悩んでしまう方もいるかと思うので話ができる機会があれば嬉しいです」、「コロナ禍で育休中は気軽に人と会えず、乳幼児と一日中2人きりで息苦しい思いをしました。そんな人が私以外にもいっぱいいると思うので、誰かに相談事を話せる場がある方がいいと思いました」、といったように、孤立しがちな子育て中の親のネットワークづくりや悩みの共有や孤立解消のために、物資の受け取りだけではない相談機能や交流機会といった、人とのつながりの創出の場であることを願う声があった。

　「これからどのような支援があればいいと思いますか」という問いに対する回答からは、第一に「おすそわけ便を続けてほしい。人の笑顔が見れるのがいい」といった声にみられるように、継続的な実施への希望が浮かび上がった。第二に、「回数、会場を増やして欲しい」、「食品の種類を増やして自分で選べるようにして欲しい」、「子供の数に応じて宅食の量が増えて欲しい」といっ

た、量や種類や頻度の拡大が望まれている。第三に、「学用品、制服、ジャージ、衣類の提供」、「中高生が気軽に行ける場」、「子どもたちの交流の場となり、学校の枠を超えて友だちと関われる場」など、食料品以外の物的支援と中高生を含む子どもの居場所機能が挙げられた。

4　課題

　参加者が指摘するこども宅食おすそわけ便の課題には、(1) 量の不足と (2) 困窮する子育て世帯への支援効果が指摘された。まず、量の不足については、「とても良い企画ですが、チラシが届く前にすべて予約できない状況です」、「世帯数の限定がある中で、ネット抽選や電話で先着順の場合は本当に困っている人たちが当たりづらいです」などが述べられた。

　次に、「子供がいる貧困家庭を対象としていない為か、本当に必要としてる人への食料支援の量や頻度が少ないのかなと感じます」と、困窮する子育て世帯への支援効果についての疑問が呈され、「ひとり親家庭への支援をもっと多くして欲しい」、「実際に困っているご家庭に直接渡しに行くと良いと思います」等、困窮家庭に支援が届くような仕組みづくりの必要性が言及された。さらに、「あまり生活に困っていなそうな子育て世帯の家庭も利用しているのはどうかと思う。世帯数の限定がある中で、ネット抽選や電話で先着順の場所は本当に困っている人たちが当たりづらいです」、といった意見があげられた。

　また、同様の課題が実行委員会からも述べられた。運営者へのアンケート調査の結果、委員会内の全10団体中8団体が生活困窮や社会的孤立リスクのある親子への支援を意識していると回答しており、そのすべての団体が支援が届いてほしい家族や子どもに支援が届いているかわからないジレンマを感じることがある、と回答した。具体的には、「対象者を限定しないことで利用しやすく、その中に支援を必要とする方が1人でもいればという思いと、支援が必要な方につながっていないのではという思いがある」、「必要としている人（ヤングケアラー、困りごとを抱えている方、体調の悪いひとり親の方など）になかなか届かないこと。（中略）手探りのままである」、「支援を要する家庭の保護者は、往々にして（中略）情報の取得まで気が回っていない場合が多い。もっと、行政、公的機関がNPOなどと一緒に動ける、仕組み作りが必要」、といった声がつづ

られ、支援対象として意識している「社会的に孤立しがちな子育て家庭」や「困りごとを抱えた（社会福祉法人青森県社会福祉協議会 2020a）」親子に支援が届いているのか不明瞭であるがゆえの心もとなさを感じつつ実践を行う運営者の様子が示唆された。

VI.　事例から導き出される示唆

　以下、地域主義の視点から見た子ども食堂の意義について、こども宅食おすそわけ便の事例を元に考察する。

1　地域における新たな関わりの創出

　コロナ禍以前の対面形式の子ども食堂に参加した経験のない世帯が9割を占めていることから、こども宅食おすそわけ便を通じて、従来子ども食堂とは接点のなかった子育て世帯との関わりが創出されていることが示された。この取り組みが始まった背景には、コロナ禍の影響による失業や収入の減少により生活困難や子どもたちの居場所の喪失が全国的な問題となっていたことがある。子どもや子育て家族への支援や居場所づくりの必要性が増大する中で、「社会的に孤立しがちな子育て家庭とつながりをつくること」を目指して、県の社会福祉協議会と地域の個々の団体が協働し、行動を起こした結果、生まれた取り組みであった。

2　食を通じた親子支援とネットワーク形成

　これらの取り組みは、食を通じた親子支援として機能しており、地域内での共感を生むネットワーク形成の端緒となりうることが示唆された。調査では、コロナ禍での世帯収入の減少を背景に、参加世帯の7割が生活困難感を感じ、3割が過去一年に家族に必要な食糧を買えない経験をしていたことが分かったが、それらの人々の対処方法は、母親の食事回数や子どものおやつを減らすことや、家計や食材のやりくり、実家や親族からの援助、貯金の取り崩しや金融機関からの借り入れといった、自助が中心であった。このような各家族の日々の奮闘の中、参加者がこども宅食おすそわけ便から得たものは、一時的な食糧

や物品にとどまらず、家族の笑顔が増えたり、安心感が増したり、気力が向上したり、元気がわくといった心理的なサポートであった。

　ポスト・コロナにおいても、参加者の多くが非対面形式の子ども食堂の継続を望んでいる一方、物品の受け渡しだけでなく、スタッフとの会話や交流、相談など、人とのつながりを求めていた。これらの支援とそこに関わる人々とのつながりの実感は、支援に関わる人々への感謝の気持ちを呼び起こし、自らと子どもたちがそれに応える機会を持つことを願う、世代を超えた互酬性と共感を育むことが示唆された。

③　共感を通じた地域発展：子ども食堂の役割

　これらの取り組みは、地域の子育ての社会基盤づくりにおいて重要な役割を果たす可能性がある。なぜなら、互酬性と共感を育む子ども食堂が地域で発展することは、子どもの成長やウェルビーイングに、保護者や個々の家庭だけではなく、地域社会が積極的に関わる仕組みづくりが促進されうるからである。

　一方で、対象者を広く設定しているこども宅食おすそわけ便の現状において、参加を希望しても予約枠に限りがあるために参加できない世帯があることが示された。個々の運営団体は小規模な民間団体であり、全体として供給可能な量を上回る支援ニーズが生じていた。また、「社会的に孤立しがちな子育て家庭」や「困りごとを抱えた」親子への支援を意識しつつも、子育て世帯全体に広く展開されている現状は、逆に参加者と運営者の双方に葛藤を引き起こすと同時に、困難を抱える家族へのアプローチに課題があることが示された。

　これらの問題を解決する方法の一つとして、運営者が提案しているように、官民連携を強化することが有効であろう。地方自治体、関連団体、学校、専門家などとの連携により、よりニーズに即した持続可能な支援体制が構築され、地域全体での資源や情報の最適な活用が可能となることが期待できる。今後、子ども食堂が困りごとや不安を抱える親子を包摂する子育ての社会基盤として更なる発展を遂げるためには、これらの連携を通じた効果的な活動の推進が求められるだろう。

VII.　まとめ

　こども宅食おすそわけ便の取り組みは、コロナ禍における自助の限界を前に、地域の人々が立ち上がった食を通じた親子支援であった。子ども食堂は、ボランティアの活動から生まれ、地域の協力で展開され、ネットワークを広げながら行政を巻き込むボトムアップの流れを生んでいる。この取り組みは、子育て世帯と地域との新たな関わりを生み出し、食糧支援を超えた地域の発展を促進しうる。地域主義の視点から見た子ども食堂の意義は、地域社会全体が親子と子どもの育ちに共感をもって関わるための社会基盤の形成にある。

　また、子どもたちが人々から支援を受けた経験を大切にし、将来は地域に恩返しできるようになってほしい、自分も子育てが落ち着いたら可能な範囲で地域の支援に貢献したい、と述べた参加者の言葉に表れているように、これらの取り組みは物質的、心理的サポートに留まらず、支援者と被支援者といった枠や世代を超えて、地域に暮らす人々の間の共感や相互扶助の土壌を育む可能性を示唆している。今後、これらの取り組みが発展するためには、効果的な官民連携の促進が必要であり、さらには子育てを自助にも共助にも落とし込めないために、公助の充実化に結実することが求められるだろう。

【謝辞】
　調査にご協力頂いた皆様に厚く御礼申し上げる。本研究は JSPS 科研費23K02242の助成を受けた研究成果の一部である。

読んでみよう、学んでみよう

1．ルース・リスター（2023）『新版　貧困とはなにか』明石書店
　　＊貧困の議論を綿密に整理し、当事者の視点から深い洞察を交えながらその意味を論じています。貧困の概念と議論についての理解を深めることができます。
2．阿部彩（2008）『子どもの貧困—日本の不公平を考える』岩波書店
　　＊日本の子どもの貧困の現状を理解し、変革に向けて何が必要かを考える上で重要な一冊です。

■注

1)　等価可処分所得は、世帯人員数の違いを調整するために、世帯の可処分所得を世帯人員数の平方根で割った数値となる。同じ世帯で暮らす世帯員の所得水準は同じであると仮定されており、子ども自身に所得がなくても子どもが属する世帯の所得で子どもの貧困率は算出される。

■参考文献

阿部彩 (2011)『弱者の居場所がない社会―貧困・格差と社会的包摂』講談社現代新書。

一般社団法人日本老年学的評価研究機構 (2019)『生活困窮世帯の子どもに対する支援ってどんな方法があるの？ 国内外の取り組みとその効果に関するレビューおよび調査、平成30年度厚生労働省社会福祉推進事業「社会的弱者への付き添い支援等社会的処方の成果の検証および生活困窮家庭の子どもへの支援に関する調査研究」報告書』。

柏木智子 (2017)「「子ども食堂」を通じて醸成されるつながりの意義と今後の課題：困難を抱える子どもの参加と促進条件に焦点をあてて」『立命館産業社会論集』53 (3)、43-63頁。

厚生労働省 (2022)『令和3年度　全国ひとり親世帯調査結果報告』。

厚生労働省 (2023)『2022 (令和4) 年国民生活基礎調査の概況』。

小西祐馬 (2009)「01子どもの貧困とは　子どもの貧困を定義する」子どもの貧困白書編集委員会編『子どもの貧困白書』明石書店。

社会福祉法人青森県社会福祉協議会 (2020a)「こども宅食おすそわけ便運営実施要綱」。

社会福祉法人青森県社会福祉協議会 (2020b)「こども宅食おすそわけ便とは」。

社会福祉法人青森県社会福祉協議会 (2021)「八戸こども宅食おすそわけ便 [10月31日 (日)]」。

セカンドハーベスト・ジャパン (2012)「活動レポート　フードパントリーとは」。

田中聡子 (2019)「子どもの貧困と子ども食堂」埋橋孝文・矢野裕俊・田中聡子・三宅洋一編著『子どもの貧困/不利/困難を考える III―施策に向けた総合的アプローチ』ミネルヴァ書房、205-218頁。

鶴見和子 (1989)「第2章内発的発展論の系譜」鶴見和子・川田侃編『内発的発展論』東京大学出版会。

鶴見和子 (1990)「原型理論としての地域主義」玉野井芳郎『地域主義からの出発 (玉野井芳郎著作集第3巻)』(鶴見和子・新崎盛暉編) 学陽書房、258-277頁。

露口健司 (2019)『ソーシャル・キャピタルで解く教育問題』ジダイ社。

認定NPO法人全国こども食堂支援センター・むすびえ (2022)「第1回全国こども食堂実態調査集計結果」。

認定 NPO 法人全国こども食堂支援センター・むすびえ (2023a)「(資料1) こども食堂全国箇所数調査 2023 結果 (速報値) のポイント」。

認定 NPO 法人全国こども食堂支援センター・むすびえ (2023b)「第8回「こども食堂の現状＆困りごとアンケート」調査結果」。

農林水産省 (2018)『子ども食堂と地域が連携して進める食育活動事例集〜地域との連携で食育の環が広がっています』。

平井華代 (2023)「子ども食堂におけるつながり形成の実相: 母子への聞き取り調査から」日本子ども社会学会紀要編集委員会編『子ども社会研究』(29)、55-75頁。

湯浅誠 (2019)「こども食堂の過去・現在・未来」『地域福祉研究』(47)、14-26頁。

OECD (2020) Japan, Education at a Glance 2021: OECD Indicators, OECD iLibrary (oecd-ilibrary.org) 2023年11月29日アクセス (https://www.oecd-ilibrary.org/sites/1426642c-en/index.html?itemId=/content/component/1426642c-en)

OECD (2021) CO2.2: Child poverty, OECD Family Database, 2023年11月29日アクセス (https://www.oecd.org/els/family/database.htm)

OECD (2023) PF1.1 Public spending on family benefits, OECD Family Database, 2023年11月29日アクセス (https://www.oecd.org/els/family/database.htm)

第11章

子どもが紡ぐ社会的結束
―ヨルダンの取り組みから―

松田　裕美

Ⅰ．序論

　世界各地で起きている紛争、気候変動、そしてコロナパンデミックがもたらした複合的な脅威の中で、人々の間に不安や不満が広がっている。国連開発計画特別報告書（UNDP 2022, p.3）は、全世界で7人中6人以上が何らかの不安を抱えているとのデータを紹介した。グローバリゼーションによって世界が緊密につながった一方で、伝統的な価値観が崩れつつある。

　今日、紛争や経済的困窮、あるいは温暖化や自然災害のために多くの人々が生まれた土地を追われ、今や地球上で、約2億5,800万人が祖国を離れて暮らしているといわれている（UNDP 2020, p.55）。彼らはせっかく異国に安住の地を求めても、ようやく辿りついた土地で文化や宗教的違いからくる摩擦を経験したり、現地の住民との間で暴力的な対立に巻き込まれたりする。また、経済的基盤の脆弱な国では、地域の住民が、低賃金を受け入れる移民労働者の存在を自分たちの雇用機会の喪失につながる脅威とみなす場合も多い。結果、移住先で孤立する移民は少なくない。大人の対立はまた、しばしば子どもにも影響を及ぼし、移民の子どもに対するいじめや排斥につながる。このような対立が人々を不安にし、目に見えない「分断」を招き、社会を徐々に蝕んでいく。

　ところで皆さんは、「社会的結束（Social Cohesion）」という言葉をご存じだろうか。筆者はこれまで20年以上、国連児童基金（UNICEF）の職員として、様々な国で社会開発のプロジェクトに関わったが、国境を越える人々の移動が加速するにしたがって、これまで難民や移民を積極的に受け入れてきた国々で社会的結束の概念への関心が急速に高まってくるのを感じた。「難民鎖国」と批判

されてきた日本に暮らす我々が、今日他国が直面している社会の分断への危機を「対岸の火事」と捉える段階は、もはや過ぎたと考える。そこで本章では、今日の人々をとりまく不安を論じるうえで、特に、レジリエンスや平和の構築[a]の議論に欠かせない社会的結束という概念を中心に論ずることとする。また、ヨルダンのケースとして後節で紹介する、子どもから始まる社会的結束を育む取り組みは、外国人住民の増えつつある日本に暮らす我々にも、重要な示唆を与えてくれると考える。

II.　社会的結束と地域について

　社会的結束は、これまで社会が様々な分断の危機に見舞われた際、しばしば議論されてきた概念である。この分野の研究に詳しいジェンソン（Jenson 1998, pp.8-9）によると、この概念は、古くは19世紀のトクヴィル（Alexis de Tocqueville）やデュルケム（Émile Durkheim）らの思想に遡ることができる。しかし2012年、経済協力開発機構（OECD）は成長至上の資本主義を追求し続ける社会では、徐々に収入格差や不平等が広がり、社会不安が起きると警鐘を鳴らした（OECD 2012, pp.17-20）。このときはじめて、グローバリゼーションに関連付けて社会的結束の重要性に光が当てられたのである。この概念が近年、紛争の回避やレジリエンスの構築、そして持続可能な社会を築くうえで重要であるとして、各国の政府や国際機関、ビジネスの世界で再び大きな注目を集めている。「社会の分断が進んでいる」、そう警鐘を鳴らすのは、『グローバルリスク報告書2023年版』である（世界経済フォーラム 2023, p.4）。その最新の調査によると、世界の政財界をけん引するリーダーらが、今後数年間の世界状況に最も深刻な影響を及ぼす脅威のひとつとして、「社会的結束の浸食と二極化」を挙げているのである。

　ここでひとまず、社会的結束の定義を概観しよう。政策に関わる人々は、社会的結束が、個人の幸福度を高め、経済成長を促し、社会開発を促進し、平和で多様性を受け入れる社会を築くのに貢献すると、あたかもそれが多くの問題を解決するかのように論じる（Jenson 2019, p.1）。また、社会的結束には、多様

[a] レジリエンス：持続可能な社会を論じるうえで重要な概念。状況の変化に対する回復力・適応力と定義されることが多い。

な定義が存在する。例えば、カナダ政府とフランス政府による定義は、それぞれ以下の通り（Jenson 1998, p.4）。

> カナダ[2]：「社会的結束とは、カナダ国内における全てのカナダ人同士の、信頼と希望、相互性に基づく共有の価値観、課題、そして平等な機会のあるコミュニティを発展させる継続的なプロセスである。」
> フランス[3]：「社会的結束とは、同じコミュニティに所属しているという帰属感と、そのコミュニティの構成員として認識されているという感覚を個人に植え付けることを促す、一連の社会的プロセスを指す。」

　社会的結束に定義が乱立している理由としては、この概念が、社会学や経済学、心理学といった学問分野で幅広く、かつ横断的に議論されており（UNDP 2020, p.12）、社会的結束それ自体が手段や目的のどちらにもなり得るということに起因しているためと考えられる（Jenson 2019, pp.1-2）。他方、概ねの一致した見解として、社会的結束は集団と集団を結びつける、すなわちそれは個人の特性ではなく、社会や集団に帰属する概念であり、また、広義においては、繋がり、絆、参加や信頼といった多面的な性質を包含する概念である（OECD 2012, p.53）との議論がある。このように、社会的結束の意味するところに関しては諸説あるが、本章では特に、「社会的結束とは社会の中で縦（人々と国家あるいは組織）と横（社会の構成員同士）に信頼や絆がある状態を指す（UNDP 2020, pp.12-14）」という定義を手がかりとして、これ以降の議論を展開していく[4]。

　次に、社会的結束の理解を深めるうえで重要なキーワードである、「地域」の意味を押さえておこう。深澤（2013, p.75）は地域社会の英訳が「コミュニティ（community）」であることに言及しつつ、「地域」とは地理的な範域を意味しながらも、そこに生活する人々の連帯性といった特性を含むものであると論じる。そこで本節では特に、「地域＝コミュニティ」と想定して議論をすすめることとする。地域を、日々の暮らしのなかで多種多様な考え方や価値を包摂する容器であると考えるなら、その中で生活する異なる集団が、同じ地域の中で共に生活していくのだという認識を持ち、それぞれの存在価値と役割を認めながら、集団同士が「地域」というアイデンティティの下で強い絆や繋がりを育

むのである。そこでは、どの集団にもそれぞれの居場所がある。ここに、社会的結束と地域主義の接点がある。

　ところで、社会的結束の概念が台頭したかつての社会的状況に目を向けると、時間と場所を超えて共通の背景が見えてくる。すなわち、社会の急激な変化の中で、地域に根差していた伝統的な価値や構造が崩れはじめ、集団の間で共有されていた意識が失われ、社会が分断されてしまうことへの恐れや不安が、世相に色濃く反映された時期に社会的結束が議論されたのである。近年の国際社会において、社会的結束が再び大きな注目を集めている背景としては、大規模な移民の流入により、一つの国の中で宗教や文化の異なる集団が複数存在し、集団間に摩擦が生じているということが指摘されよう。勿論これまでにも、地域には貧困、ジェンダー、社会資本や障害の有無等による格差は存在したのだ。しかし、かつて地域には、それらを包み込む包容力、あるいは「仕組み」を築く努力が長い時間をかけて重ねられてきた。ところがここに外部からの移民という新たな要素が急速に加わることによって、地域はそのバランスを崩し始める。地域が不安や不満を抱えきれなくなると、そこから零れ落ちた者らは疎外感を抱きはじめ、じわじわと絶望感に苛まれる。このようなプロセスが加速すると、やがて社会の分断を招き、ついにはテロリズムといったような最悪のシナリオが国家の安定までも脅かす。まさにこのような状況を回避するために、社会的結束は社会の様々な構成員を束ねる役割を果たすことが期待されるのだ。

　ここで簡潔にまとめよう。社会的結束はつまり、「信頼」という「糊」で異なる集団を繋ぐことによって社会の分断を避け、紛争の根源といわれる孤立や絶望をとり除くことに貢献し、「誰一人取り残さない」という包摂の理念を掲げる持続可能な開発目標（SDGs）が目指す、平和で公平な社会の構築とも密接につながる概念なのだ。

III.　社会的結束への取り組み―ヨルダンの事例から―

1　ヨルダンの難民問題

　2011 年に起こったシリア危機は混迷を極め、周辺諸国等に約 550 万人以上の難民が流出した（外務省 2022）。中東の中で長く政治的に安定しているヨルダ

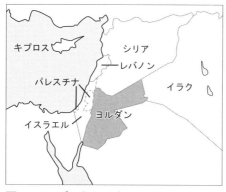

図1　ヨルダンと周辺諸国

ン・ハシェミット王国（以下、ヨルダン）は、古くはパレスチナ難民に始まり、イランイラク紛争、シリア危機などにおいて、これまで近隣から多くの難民を受け入れてきた（図1参照）。現在ヨルダンは、人口に対する難民の割合が世界第2位の難民大国である（WFP 2022, p.1）。2022年には、ヨルダンに登録されている難民の数は67万人ほどであったが、これに未登録のシリア難民を含めると、その数は130万人を超えるといわれており、その約半数が18歳以下の子どもである（UNICEF 2022b. p.19）。

　ヨルダン国内には世界最大のシリア難民キャンプ、「ザータリキャンプ」がある。シリア危機から10年以上を経た今もなお、約8万人のシリア難民がここで生活している（国連UNHCR協会 2022）。この難民キャンプの中心には、「シャンゼリゼ」と親しみを持って呼ばれる、活気あふれる通りがある。ここには、多くの店が立ち並び、野菜や果物、アラブの伝統的なお菓子やお茶が楽しめるカフェもある。またこの通りには、広大なキャンプ内を移動するのに便利な自転車や、冷蔵庫などの家電を販売する店も軒を並べる（写真1）。これらの商店は、全てシリア難民によって経営されている。キャンプに居住するシリア難民の中には、戦火で自国を追われる前は、手広く商売をしていた人も少なくはないのだ。この通りを歩いていると、自分たちの生活を自分たちの力で再び立て直そうとする、彼らの意気込みが伝わってくる。

　ここで少し、ヨルダンの基礎データを紹介しよう。人口は約1,100万人（World Bank n.d.）。その約60％が30歳未満という人口の若い国である

写真1　シャンゼリゼ通りでシリア難民が経営する自転車屋さん（筆者撮影）

(UNICEF 2019)。世界銀行は、一人当たりの国民総所得が4350米ドルのヨルダンを、低中所得国[5]と位置付けている (World Bank 2023)。国内の経済は長く停滞しており、貧困率[b]も15.7％と高い (World Bank 2021)。ヨルダン政府の財政は長く厳しい状況にあったが、これに拍車をかけたのがコロナ禍である。死海やペトラに代表される豊かな観光資源に外貨収入のほとんどを依存するヨルダン経済に、コロナパンデミック（新型コロナ感染症の世界的流行）が与えた打撃を想像するのは難しくない。だが最も深刻なのは、パンデミック以前から続く高い失業率である。ヨルダンは若者の失業率が世界で最も高い国の一つであり (UNICEF 2019, p.1)、43.7％もの若者 (15-24歳) が失業しているのだ (World Bank n.d.)。さらに厳しいのは、女性の置かれている状況だ。ヨルダンはイスラム社会であり、首都アンマンを除く地方の保守的な地域では、家族によって若い女性の外出が制限されることが多い。前述の若者の失業率を男女別でみた場合、男性が41.5％に対し、女性が51.2％となっている。ヨルダンでは、半分以上の若い女性が失業しているという、深刻な実態が見えてくる。

　日本の約四分の一の面積、十分の一ほどの人口しかもたない、経済社会的にも様々な問題を抱えているヨルダンが、何故これほど多くのシリア難民を受け入れてきたのだろうか。この質問を、比較的高齢のヨルダン人に尋ねてみると、概ね次のような答えが返ってくる。「シリア人は我々と同じ言葉を話し、同じ宗教をもち、同じ食べ物を食べる。まあ言ってみれば、遠くに住んでいる親戚が困っているので、我々のコミュニティで助けてあげる感覚なんだ」。

　ヨルダンは部族社会である。ヨルダンには、ベドウィンを含め、約30の主要な部族が存在しており、各部族の構成員は数万から数十万人といわれる (Bin Muhammad 1999, pp.9-11)。これら主要な部族はさらに細かく枝分かれした支族や一族に分類することができる (酒井 1993 p.14)。アラブの部族は必ずしも祖先を同じくする血族ではない。彼らは、同じ信条や価値観、行動規範を共有し、自分達の法や規則に従いながら、共に戦い、助け合い、そして共に生き抜いてきた集団であり (Bin Muhammad 1999, p.13)、帰属意識を機軸とした社会集団である (酒井 1993 p.14)。従ってヨルダンでは、「コミュニティー」とは往々にし

用語解説 [b] 貧困率：所得が貧困線を下回っている人の割合。世界銀行は、国際貧困線を購買力平価（PPP）に基づき貧困率を計算している。

て、「部族」を意味する。すなわち、ヨルダン人の社会では、何か困りごとが起こると彼らの相談、支援、解決の窓口になるのは、政府ではなく、部族集会である。例えば交通事故が起こるとまずは、加害側と被害側の部族同士で示談を試みるのだ。それぞれの部族は異なる地方都市に集住しており、首都アンマンに居住する者も、結婚式や葬式などの大切な行事があると、それぞれの部族が集まる地方都市に向かい、部族と食事を共にし、一緒に時間を過ごす。伝統的に部族の絆は強く、部族内の弱者は護られる。ヨルダン人曰く、「困ったときは同じ部族に助けを求める。それがたとえ見知らぬ土地でも、面識がない相手でも」。ヨルダン人にとって、部族の一員であることは大きな誇りであり、部族とは「とても大きな家族のようなもの」なのだ。そう考えると、ヨーロッパの人々が中東からやってきた難民に抱く感覚と、ヨルダン人のシリア難民に対するそれとはずいぶん違うであろうと想像できる。でもいくら親戚感覚とはいっても、さすがにこれだけの難民を長期にわたって受け入れ続けていると、コミュニティの負担は相当なものになっている。実際、シリア難民の80％以上はすでに難民キャンプの外で生活しており（外務省 2022）、シリア危機当初はヨルダン人コミュニティとシリア難民の間で軋轢がみられた。

　ところで、前出のシリア難民受け入れ理由に関する質問を、失業しているヨルダン人の若者に向けると、違う見解を得るかもしれない。長く続く国内の経済不振のために、部族コミュニティの包容力そのものが低下してきており、失業している若者への支援システムも、立ち行かなくなってきているのである。この結果、いわゆる伝統的な部族社会への信頼や価値観が、若いヨルダン人の間では揺らぎつつある。また、かつてシリア危機が始まった頃は潤沢にコミュニティに流入していた国際社会からの経済支援も、近年は減少傾向にあり、部族内ではヨルダン政府への不満が高まっている。

　一般的に雇用問題は、難民と受け入れ側の摩擦を起こす火種になるといわれる（World Bank 2022, p.35）。例えば、2015 年に国際労働機関（ILO 2015, pp.112-113）が行った調査によると、94％のヨルダン人はシリア難民が水などの資源をひっ迫させていると回答しており、80％のヨルダン人はシリア難民の存在が国家の存続と安定を脅かしていると感じていた。シリア危機当初は、高い失業率に加え、自国の長く停滞した経済や資源のひっ迫が後押しして、ヨルダン国内

に急増したシリア難民に対して不満を抱えているヨルダン人は少なくなかったのだ。

　他方、雇用への機会が制限されているシリア難民も、ヨルダン政府に対して不満を募らせている。ヨルダンにいるシリア難民は、農業、建設、サービス、基礎産業等、一般的に高い技能を必要としない分野で働くための労働許可を取得することができるとされている。しかし、現在、ザータリキャンプにいる就労年齢の難民のうち、労働を許可されているのは4％である（国連 UNHCR 協会 2022）。国連は、これまでシリア難民の雇用機会拡大にむけてヨルダン政府と粘り強く交渉を続け、2021年にはヨルダン政府によって、合計62,000の労働許可がシリア難民に与えられた（UNHCR 2022）。だが、この数字を多いとみるか少ないとみるかはまず、ヨルダン国内の深刻な若者の失業率を考慮して議論されるべきであろう。実際、前述の調査によると、ヨルダンで働いている労働者の中で、最も低い賃金を受け入れているのがシリア人だった。雇用する側にとって、安い賃金で雇える若い優秀なシリア人は大きな魅力である。しかしこれは必然的に、ヨルダン人の若者から職を奪うことに繋がっており、彼らの不満を誘発している。ここに、移民と受け入れコミュニティの共生の難しさの一端が垣間見える。

　ヨルダン社会で起きている種々の問題を、社会的結束の「縦と横の信頼」という視点から眺めてみると、いくつかの綻びが見えてくる。まず、ヨルダン人の政府に対する不満である。シリア危機以前から、長引く経済不安や失業率の上昇、生活費の高騰、汚職や縁故主義のはびこる政治体制に対し、ヨルダン人コミュニティでは、政府に対する不信感が高まっていた。また、伝統的な部族というコミュニティを通した繋がりや価値観が、特に若者の間で変化してきている。このような状況で、シリア難民と受け入れコミュニティの住人の間の摩擦という負荷が加わると、社会に次第に歪みが生じ、やがて安定が揺らぐのである。近年、ヨルダン政府を含め、これまで難民を多く受け入れてきた中東や欧州の国々が、最も懸念しているのが、社会の分断なのである。

　近年、インターネットやソーシャルメディアの著しい普及は、これまでにないほどのスピードでグローバリゼーションを加速する一方で、社会や政府に不満を抱えている個人を繋ぎ、集団を形成する基盤となっている。まさにこれらのイン

フラを使って、過激派組織「イスラム国 (IS)」などのテロ集団が世界各地から若者をリクルートしている事実は、すでに広く知られたところである。彼らの多くはかつて社会から孤立した、あるいは政府に不満を抱えている立場にあった若者だ。孤独や、貧困、人権侵害、コミュニティでの孤立、そして機会の喪失から生まれる政府や制度への不信感や絶望感が、若者をテロ活動への入り口に向かわせることは、最近の調査からもすでに明らかにされている (UNDP 2017a, p.5)。

2　受け入れ側の負担

　難民問題を語るとき、難民の脆弱性に目を向けることは大切だが、受け入れ側の負担についても、併せて考えてみることは非常に重要だ。また一般的に、難民に対する我々のイメージは、メディアに大きく影響されてしまうことも忘れてはならない。日本にいると、欧州における難民問題の報道は頻繁に見聞きするが、近年、難民の流入に最も影響を受けているのは、実は、自国内にすでに多くの経済・政治的な課題を抱えている中東やアフリカ諸国なのである (UNICEF 2022a, p.4)。例えば、ノルウェー難民問題評議会 (Norwegian Refugee Council: NRC) は毎年、報道されることがほとんどない、世界から忘れられた難民危機のトップ10リストを公開している。2022年にそのリストに上がった国は、10か国のうち7か国がアフリカ諸国であった (NRC 2022)。

　滝澤 (2018, pp.344-346) は、単に労働機会を求める者が難民制度を利用して先進国に入国しようとする「混在移動」や、難民条約が、各国間の分担や費用の責任を具体的に定めていないことに起因して、他国の難民受け入れに乗じて自国は受け入れを免れようとする「ただ乗り問題」、さらに「国際テロ」に関連づけて、国家が難民を受け入れようとする際のいくつかの障壁について論じている。例えばテロの事例としては、シリアとヨルダンの北東部国境付近には、いずれの国の統合下にもない中間緩衝地帯の砂漠があり、そこにはおよそ8,000人のシリア難民が生活する非公式のルクバン難民キャンプがある (OCHA 2022)。2016年6月、国境付近の緩衝地帯でルクバンキャンプの難民に支援を行う窓口であったヨルダン国境検問所付近で、IS による自爆攻撃があり、ヨルダン治安部隊6名が死亡した (BBC 2016)。これを受けヨルダン政府は、北部および北東部の国境地帯を軍事閉鎖区域と指定し、これによって、ルクバン難民支援の継続が困難と

なった。以降、このキャンプに留まる人々は、劣悪な環境での生活を強いられている（OCHA 2022）。

　他方、多数のシリア難民の流入は、ヨルダン国内で政府による公共サービス（教育、保健医療、給水、廃棄物処理など）のひっ迫を招いた。また、ザータリ難民キャンプを支える電気代は、年間約550万米ドルに及んだ（国連UNHCR協会2022）[7]。難民を受け入れるということはすなわち、自国の国民に加え、難民にも最低限の住居や教育、医療を提供するということなのだ。それには莫大な費用がかかる。さらにシリア危機のように10年以上も受け入れが続けば、受け入れ政府の疲弊は想像に難くない。実際、シリア難民の急激な流入は、ヨルダンに以前からあった住宅や学校、医療の不足問題に拍車をかけたのである。例えば、マフラックやラムザといったシリア難民の集住地域では、家賃が600%も上昇したという調査結果がある（Mercy Corps et al. 2019, p.5）。さらに水の問題である。どんなにシリア難民に対して同情心を抱くヨルダン人でも、水に話が及ぶと顔が曇る。水はいわずもがなライフラインであるが、ヨルダンは世界第2位の水不足の国である（国連UNHCR協会 2022）。このため首都アンマンでは、一般家庭の水道管に水が供給されるのは、一週間のうちわずか数日なのである。

③　難民支援とともに社会的結束を育む取り組み

　ヨルダンではシリア危機以来、国際機関や市民団体、政府が一丸となって、コミュニティを基盤とした難民受け入れ活動を支援してきた。ヨルダンにおける難民支援に関わる全てのオペレーションを国家として統括する指針が、「シリア危機対策国家計画（Jordan Response Plan）」である（Ministry of Planning and International Cooperation n.d.）。この国家計画では、社会的結束の概念が、政策における重要な焦点の一つと位置付けられている。つまり、ヨルダン政府や市民団体、国際機関によるシリア難民支援の活動で重要な位置付けを占めるのが、受け入れコミュニティへの配慮なのである。ヨルダンでは、シリア難民への支援は必ず、受け入れコミュニティへの支援とセットで計画実施されてきた。受け入れ側コミュニティへの配慮は、難民問題を扱ううえで、国際社会が最も優先しなければならない点の一つである。一般的に、難民に対する支援は、難民が受け入れ国に流入する段階で、受け入れコミュニティへの支援とあ

わせて計画するのが理想的とされる（World Bank 2022）。ヨルダン政府はシリア危機に対応するため、これまでに多くの財政支援を国際社会から受けとってきた。そこでは毎年、シリア難民支援のための予算を組む段階で、ヨルダン人とシリア難民の受益者数をそれぞれに想定し、予め一定の予算配分の比率を策定するのである。筆者は、ヨルダン政府と支援資金を拠出している各国の大使館、国際機関らによる難民支援計画策定の場で、社会的結束の概念を軸として、シリア難民とヨルダン側受け入れコミュニティへの資源の配分が、相応の配慮をもって、常に慎重に行われたプロセスにも関わった。

4　地域で子どもを繋ぐ

　ヨルダンでは、子どもは公立学校においては無償で学ぶことができる。ヨルダン政府はシリア難民の子どもにも、学校で学ぶ機会を等しく提供している。また、紛争から逃れるため、途中で学校通学を断念したシリア難民の若者には、国際機関の支援を得て識字教育の門戸を開いている。しかし、ヨルダンの教育セクターは、シリア危機以前からすでに学校施設の不足や、教員の経験不足、さらに賃金や労働条件の改善を訴える教員によるストライキの頻発等、様々な問題を抱えていた。また、シリア難民の子どもを学校に受け入れるために、多くの公立学校でダブルシフトと呼ばれる、午前午後で生徒を入れ替える2部制が導入された。だが、学校ではヨルダン人の子どもとシリア人の子どもが机を並べて一緒に勉強する光景は見られない。ダブルシフトでは、ヨルダン人とシリア人の子どもは、それぞれ午前と午後の別々の時間枠で授業を受けているためである。さらにヨルダンでは、子どもに対する暴力や学校でのいじめは深刻な社会問題になっており、教室では教師が躾と称して子どもに暴力をふるうことが頻繁に報告されている。ヨルダンの公立学校に通うシリア難民の子どもの70％がいじめにあったことがある、との報告もある（UNICEF 2022b, p.20）。いじめや暴力が、自分の子どもに及ぶのを懸念して、子どもをあえてヨルダンの学校に通わせないシリア難民もいる。その一方で、シリア難民の子どもを学校に受け入れるために始まったダブルシフトが、学校教育の質のさらなる低下を招いていると、不満を口に出すヨルダン人の親も少なくない。

　教育は、社会的結束の推進において重要な要素である（OECD 2012, p.23）。

　UNICEFは、社会的結束の構築において、特に子どもが果たす役割を重視している。そのため、UNICEFがヨルダンで子どもを支援するすべての活動には、社会的結束の概念がそのデザインに盛り込まれている。ところで、ヨルダンにおいて、UNICEFが子どもを支援する活動で最も代表的なものは、シリア難民の子どもらがヨルダン人の子どもらと机を並べて一緒に学び遊べる教育施設、マカニセンターの設立であろう。「マカニ（Makani）」はアラビア語で「私の居場所」を意味する。シリア危機に端を発して、2015年からヨルダン各地で設立されたこのセンターでは、公的カリキュラムに準じた内容に加え、「ライフスキル」[c]と呼ばれる教育を通じて、子どもに自信や公平な価値観を植え付け、平和的に問題を解決する力を養いながら、子どもの差別や偏見を無くすという取り組みを行ってきた（UNICEF 2015, p.1）。またこのセンターでは、ライフ・サイクル・アプローチ[d]と呼ばれる、年齢に応じた教育支援を行っている。つまり、3か月から3歳までの子どもを対象にした幼児教育にはじまる子どもの学習支援や、パソコンスキル教室といった、青年のための職業技能習得研修、さらには子どもを持つ親を対象にした、子どもの権利や子育てへの意識向上教育を行っているのだ。

　シリア難民キャンプ内に加え、ヨルダン国内に設立されたマカニセンターの数は計150以上、利用者は16万人に及ぶ（UNICEF 2020b, p.23）。難民キャンプ内にあるマカニセンターでは、ヨルダン人教師と共に、シリア難民の教師も教壇に立つ。また、教員の他にも、心理カウンセラーや、女児のセンターへの送迎等のサービスには、シリア難民が積極的に雇用されている。キャンプ内のセンターでは、紛争のトラウマを持つ子どもや若者の心を癒すために、芸術や音楽に造詣のあるシリア難民が、工作、絵画、音楽や演劇といった芸術の授業も充実させてきた（写真2と3）。

　さて、このセンターの活動を社会的結束という視点から眺めてみると、いくつかのユニークな特徴が見えてくる。それらは、難民キャンプ外にもセンター

写真2　マカニセンターで子どもが作成したアート作品（筆者撮影）

写真3　マカニセンターの壁アート（筆者撮影）

を設置することを通じて、「協働」、「対話」、「シリア難民と彼らを受け入れた地域住民の双方がサービス、雇用及びインフラの恩恵を受けられる」という点である。例えば、地域のマカニセンターではその土地の住民が職員や教員として雇用されている。また、難民キャンプの外に設立されたセンターにはシリア難民や他の難民[8]の子どもに加え、ヨルダン人の子どもたちも通っているのだ。彼らの多くは、貧困や家庭内暴力等、様々な問題を抱えている家庭の子どもたちである。ヨルダンには初等教育就学年齢に相当する児童の約20％が、何らかの理由で学校に通っていないというデータがある。これはサハラ以南アフリカ[9]（男児18％、女児22％）にも匹敵する数字なのである（UNICEF 2023, p.175, p.178）。彼らの多くは、学校にも家庭にもない「居場所」を求めてセンターにやってくる。そのため、学校での授業が終わったあとセンターに立ち寄り、シリア難民の子どもと長い時間を一緒に過ごすヨルダン人の子どもは少なくない。シリア難民の子どもに加え、脆弱なヨルダン人の子どもを「地域で孤立させない」、そして「見守る」ということもマカニセンターの大切な役割である。

　さらにセンターは、社会的結束を育むというもう一つの大切な使命も負っている。センターではヨルダン人の子どもとシリア人の子どもが、毎日机を並べて一緒に勉強することによって、「横の信頼」が生まれている。マカニセンターで子ども同士が交流を始めると、それは自然にシリア人の親とヨルダン人の親の交流にも「つながる」のである。

　マカニセンターの活動は、センター内だけにはとどまらない。教育支援に加

えて、地域に根差した子どもの保護活動も展開しているのだ。センターの職員は子どもがいじめや暴力にあっているケースを聞きつけたり、子どもや親が心理的サポートを必要としているのを見つけると、ソーシャルワーカーやカウンセリングといった必要なサービスに繋ぐなど、速やかにしかるべき対処をする。さらに、地域において様々なイベントを企画し、親同士の交流を推進する。しかしながら、センターの活動として最も特筆すべきは、地域における「マカニ委員会」の設置であろう。警察や「イマム」と呼ばれるイスラム教の指導者、地域で発言力を持つリーダーらから成るこの委員らは、子どもをもつ親の家庭を訪問し、対話を通じて、子どもの権利や子育てへの親の意識を高めている。また、センターに通っていない子どもの親には、センターの利用を勧める。このような地域に根差した目配り活動は、コロナパンデミック時に大きな功を奏した。コロナ禍で学校に行けなくなり、その後も、様々な理由で就学できていなかった脆弱な子らを迅速に見つけ出し、速やかに学校に復学させることができたのは、彼らが地域に張り巡らせたネットワークに依るところが大きかったのだ（UNICEF 2022b, p.23）。

　このマカニセンターによる社会的結束への貢献に関して、UNICEF（2022b, pp.48-49）はセンターに通う子ども達やその保護者、青少年らと、センターを利用していない人々を無造作に抽出してアンケート調査を行い、結果を比較することによってインパクト評価[10]を行った。その興味深い結果によると、センターに通う子どもたちの親の95％は、子どもたちがセンターに通いだしてから自分達の子どもがより地域に溶け込んだと感じると回答した。また、センターで親しくなった子どもの親同士が、家庭を訪問しあう間柄になったという声もあった。さらにセンターを利用している青年の92％が、センターのおかげで地域が安全になったと感じると回答している。また、ボランティア活動や経済活動への参加の促進は社会的結束を促すという議論がある（UNDP 2017b, p.11）が、センターに通う青年の70％は地域の清掃活動や、学校での植樹、子どもの権利や児童労働撲滅を謳うパンフレットの配布といったボランティア活動に定期的に参加しており、その割合はそうでない青年（54％）に比べて、著しく高かった。また、自分には地域に貢献する力があると信じている青年の割合は、センターを利用する者（81％）とそうでない者（69％）の間にも大きな違いが見られた。

さらに興味深いことに、センターに居場所を見つけているのは子どもたちだけではなかったのである。この評価結果によると、センターに子どもが通う親や保護者たちのほぼ全員（97％）が、センターは自分たちにとっても居心地が良く安全な場所であると感じると回答した。なかには、「センターではみな、国籍や、性別、年齢の分け隔てなくお互い家族のように接している」と回答した保護者もいた。

　一般的に、子どもの学びを推進する鍵となるのは、「教師への信頼」であるといわれる。高い成果を出している学校では、往々にして、教師の態度や気遣いに差が見られるのである。これは、先生が、登校する子どもに毎朝声をかける等、ほんの小さな行動から、子どもたちは教師を信頼するようになり、その結果、子どもの学習に取り組む意欲がふくらむということを意味する。筆者はヨルダンで勤務していた時、UNICEFが支援するマカニセンターの活動を横断的に観察してきた。興味深いことに、子どもの教師への信頼と学習効果の相関は、これらのセンターでもたびたび見られた現象であった。前出のインパクト評価は、マカニセンターにおける子どもの学習支援効果についても調査結果を開示している。中でも特筆すべきは、学校で落ちこぼれていた子どもがセンターの親身な学習支援を通じて学習意欲を取り戻しており、学校教育を補うという意義において、ヨルダン政府の教育関係者もセンターの学習支援活動を肯定的に評価している点である（UNICEF 2022b, p.40, p.46, p.52）。

　UNESCO（2014, p.175）は、出身や国籍を問わず全ての子どもが教室内で一緒に、かつ平等に学ぶことによって、社会的結束の鍵となる「信頼」が育まれると報告している。地域の大人たちに守られた安全な空間で、様々な社会的背景を持つ子どもらが一緒に学び、遊び、互いを信頼しながら、大人（教師）に対する信頼を醸成する。そうすることでセンターは、子どもらの学習成果を最大限に引き出すだけでなく、社会的結束の種子を蒔いているのである。この、地域ぐるみで子どもから社会的結束を育むマカニモデルの概念を図2に示す。

　さてここで、マカニセンターで働く若いスタッフの言葉を引用しよう。

　「もう最近は子どもらの間でもシリア人がどうの、ヨルダン人がどうのとかいう声は、ほとんど聞かなくなったね。シリアはもう落ち着いたんだから、彼らは国に帰るべきだ、なんていうヨルダン人も恐らくほとんどいないと思う。

なんだかんだ言っても、ここにきてもう10年以上もたってるんだから、すでに彼らはしっかり我々のコミュニティの一員になっているよ。かくいう僕だって、親はもともとパレスチナからヨルダンに移ってきた移民なんだ。」

一点、指摘したい。シリア危機当初、ヨルダンに大量のシリア難民が流入した際、中東の安定の要であるヨルダンを、国際社会はこぞって財政支援した。しかし、そもそも国内に失業や貧困などの問題を抱える、決して強大とはいえ

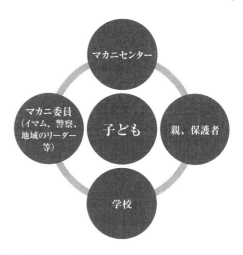

図2　地域ぐるみで子どもから社会的結束を育むマカニモデルの概念図
出典：筆者作成

ないこの国が、長期にわたってこれだけのシリア難民を受け入れてきた重荷は、国際社会からの支援だけで到底相殺できるものではなかったであろう。そこにはやはり、難民大国としての長い歴史と部族社会の懐の深さといったレジリエンス、そして何よりも、同じ文化と宗教、言語がもたらす「親戚感覚」が支えた部分が大きかったであろうと推察する。だがその裏で、たとえ同じ文化、宗教、言語を共有しても、軋轢は確かに存在したのだ。希少な資源や雇用をめぐっては、当初難民と受け入れ住民の間でかなり摩擦があったことは、シリア危機初期に行われた数々の調査からも明らかである。

コミュニティにおいて、住民と流入者の間で、排除から、信頼、そして絆がうまれるプロセスは千差万別であり、到底一般化して説明できるものではない。そういった複雑なプロセスは、歴史や文化、経済力やレジリエンスの有無といった各々の状況を丁寧に汲み取って、時間をかけて調査する必要があろう。しかし、持続可能な社会を築くうえでは、そのような研究から国際社会が学べることは非常に大きく、今後ますます、研究者と実務家の協働が求められる分野であるといえよう。

IV. 結論　多文化共生のその先へ

　現在、難民大国ヨルダンの置かれている状況と日本の間には、共通点は少ないかもしれない。しかし、ヨルダンの経験から、日本がその将来に向けて学べることは少なくない。特に、地域で子どもを共に学ばせ、遊ばせ、見守ることから、やがて地域の大人が繋がるという、子どもから社会的結束を育むマカニモデル（図2）からも、有益なヒントが得られるはずである。

　武田（2009, p.69）は、グローバル化社会においては、「連帯」を進めるうえで重要なのは国籍ではなく、共に地域に生きる者としての共通性であると論じる。たとえ国内に異なる文化をもつ集団を共生させても、その集団間に繋がりがなければ、そしてお互いを理解しようとしなければ、社会はいずれ分断してしまう可能性があるのだ。まさにこれこそが、これまでに多くの難民を受け入れ、多文化主義を貫いてきたスウェーデンのような国が、移民削減という別の方向に舵を切り始めている（国松 2020）理由、そして、多くの国際機関が近年益々、社会的結束という概念に注目している理由ではないか、と筆者は考える。

　総務省は平成18年3月に「地域における多文化共生推進プラン」を策定し、その後、令和2年に同プランを改訂した。改訂されたプランは、外国人による地域の活動への参画を、グローバル化への貢献や、自治会活動や防災活動といった様々な地域の担い手の確保という文脈で推進しているが、そこには社会的結束、つまり「双方の集団が信頼と絆を深める」という視点は見えにくい。しかし、異なる文化をもつ集団を共生させても、集団同士が絆を築こうとしなければ、そこには見えない「壁」が存在し続け、繋がりや信頼は生まれない。共生イコール繋がりではないのである。異質な他者である「彼ら」を「我々」のコミュニティのルールに沿って生活させるだけではなく、「我々」と「彼ら」がそれぞれ異なる価値観を保ちながらも、互いに歩み寄り、同じコミュニティで一緒に生活し、そのコミュニティを共に盛り上げていこうとする意志が介在しなければ、そこには繋がりや信頼は育まれないのである。平和の構築や、持続可能な社会を論じるうえで、社会的結束という概念は、日本に暮らす我々にもその将来に向けて豊かな示唆を与えてくれる。

　日本は今、欧州などの国々が直面している分断への危機から学びながら、社

会的結束という概念のもつ多義性を使い分け、日本社会が抱える独自の問題に応じ得るよう、この概念を地域の視点から再考再編するための指針を探る時期に来ているのではないだろうか。それはすなわち、「多文化共生」の次の段階へと目を向けることである。

> **読んでみよう、学んでみよう**
>
> 1．松尾知明（2017年）『「移民時代」の多文化共生論──想像力・想像力を育む14のレッスン』明石書店
>   ＊様々な実例を通じて多文化共生への理解を深めるとともに、移民時代にいかに生きるべきかという示唆が得られます。
> 2．戸田真紀子・三上貴教・勝間靖編（2019年）『国際社会を学ぶ』晃洋書房
>   ＊21世紀の国際社会が抱える様々なイシューを、地球文化や人類益といった角度から横断的に学ぶことができます。

注

1) Social Cohesion の和訳については、社会的一体性あるいは社会的結合などと訳されることもある。
2) The Federal Policy Research Sub Committee on social cohesion
3) The Commissariat général du plan of the French government
4) 社会的結束の「縦と横の定義」については、Chan, J., To, H.-P. & Chan, E. (2006) "Reconsidering social cohesion: Developing a definition and analytical framework for empirical research" も参照されたい。
5) 世界銀行グループは、世界の国々を低所得国、低中所得国、高中所得国、高所得国の4つのグループに分類している。分類は前年度の1人当たり国民総所得（GNI per capita）に基づき、毎年7月1日に更新される。
6) リストに上がったアフリカの国々は、ブルキナファソ、コンゴ、スーダン、ブルンジ、マリ、カメルーン、エチオピアであった。
7) 2017年よりソーラーパネルを設置し、電力自給を目指している。
8) ヨルダンには、シリア難民に加え、パレスチナ、イラク、イエメン、スーダンやソマリアからの難民も居住している。
9) 2000年以降、世界の多くの地域で教育環境が改善し、小学校に通えない子どもの数は大きく減少したが、サハラ以南のアフリカは、いまだに多くの子どもが学校に通えず、その割合がさらに増加している世界で唯一の地域である（日本ユニセフ協会 n.d.）。
10) プロジェクトが対象社会にもたらした変化（インパクト）を精緻に測定する評価手法のこと。

■ 参考文献

外務省 (2022)「国・地域：シリア・アラブ共和国、基礎データ」外務省ホームページ 2023年8月10日アクセス https://www.mofa.go.jp/mofaj/area/syria/data.html。

国松憲人 (2020)「「みんなの文化尊重」―かえって溝広げた？「多文化主義」問い直すヨーロッパ」The Asahi Shinbun Globe+ 2024年1月5日アクセス https://globe.asahi.com/article/13989029。

国連 UNHCR 協会 (2022)「ヨルダン、ザータリ難民キャンプ：10年間の10の事実」2023年8月10日アクセス https://www.japanforunhcr.org/news/2022/Jordans-Zaatari-refugee-camp-10-years。

酒井啓子 (1993)『国家・部族・アイデンティティ―アラブ社会の国民形成』アジア経済研究所。

世界経済フォーラム (2023)『グローバルリスク報告書2023年版』https://www3.weforum.org/docs/WEF_Global_Risks_Report_2023_JP.pdf。

滝澤三郎 (2018)「新たな政治課題としての難民問題―誰を、どこで、いかに救済すべきなのか？」山田満編著『新しい国際協力論 改訂版』明石書店、335-357頁。

武田里子 (2009)「共生に向けた参加と協働：外国につながる子どもの支援の現場から越境する市民活動」https://doi.org/10.15026/63598。

深澤弘樹 (2013)「地域メディアの意義と役割―「つながり」と「当事者性」の観点から」『駒沢社会学研究：文学部社会学科研究報告』45、73-95頁 駒澤大学文学部社会学科 http://repo.komazawa-u.ac.jp/opac/repository/all/33274/rsk045-04-fukasawahiroki.pdf。

日本ユニセフ協会 (n.d.)「アフリカに教育支援が必要な理由」https://www.unicef.or.jp/sfa/report/reason.html。

吉川卓郎 (n.d.)「（総説）ヨルダンという国」2024年1月17日アクセス https://www.ritsumei.ac.jp/research/aji/area_map/jordan/country/。

BBC (2016) "Jordanian troops killed in bomb attack at Syria border" Retrieved January 6, 2024, from https://www.bbc.com/news/world-middle-east-36584885

Bin Muhammad, Ghazi (1999) "The tribes of Jordan: At the beginning of the twenty-first century" Retrieved on January 17, 2024 from https://freeislamiccalligraphy.com/wp-content/uploads/2018/04/Tribes-of-Jordan.pdf

Chan, J., To, H.-P., & Chan, E. (2006) "Reconsidering social cohesion: Developing a definition and analytical framework for empirical research". *Social Indicators Research*, 75(2), pp.273–302.

ILO (2015) "Impact of Syrian refugees on the Jordanian labour market" https://www.ilo.org/wcmsp.5/groups/public/@arabstates/@ro-beirut/documents/publication/

wcms_364162.pdf

Jenson, Jane (1998) "Mapping of social cohesion: The state of Canadian research" http://www.cccg.umontreal.ca/pdf/cprn/cprn_f03.pdf

Jenson, Jane (2019) "Intersections of pluralism and social cohesion" https://www.pluralism.ca/wp-content/uploads/2019/02/Jane-Jenson-Social-Cohesion-FINAL.pdf

Mercy Corps, ISDC, UKAID (2019) "What works and what's next for social stability in Jordan? Evidence from Mercy Corps' host-refugee social cohesion program" https://www.mercycorps.org/sites/default/files/2020-01/MC_ISDC_CSSF_Social_Stability_Policy_Brief_FINAL_16DEC2019.pdf

Ministry of Planning and International Cooperation (n.d.) Retrieved on January 15, 2024 from http://www.jrp.gov.jo/

NRC (2022) "The world's most neglected displacement crisis" Retrieved on January 15, 2024 from https://www.nrc.no/globalassets/pdf/reports/neglected-2022/the-worlds-most-neglected-displacement-crises-2022.pdf

OCHA(2022) "Syria: 8,000 IDPs in Rukban camp need urgent humanitarian intervention" Retrieved on January 19, 2024 from https://reliefweb.int/report/syrian-arab-republic/syria-8000-idps-rukban-camp-need-urgent-humanitarian-intervention-enar

OECD (2012) "Perspectives on global development 2012: Social cohesion in a shifting world" https://www.un.org/esa/socdev/ageing/documents/social-cohesion.pdf

UNDP (2017a) "Journey to extremism in Africa" https://www.undp.org/publications/journey-extremism-africa-pathways-recruitment-and-disengagement

UNDP (2017b) "Developing a Social Cohesion Index for the Arab Region" https://www.undp.org/arab-states/publications/developing-social-cohesion-index-arab-region-0

UNDP (2020) "Strengthening social cohesion: Conceptual framing and programming implications" https://www.undp.org/publications/strengthening-social-cohesion-conceptual-framing-and-programming-implications

UNDP (2022) "New threats to human security in the Anthropocene: Demanding greater solidarity" https://hs.hdr.undp.org/pdf/srhs2022.pdf

UNESCO (2014) "EFA Global Monitoring Report 2013/4, Teaching and learning: Achieving quality for all" https://reliefweb.int/report/world/education-all-global-monitoring-report-2014-teaching-and-learning-achieving-quality-all

UNHCR (2022) "Jordan issues record number of work permits to Syrain refugees" Retrieved on January 19, 2024 from https://www.unhcr.org/news/news-releases/

jordan-issues-record-number-work-permits-syrian-refugees

UNICEF (2015) "Makani-My Space, All children in Jordan accessing learning" https://reliefweb.int/report/jordan/unicef-brief-makani-my-space-all-children-jordan-accessing-learning

UNICEF (2019) "Opportunities for youth in Jordan" https://www.unicef.org/mena/media/3676/file/London%20Conference%202019%20Youth%20Opportunities%20UNICEF%20JCO.pdf%20.pdf

UNICEF (2022a) "Education, children on the move and inclusion in education" https://www.unicef.org/reports/education-children-move-and-inclusion-education

UNICEF (2022b) "Summative impact evaluation of the UNICEF Jordan Makani programme" https://www.unicef.org/jordan/media/11671/file/Makani%20summative%20impact%20evaluation_English.pdf

UNICEF (2023) "The State of the World Children 2023, For every child vaccination" https://www.unicef.org/media/108161/file/SOWC-2023-full-report-English.pdf

WFP (2022) "Jordan Country Strategic Plan (2023-2027)" https://executiveboard.wfp.org/document_download/WFP-0000142933

World Bank (2021) "Poverty & equity brief, Jordan Middle East & North Africa" https://databankfiles.worldbank.org/public/ddpext_download/poverty/987B9C90-CB9F-4D93-AE8C-750588BF00QA/AM2020/Global_POVEQ_JOR.pdf

World Bank (2022) "Social cohesion and forced displacement: A synthesis of new research" https://live.worldbank.org/events/social-cohesion-forced-displacement level for FY24 (July 1, 2023-June 30, 2024)

World Bank (2023) "World Bank Group country level classifications by income Retrieved on January 15, 2024" from https://blogs.worldbank.org/opendata/new-world-bank-group-country-classifications-income-level-fy24

World Bank (n.d.) "Data for World, Jordan" Retrieved on November 30, 2023 from https://data.worldbank.org/?locations=1W-JO

第四部

地域と関わり合う教育

第12章

持続可能な地域づくりへの大学の関わり
―茨木中山間地域における取り組みから―

秋吉 恵

Ⅰ. はじめに

　日本では地方における人口減少が進む一方で、そうした地域に関わる地域外の人々が増加している。その中には大学の地域連携事業における大学の正課や正課外活動など教育実践として、「日常生活圏や通勤圏以外の特定の地域と継続的かつ多様な形で関わり、地域の課題の解決に資する人」（国土交通省 2021）も含まれる。教育基本法改正（2006）や国土形成計画（2008）、「地（知）の拠点整備事業」（2013）を受けて、学生の学びと成長を促す教育実践が拡大し、「平成29年度開かれた大学づくりに関する調査研究」における調査対象の85%、551大学が学生の地域活動を推進している（文部科学省 2018）。

　あなたの身近にある大学でも、地域に関わる授業やサークルを見かけることがあるだろう。読者の中には、参加しようか迷っている大学生、すでに地域に関わりこれからどう活動していこうか考えている大学生、大学生などのよそものを地域に受け入れることを検討している方がいるかもしれない。本章では、大学生が地域と関わり、学びを深めるサービス・ラーニング[a]として実践された授業を通して、地域と大学の関わりについて考える。

　大学が地域と関わるきっかけは地域からもたらされる。例えば災害や開発事業によって地域住民のよりよい暮らしが脅かされると、地域住民はその状況を改善しようと行動し、時には大学など地域外の人や組織を活用する。このよう

用語解説 [a] サービス・ラーニング：学生が指定された地域社会のニーズを満たす組織的なボランティア活動に参加し、コース内容のさらなる理解、学問分野への幅広い理解、市民としての責任感の向上を得るような方法でサービス活動を振り返る教育体験を得る教育方法（Bringle et al. 2009）。

に地域が住民の生活上の課題によそものを巻き込みながら対応していくには、地域のどんな力が必要で、その力はどこに蓄積されているのか、地域住民と地域外の人や組織、例えば大学はどんな関係性にあることが望ましいのか。茨木市北部地域住民と立命館大学教養教育科目「シティズンシップ・スタディーズ」の茨木火起こしプロジェクトを事例に考えていく。

II. 大学と地域の連携事業

1　茨木市北部地域の特徴

　茨木市は、JR と阪急、名神高速道路が横断し、大阪、京都に20分程度でアクセス可能な南部と、点在する農村集落の周辺に棚田と畑、里山が続く北部が、市の面積を二分している（図1）。茨木市には約29万人（2022年10月）が暮らし、高齢化率24.1%（2023年3月31日）は全国平均よりも低い（茨木市 2023）。一方、町丁字別人口で大字（おおあざ、近世村の単位[b]）に位置付けられる北部の集落の人口は2,500人弱、茨木市の1割に満たず、人口構成を見ると高齢化率が46.2%（2023年3月31日）と「限界集落」に近づいている。[1]

　北部の丘陵地域は、1986年に発表された大阪府国際文化都市基本構想によるニュータウン開発事業の計画地が東西を横断する北側に、1989年に基本計画が策定された新名神高速道路が通り、東側に1967年の北摂豪雨による大水害への対策から生

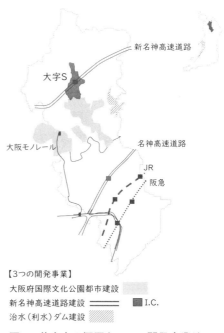

【3つの開発事業】
大阪府国際文化公園都市建設
新名神高速道路建設 ━━━　■ I.C.
治水（利水）ダム建設

図1　茨木市の概要と3つの開発事業地
出典：茨木市統計データをもとに筆者作成

用語解説　[b] 近世村：近世における村請制の下で自治的な管理機能を養ってきた社会（現在の集落）。

まれた治水（利水）ダム開発構想の計画地がある（図1）。それぞれの開発事業は、構想から計画、停滞を経て、2010年前後に施工が進み、北部地域の自然、社会、経済に関わる環境を変化させている。開発事業によって山林が伐採・整地され、道路や大型施設・ダムが建設され、山林に生息していた鳥獣類は開発を逃れてさらに北部に移動し、田畑の鳥獣被害が増大した。また、2018年の大阪北部地震及び、その後の複数の台風によって、土砂が崩れ田畑に流入し農業施設が破損するなど、農作物や家畜に大きな被害をもたらした。以来、北部地域の主要産業である農業には気候変動や獣害による経済損失が続き、田畑や家、小学校に猿や熊が出るなど住民の暮らしにも影響が及んでいる。

② 立命館大学教養教育科目茨木火起こしプロジェクト

　茨木市北部地域は、2015年に設立された北部地域協議会（ほくちの会）による地域外への発信を通して、地域外の人や組織とこれまで以上に関わりを持つようになった。その中の一つに、2017年度から現在まで、ほくちの会（2020年度まで）および一般社団法人（一社）みずとわ（2021年から）を受け入れ先として開講されている立命館大学教養教育科目シチズンシップ・スタディーズ（シチスタ）がある。茨木市南部に2015年に新キャンパスを開学した立命館大学の教員と、ほくちの会メンバーの女性農業者Nとの出会いがきっかけとなった。

　シチスタは、立命館大学教養教育科目「社会で学ぶ自己形成科目群」のサービス・ラーニング科目として開講されている。サービス・ラーニング科目は、主にNPO・NGOや地域の市民団体、行政機関と共働して、身近な社会の課題や問題を地域の人々と一緒に考え、汗を流し、解決していくことを通じてシチズンシップを涵養する科目である。大学と地域を往還しながら学びを深める学び方の手法「サービス・ラーニング」により、実社会との連携・協働・相互理解を通して、現代社会を生きる上で求められる市民としての倫理観・正義感・責任感の必要性を理解するとともに、問題発見や創造的課題解決を行う能力を身につけることを目指す。

　茨木火起こしプロジェクトを履修する各年度7名前後の学生たちは、ほくちの会が提示する実施計画書に書かれた活動目的や活動内容に賛同してこのプロジェクトを選択した。4月から1月までの授業期間は毎週一コマを科目の理念

や北部地域の理解、活動のふりかえり、企画立案のために集い、週末や長期休みにキャンパスから40分ほどかかる北部地域で通年42時間以上活動する。活動の内容は、北部地域の農家での援農や、耕作放棄地の草刈り・里山管理・古民家整備の手伝い、耕作放棄地を利用した野外拠点や古民家でのイベント実施などである。

　受け入れ先であるほくちの会が提示した目的に沿って活動するが、彼らが学生のやりたいことを大事にする姿勢を示していることから、学生提案の企画も、地域側との意見交換や調整を経て実施できる。6年間（2021年よりみずとわプロジェクトに改名してからの2年間を含む）には、学生の理解と地域の意図に齟齬が生まれたり、活動目標を達成するために時間的な余裕が失われたり、学生の意図が地域には理解しづらかったり、さまざまな相互作用が起こった。その一例が次に示す2018年夏休みの企画をめぐるできごとである。

❸　2018年度火起こしプロジェクトで起きたこと

　2018年度の火起こしプロジェクトでは、ほくちの会策定の実施計画書にある目標「（茨木南部の）子どもたちと茨木ほくち（北部地域）の魅力を発見する ｛( )は著者追記｝」を実現すべく、学生たちは「北部地域で夏休みの自由研究をしよう！」企画を立案した。しかし、夏休み直前にほくちの会に提案した時に、北部地域を一時的に利用したい人たちを楽しませるだけの企画は受け入れたくないという理由で、企画の見直しが投げかけられた。

　ほくちの会メンバーからの企画見直しの提案を受けて、学生と教員は2月の実施計画書立案から7月までの間に北部地域に起きた事象をふりかえり、農家Nとも話し合いを重ねながら、新たな企画を立案していった[2]。それが耕作放棄地で増殖する竹を伐採し製作した竹の水鉄砲を使ったサバイバルゲーム「竹と水の祭典」（写真1）だ。竹工作とゲームを通して北部地域の環境保

写真1　竹と水の祭典。竹の水鉄砲を使ったサバイバルゲームを終えて（ほくちの会撮影）

全の問題を理解し、その解決に主体的に関わる人を集める試みであった。この年度は、その後も伐採した竹を活用した「紅葉と炎の祭典」を開催、食をテーマに北部地域に関わる人々の出会いの場を作った。これらのイベントの参加者の中から、後に（一社）みずとわメンバーやにんげん小屋自治会メンバーが生まれた。

III. 地域外の人への期待の転換―受益者から行為主体へ

1　なぜ北部地域の魅力を南部の子どもたちに伝えようとしたのか

　ほくちの会が茨木火起こしプロジェクトに2018年度当初に提示した実施計画書の活動目標は、2017年の開講当初に設定されたものだ。この目標が生まれた背景には、北部地域の人口減少と高齢化が進み、市内の小学校32校のうち北部地域には全国へき地教育連盟に所属する2校の小規模校（全校生徒数はそれぞれ15名、27名、2023年度）のみが残り、中学校は統廃合されている状況があった。南部の小中学生は、北部地域銭原のキャンプ場に子ども会や中学校の学校行事でほぼ全員が訪れるものの、地域としての魅力を知る機会は少ない。

　ほくちの会は立命館大学の連携当初、南部の子どもたちと学生が北部地域で活動することで、子どもたちや保護者が北部の魅力に気がつき、継続的に関わっていく道筋が作られることを期待した。実際、2017年度は北部地域の大字、千提寺（大字S）の耕作放棄地を野外遊びの拠点に整備しながら、南部に暮らす子どものいる家庭を対象に、拠点での野外遊びのイベントを学生が企画し、ほくちの会と共同で実施した。企画書作成時、対象とする家族像として学生は野外での作業に慣れていない層も対象にしないと人が集まらないと考えた反面、ほくちの会のメンバーは耕作放棄地の整備作業に加われる層を望んでいた。

　SNS等の広報で集まった40名を超える参加者たちは、学生とほくちの会が準備した食やイベントを楽しんだものの、北部地域が抱える課題を理解し解決に動こうという姿勢を示す人は少なかった。数回のイベントで、受け入れる側の学生には疲労と達成感と小さな違和感が残り、ほくちの会のメンバーには疲労と虚しさが蓄積した。学生たちは、その理由を「お客様扱いをしすぎ」たことで参加者が主体的に関わる機会を提供できなかった、自分たちが耕作放棄地を整備した時に感じた驚きや大変さ、整備後の爽快感などの「原体験を共有」

できなかったためではないかと振り返った（学生フィールドノートより）。これら2017年度履修の学生が活動を通して獲得した知識や気づきの全てを次年度学生に引き継ぐことは難しい。また、2018年度実施計画書を作成する段階では、ほくちの会の担当者も、目標の再設定まで思いが至らなかった。

2　2018年の災害がもたらした被害と疑念

そうした中、2018年度に北部地域は地震と台風による洪水に見舞われた。6月18日の大阪府北部を震源としたマグニチュード6.1の大阪北部地震で、茨木市は震度6弱を観測、住宅被害は全壊3、半壊95、一部損壊13,510にわたった。北部地域に含まれる2つの小学校区での住宅被害は半壊1、一部損壊118だったが、農地や里山での土砂崩れ等の被害やその全体像は把握できていない（茨木市 2020）。報告書では、北部地域の地盤と発生しやすい災害の特徴として、多様な岩が混在して複雑な面構造をもつため、このような面が地下水の流路となり切土などにより崩壊を起こしやすいことや、茨木市の花崗岩類はマサ化部が深いことが多く、豪雨時には表層崩壊が多発し、それに伴う土石流が発生しやすいことが指摘されている。その懸念の通り、大阪北部地震直後の大雨、7月豪雨、さらに7月下旬の台風12号、8月の台風20号、9月の台風21号では、北部地域に緊急避難指示が発令され、あちこちで土砂崩れが起きた。

2018年度火起こしプロジェクトがほくちの会メンバーに自由研究企画案を提示したのは、農家Nの畑に大雨で侵入した土砂を掻き出す作業に出向いた時だった。天災であると同時に便利さを求める生活スタイルが生み出す人災でもある気候変動に生業を大きく損なわれた時期に、農業を営む彼らが暮らしを共に守ろうと考える人に北部地域に関わってほしいと願うのは当然だ。一方で学生たちと担当教員は、大阪北部地震で授業の開講が中断するなどの影響は受けていたものの、北部地域に土砂崩れを起こした台風と気候変動との関係までは考えが至っていなかった。さらに、気候変動の要因の一部に多くの電気を使い消費を楽しむ生活スタイルの影響が指摘される中、自身の生活スタイルへの内省がないまま北部地域を楽しむことへの違和感を想像できてはいなかった。

火起こしプロジェクトを受け入れるほくちの会の若手メンバーは専業農家のため、農業を営む農地やその周辺の環境変化によって暮らしに大きな影響を受

ける。北部地域では、1960年代から80年代に構想された3つの大規模開発事業による工事が2000年代終わりから施行され、森林伐採や盛り土や切土を伴う土地造成、削った表土の保全と復元、大規模建造物の建設やコンクリートの敷設等が行われている。大阪北部地震後の台風による土砂崩れには、切土などにより崩壊を起こしやすい茨木市の山地でこれら複数の開発事業が行われていたことが影響しているのではないか、と彼らは感じていた。

　ほくちの会は、開発事業で被った生活上の課題解決を担った大字Sのまちづくり委員会を基盤に組織されたものだった。大字Sは開発事業の影響を特に受けやすい地域であり、この時期の火起こしプロジェクト受け入れ担当者農家Nの居住地域でもあった。第Ⅳ節では、北部地域において、住民の生活上の課題への対応力が蓄積されていた地域社会として大字Sに着目し、開発事業への対応から始まった7つの住民組織の形成プロセスと、組織形成の基盤となった地域の社会的能力を見ていこう。

Ⅳ. 大字Sを基盤に開発事業後に展開された7つの住民組織

　茨木市北部地域にある16集落の一つ大字Sは、新名神高速道路が集落を横断しインターチェンジが設置され、ニュータウン開発事業の3つの地区のうち最後に開発が進む東部地区の北端に接するなど、開発事業に直接、間接の影響

表1　千提寺町内会と開発事業後の対応を担った7つの住民組織

名称	設立	構成員の参加の形	組織の目的
千提寺町内会	江戸以前	制度的に規定	大字千提寺の維持・管理
第二名神対策委員会	2007	制度的に規定	新名神高速道路建設に伴う住民の生活上の課題への対応
千提寺まちづくり委員会	2007	任意的	大字千提寺の活性化
北部地域協議会	2015	任意的	茨木市北部地域の活性化
伝統野菜独活の会	2018	自発的	伝統野菜の買い支え（地域支援型農業）
清阪Tメンバーシップ	2017（2023）	自発的	未使用の田畑の活用（市民農園）
（一般社団法人）みずとわ	2019	自発的	循環型社会モデルの創出
にんげん小屋自治会	2020	自発的	どんな環境下でもおもろくサバイバルする

出典：調査をもとに筆者作成

を受けやすい地域である。大字Ｓの住民に生じた生活課題や持続的な地域づくりへの対応は、開発事業実施以前からあるＳ町内会と、開発事業後のそれぞれの段階に応じて7つの住民組織が担ってきた（表1）。これら7つの組織は、大字Ｓの地域住民が参加することを前提として形成され具体的な生活課題への対応を目的とした2つの住民組織と、地域活性化を出発点に任意で参加した北部地域住民によって形成され持続的な地域づくりへの起点となった組織、地域や社会の持続性など組織が抱える目標に共感・賛同して自発的に参加した地域内外の住民・市民によって形成された4つの組織に分けられる。

1　大字Ｓの生活課題に対応した2つの住民組織

茨木市の都市整備計画によれば、大字Ｓには2011年から5年間で9,800万円が投じられ、道路、地域生活基盤施設、展望台整備、キリシタン遺物史料館の機能充実、地区の魅力 PR 事業等が計画された（茨木市 2015）。大字Ｓは江戸時代には隠れキリシタンの里だった近世村にあたり、江戸期から続く暮らしの中で共同所有の田畑林での経済活動や催事を共同運営してきたことで、資源の動員・配分や組織対応、それに伴う規範形成に関わる社会的能力[c]を醸成、蓄積、維持してきた[3)]。これら多様な住民組織で醸成された組織経験を蓄積したＳ町内会を基盤に、用地補償[d]や移転に対応する第二名神対策委員会、行政や企業と共同して大字Ｓの活性化を目指すＳまちづくり委員会が作られた。

Ｓまちづくり委員会は大字Ｓの将来あるべき姿を「人から羨ましがられる環境」、「活性化し生涯生きがいをもてる地域」に定め、2010年にはまちづくり計画素案を全住民に提示（千提寺まちづくり委員会 2010）、単発の地域活性化イベント等を通して地域の魅力を発信し、都市再生整備計画に記載した目標値を上回る成果を上げた（茨木市 2016）。

2　北部地域の持続的な地域づくりへの起点となった住民組織

用地補償等への対応を終えて第二名神対策委員会が解消したのち、Ｓまちづくり委員会を基盤に、より長期的なまちづくりを目的としたほくちの会がつく

用語解説　[c] 社会的能力：人々が抱える課題等に集団で対応していくために必要な能力。
　　　　　[d] 用地補償：事業に必要な用地を提供するにあたり支払われる補償金。

られた。きっかけは、Sまちづくり委員会で活動してきた農家Nが、継続的な地域活性化活動に向けた農村集落活性化支援事業から支援獲得を行政機関[e]に相談したことにある。職員の中には難色を示すものもいた中、Sまちづくり委員会の活動を通して築いてきた住民への信頼が、農林水産省への申請に必要な茨木市農林課からの支援につながった。

　その際、行政はSまちづくり委員会としてではなく、北部地域の16大字が参画する北部地域協議会（ほくちの会）としての申請を勧めた。ほくちの会への参加呼びかけには、各大字の町内会長が集まり構成される自治会連合体が維持してきた資源動員に関わる社会的能力が活用された。各大学の町内会長らへの声かけは、ほくちの会を発案した女性農業者Nの代わりにS町内会の会長・副会長が担った。これは自治体連合会が維持してきた社会的能力を活用するには、同等の立場の間の協力依頼をするという自治体連合体の規範に配慮する必要があったためと考えられる。大字Sの住民は、これまでの経験を踏まえて、自治会連合体が持つ規範の適用が期待できる行動をとった。

　ほくちの会の発足には、S町内会が醸成・維持してきた資源動員に関わる住民間の信頼や役割、規範が組織形成の基盤となった。大字Sでは明治以前にあった入会地を、1966年の「入会林野に関わる権利関係の近代化の助長に関する法律」施行時に個人の分割所有とはせず、近世村の頃から大字Sに居住している25世帯で管理組織を作り共有林としてきた。この共有林の一部は高速道路用地として買い取られたが、共有林管理組織は、販売額の半分を25世帯で分割し、半分は共有財産として共同管理することを選んだ。ほくちの会を発足する際、一時的にこの共有財産が活用された。共有林の共同管理によって醸成・維持されてきた住民間の信頼や役割、規範が、共有林の用地買収によって生まれた共有財産の管理に援用され、ほくちの会が初期投資を得て活動を展開できたといえる。

　このような経緯を経て設立したほくちの会は、2015年から活動を展開した。設立当初の会員は、茨木市北部地域の居住者、出身者、事業者55名（2016年1月時点）で、ワークショップを重ねて10年後の理想の北部地域を「みんな笑ってイ

用語解説　[e] 農村集落活性化支援事業：地域住民が主体となった将来ビジョンづくりや、集落営農組織等を活用した集落間のネットワーク化により、地域の維持・活性化を図る取組を支援する。

ケるとこ」とした[4)](北部地域協議会 2016)。目標の実現を目指して、現会員である地域内の住民・事業者のみならず、地域外の応援者・訪問者や住民候補者が能動的に北部地域で活動するための情報収集・発信や先進地域への視察を行った。2017年からは4チームに編成を変更し、その一つ活動実行グループが、火起こしプロジェクトなど地域外から市民を受け入れ、イベントや援農などを積極的に実施した。その過程で第Ⅲ節で述べた2018年度の地域外の人や組織への期待の転換点があり、受動的ではなく、当事者意識を持って主体的に北部地域に関わる市民とともに活動する方向性が固まっていった（北部地域協議会 2020）。

３　地域を超えた社会の課題に取り組もうとした組織

　主体的に北部地域に関わる市民と出会う場として、活動実行グループの2つの農家はそれぞれ生業を活かした組織を形成していた。三島独活（伝統野菜の買い支え活動）の伝統的な農法を引き継ぐ農家Ｎは、2016年から地域支援型農業を目指し、栽培する三島独活を買い支える市民を支援者として組織し始める。支援者には通年にわたる農作業への参加や収穫への立ち会いに加え、大字Ｓの集落センターで住民と共同しながらの味噌づくりなど協働作業の場も提供し、支援者が三島独活の買い支えにとどまらず、伝統農法や大字Ｓのまちづくりにも視野を広げる機会を提供してきた。また北部地域の北端で養鶏を営む農家Ｙは近隣の食品残渣を飼料に活用し鶏糞を北部地域の畑に利用する循環型農業を主導しながら、平飼い養鶏場の周辺農地も大字Ｋ住民から借りて、そこで畑や田んぼを楽しむ農市民を組織し始める。農市民からの提案を柔軟に受け入れながら、ヤギの飼育グループ、大地の再生グループなど、それぞれの興味関心に応じて、大字Ｋの農地を活用し、北部地域の環境変化や循環型農業などにも視野を広げる機会となっている（写真2）。

写真2　循環型農業を目指す田畑と家畜たち（筆者撮影）

　活動実行グループのメンバーだった農家Nと農家Yが家族ぐるみでつきあいを深めたきっかけは2018年の「竹と水の祭典」だった。地震や洪水でそれぞれの田畑、林地が被った被害を共有し、これまでの生活スタイルへの疑念に共感した彼らは、持続可能な暮らしや農の在り方として循環型社会の構築を目指し2019年、（一社）みずとわを創業した。彼らはほくちの会が目標として掲げる北部地域の外部環境の変化への対応から、社会が抱える気候変動等への対応へと視野を広げた。そして社会の課題への対応に向けて、北部地域住民に限定しない、より広範囲に散らばる興味関心を同じくする人々・組織の巻き込みを目指した。活動実行グループで醸成されたメンバー間の信頼や役割、規範、ネットワークを基盤に形成された（一社）みずとわは、大字Sの古民家を再生し、そこを拠点として地域外の市民がともに北部地域が被る環境変化を体感し、循環型の暮らしを作る力を育むにんげん小屋自治会を形成しつつある。

　にんげん小屋自治会に参加するのは、農家Nによる地域支援型農業グループや農家Yによる市民農園利用者を始めとした、茨木市北部地域での循環型の暮らしに共感を抱く市民たちだ。彼らは再生された古民家の維持を通して、循環型の暮らしを体現するためのスキルを学び、自身の暮らしにも取り込もうとしている。そして古民家や周辺の畑、裏の里山の維持管理を通して、開発事業や気候変動が北部地域にもたらした負の影響を体感し、維持管理が地域の、日本社会の、世界の課題に取り組むことにつながると考え始めている。自治コミュニティが拠点とする古民家再生には、火起こしプロジェクトも参画し、授業終了後も一市民として北部地域に関わり続ける学生、社会人が生まれている。

Ｖ．変化を起こす地域と地域外の人々の関わり方

1 　地域に変化を起こす人と人の相互作用

　2018年度、大学生の企画への違和感を契機に起きた人と人の相互作用は、北部地域住民による地域外の人・組織への期待を転換させ、地域の変化のきっかけとなった。人はそれぞれの年齢や出自、性別、経歴、経験などに影響されて考えや意見を構築し、一人として全く同じ意見を持つことなどあり得ない。だから地域活動を通して人と人が関わり合うとき、それぞれの意見を表出し、

お互いの意見の相違を認め話し合いを重ねる中で、意見の背景にある事情を理解し合い、落とし所を探り合意形成するプロセスが繰り返し生まれる。それは畑で使ったくわを誰が片付けるか、といった小さな判断から、企画の対象者を誰に設定するか、お金をどこから調達するか、といった大きな判断まで多種多様な規模で起こる。

　このプロセスで起こる人と人の相互作用には、お互いが感じている親密さ、相手に対する誠実さ、それぞれが持つ公平さといった相手に対する姿勢が反映される（図2）。親密さを感じない相手に対し、誠実に関わる姿勢を持たず、また公平であることを望まない人は、無自覚に相手の意見に耳を傾けず、話し合いの場にも気がつかないかもしれない。一方で、親密さを感じない相手でも、

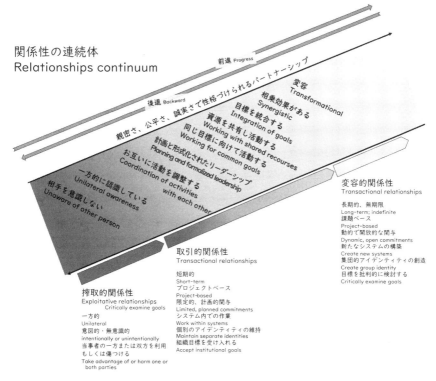

関係性の連続体
Relationships continuum

前進 Progress

後退 Backward

親密さ、公平さ、誠実さで性格づけられるパートナーシップ

変容
Transformational

相乗効果がある
Synergistic

目標を統合する
Integration of goals

資源を共有し活動する
Working with shared recources

同じ目標に向けて活動する
Working for common goals

計画と形式化されたリーダーシップ
Planning and formalized leadership

お互いに活動を調整する
Coordination of activities with each other

一方的に認識している
Unilateral awareness

相手を意識しない
Unaware of other person

変容的関係性
Transactional relationships
長期的、無期限
Long-term; indefinite
課題ベース
Project-based
動的で開放的な関与
Dynamic, open commitments
新たなシステムの構築
Create new systems
集団的アイデンティティの創造
Create group identity
目標を批判的に検討する
Critically examine goals

取引的関係性
Transactional relationships
短期的
Short-term
プロジェクトベース
Project-based
限定的、計画的関与
Limited, planned commitments
システム内での作業
Work within systems
個別のアイデンティティの維持
Maintain separate identities
組織目標を受け入れる
Accept institutional goals

搾取的関係性
Exploitative relationships
Critically examine goals
一方的
Unilateral
意図的・無意識的
intentionally or unintentionally
当事者の一方または双方を利用
もしくは傷つける
Take advantage of or harm one or both parties

図2　2つのアクター間における関係性の連続体と特徴
出典：Bringle, R. G., et al. 2009, p.4および Clayton, Patti H., et al. 2010, p.8をもとに筆者改変、作成、翻訳

他者に対して誠実であること、公平であることを望む人であれば、話し合いの場に参加してお互いの意見の相違を認めれば、その背景を理解しようと努力するだろう。その結果として生まれる二者間の関係性には、相互作用の中でそれぞれが相手にもつ親密さ、誠実さ、公平さが影響し合う。先に述べた二人の間で起こる関係性に、前者の影響を受けて後者の持つ姿勢は反映されないかもしれないし、後者の姿勢に影響されて前者が姿勢を変えるかもしれない。

　ほくちの会の火起こしプロジェクト担当者は、まだ親密さを感じるほど付き合いが深まっていない2018年度履修の学生に対して、2017年度のイベントで感じた違和感を無かったことにはせずに誠実に示した。一方の学生たちは受け入れ先の違和感を誠実に受け止め、授業で考え抜き南部の小学校まで出向いて進めていた企画に固執せずに地域住民の違和感の背景を理解することに努め、自分たちが企画を立案した際の意図と公平に比較した。結果、自由研究企画を取り下げ、ほくちの会とより親密に意見交換をしながら新たな企画を立案していく道を選んだ。ほくちの会メンバーと学生たち、それぞれの姿勢を反映した相互作用が、受動的に地域を利用する人に地域の魅力を伝えるという目標の批判的検討を可能にした。そして主体的に地域に関わる人と関係を結んでいくという活動実行グループと火起こしプロジェクトの方針転換を言語化し、それぞれのその後の方向性をも明示したのだ。

２　大学と地域の二者間における変容的関係性への前進

　大学と地域の連携の中で、大学生による地域活動は、それに関わる大学生や教職員、住民等の、人と人との相互作用を生む。サービス・ラーニングに関わる人と人とのパートナーシップを分析する視点として、学生、教員、大学管理者、地域住民、地域組織のそれぞれ2つのアクター間で生じる10通りの関係を捉える構造モデル SOFAR が提示されている[5] (Bringle et al. 2009)。そこでは大学と地域の連携は、各アクターに位置付けられる人と人との関係を積み重ねたものと捉えられる。各関係は、量的にも質的にも異なるレベルの相互作用を示す。10の二者間の関係性は、先に例示したような相互作用に親密さ、公平さ、誠実さがどの程度含まれているかによって、無自覚から変容への関係性の連続体上に位置づけることができる。そしてこれらの関係性にある二者間の状態は、そ

の特徴から、搾取的、取引的、または変容的の3段階に分類される[6]（図2）。

　第1項で示した2018年度夏休み企画に関わる活動実行グループと学生の相互作用は、実施計画書にあった火起こしプロジェクト目標の批判的検討を促した。これは、年度当初の実施計画書に沿った1年間のプロジェクトの履修生と受け入れ先という特徴から分類される取引的関係性が、企画対象者に関わる齟齬とその解消に向けた取り組みを経て、ほくちの会が何を目指すのか課題ベースで考え目標を再設定していく変容的関係性の特徴を持つ状態に変化しつつあることを意味する。変容的関係性は二者間の長期的な関わりを促し、共に活動し課題に取り組もうとする集団的アイデンティティを創造することで地域の変化の担い手を増加させる可能性を持つ。

３　関係性の前進と後退による関係性のゆらぎ

　翌年度には地域住民と変容的関係性の状態を構築しつつあった学生たちはプロジェクトを去った。活動実行グループによる主体的に関わる人々と活動する方針を反映した2019年度の実施計画には「古民家再生」が目標として掲げられ、新たな学生たちがプロジェクトに参画した。彼らは2018年度と同様、農業体験や自由な発想での企画立案は保証されていたものの、活動時間の多くが古民家の掃除や草刈りに費やされた。火起こしプロジェクトを受け入れる活動実行グループを基盤に新たに組織化された（一社）みずとわのメンバーも、古民家整備と前年度の大雨等による生業復旧に多くの時間を費やさざるを得なかった。

　こうした状況では、2018年にあった火起こしプロジェクト学生と活動実行グループの相互作用から生まれつつあった変容的関係性の特徴は維持できない。古民家整備に関して意見交換を踏まえて作業内容を決めていくような余裕はなく、活動実行グループが必要と判断した作業を学生が手伝う取引的関係性の状態に一時的に後退することもあった。それでも古民家整備の只中の9月や整備が一段落した晩秋に、古民家を拠点に学生立案で主体的に古民家に関わろうとする地域外の人や組織を集める企画が実施された際には、それまでに培った親密さのなかで誠実に相手に向かい公平な意見交換を踏まえた企画実施によってプロジェクト目標にとどまらず、中山間地が抱える課題を見つめ直し考え始める

写真3　再生途中の古民家でワークショップ（筆者撮影）

など変容的関係性の状態を一部でも構築することもあった（写真3）。

　ほくちの会にとっての火起こしプロジェクトは、複数年に渡り関わり続ける教員と年度ごとに交代する履修生、そして履修生としての活動を終えても個人として通い続けるプロジェクトOBという多様な立場と価値観を持つ人たちによる集団である。ほくちの会にもプロジェクトにも、それぞれ相手に対する誠実さや公平さの異なる個人がいて、その中の二者が知り合ってからの時間も親密さも違い、当然二者の関係性も多種多様になる。また二者の関係性は一定にとどまることはなく、その時の個人や集団の事情を反映して、関係性の連続体を行ったり来たりする。それは、学生団体と地域組織という個人が集まって作られる組織間の関係性という観点で見れば、関係性が前進する、後退するという関係性の変化が複数累積して、前進と後退を繰り返す関係性のゆらぎが起こることを示している。

4　関係性のゆらぎが生み出すもの

　地域活動の中で起こる地域住民との関係性の変化とゆらぎを経て、火起こしプロジェクトに参加した学生たちのほとんどが、教室や地域での態度や、学びや地域課題に関わる姿勢を変化させた。さらに地域活動での体験を言語化する機会を経て、体験の中で得た違和感などから、それぞれが自身の価値観と相互作用した相手の価値観との違いに気づき、自分にとって大事なことを見つめ直した。そしてゼミの選択や就職など自らの将来を考える機会に、地域活動で得た自らの価値観を、働くことと関連づけていた。

　一方、火起こしプロジェクトが関わるほくちの会の活動実行グループ、（一社）みずとわを形成したメンバーと、学生や教職員との相互作用は地域に何をもたらす可能性があるのだろうか。火起こしプロジェクトを受け入れてきた6年間（2021年みずとわプロジェクトに改名後の2年を含む）は、第IV節で描いたよう

に、開発事業や災害、気候変動が大字Sに生活環境の変化をもたらした期間でもある。環境の変化が直接・間接に暮らしに影響する中で、（一社）みずとわメンバーはシチスタの学生・教職員のみならず、数多くの地域外の市民と相互に関わりあい、関係性を前進し時には後退して関係性をゆらがせた。これら数多くの相手と相互に作用し合い、さまざまな関係性の変化と関係性のゆらぎを経験すると、関わる相手について短期的な判断を避け、時間をかけて相手をよく知ろうとする態度が培われる。

　山岸 (2019) は、心理学実験を用い、人は相手から得られる利益が高いと認識すれば、相手をよく知ろうとすることで、信頼性を認識する能力が高まり、多数の相手の中から信頼性の高い人を選んで信頼するようになることを示した。開発事業による生活課題への対応を契機に地域外の多様な人・組織と相互作用を繰り返し、それぞれとの関係性の変化とゆらぎを経験した北部地域の住民は、関わり合う多数の相手をよく知ろうとすることで、信頼性を認識する能力が高まり、北部地域に関わる多様な市民の中から信頼性の高い相手を選ぶ能力を高めているのではないだろうか。

Ⅵ. 終わりに

　本章では茨木市北部地域住民と立命館大学茨木火起こしプロジェクトを例に、地域が住民の生活上の課題によそものを巻き込みながら対応していくプロセスを見てきた。開発事業を契機に北部地域に生じた生活課題や持続的な地域づくりへの対応は、それぞれの段階に応じて7つの住民組織が担ってきたが、その基盤となったのは近世村の単位である大字Sの資源の動員・配分や組織対応、規範形成に関わる社会的能力だった。そして、これらの住民組織で地域住民と地域外の人や組織、例えば大学の学生や教員は、二者間での相互作用を積み重ね、誠実さ、公平さ、親密さの程度によって関係性を変化させていた。その変化は取引的から変容的への前進と後退を繰り返し関係性のゆらぎをもたらした。変容的関係性は地域の変化の担い手を増加させる可能性を持つが、たとえそれが取引的関係性に後退しても、数多くの二者間で多様な関係性と関係性のゆらぎを経験した地域住民は、信頼性を認識する能力を高め、多数の相手

の中から信頼性の高い人を選ぶ。そして、信頼した地域外の人と変容的関係性を構築する経験を得た地域住民は、さらに地域外の人や組織を知ろうとし信頼性を認識する力を高めていく。このサイクルが生まれた地域は、地域外との関係を拡大していくことが、東日本大震災からの復興過程でも認められている（秋吉 2022）。

　これから地域に関わろうとしている大学生や、大学生を受け入れようと考えている地域の皆さんに、この章を終える前に伝えたいことがある。大字Ｓは地域の課題に対応する住民組織の基盤となる社会的能力を維持していた。しかし、人口減少や高齢化に伴う集落機能の低下によって、地域内で蓄積された社会的能力を地域課題への対応に活用することが難しい地域はこれから日を追うごとに増えていくだろう。あなたが暮らしている、関わろうとしている地域で、住民の課題に組織的に対応する社会的能力がどこに蓄積されているのか、新たな組織化のインパクトが地域社会に与えられた際の組織形成の基盤としてどう見出し活用するのか、考えてみてほしい。そしてよそものが地域に関わる時、彼らと地域の人々が相互に誠実でいられるか、公平さを示せるか、親密になれるか、が地域の未来に影響することを意識し、地域に対する自らの姿勢を自分に問いかけながら、地域に関わってほしいと思う。

読んでみよう、学んでみよう

1．重冨真一（2021）『地域社会と開発 第3巻：住民組織化の地域メカニズム』古今書院
　　＊地域に災害や政策変化といった外的インパクトがもたらされた時に組織対応の基盤となる社会的能力の見つけ方を、途上国を事例に紹介しています。
2．立教大学 RSL センター編（2017）『リベラルアーツとしてのサービスラーニング—シティズンシップを耕す教育』北樹出版
　　＊大学の教養教育として実施されるサービス・ラーニングについて、実践例とそれを支える理論を学ぶことができます。

注

1）　限界集落とは、1990年代に高知大学の大野晃が提唱した山村集落区分で、65歳以上が過半数を占め、担い手の確保と社会的共同生活の維持が困難となった地域を指す。

2) ふりかえりを踏まえて学生が記載したレポートには以下のような記述がある。「私たちは集客率ばかりを気にしてとりあえず沢山の子どもにイベントに参加してもらえば「ほくち」という場所を少なくとも認知してくれるだろう、そしてあわよくばイベント後も足を運んでくれるのではないかという安易な考えをしてしまっていた。確かに受け身の参加者をどれだけ多く募ったとしても今後ほくちに来てくれる可能性はとても低いしほくちを変えるにはNさんのような活発で自ら様々なものを生み出せるクリエイティブな人が必要なのだと思った。」

3) 地域社会開発の実効性は人々の資源動員、組織対応、規範形成に関わる社会的能力に依存する（余語・重冨 2020）。社会的能力の中心課題となる組織的対応は、日常的な相互扶助として地域住民が暗黙のうちに了承する規範や慣習に従って運営され目的が達成されれば解散する。しかしこれらの組織的対応は地域社会における社会関係を通じて維持・蓄積され、新たな組織化のインパクトが地域社会に与えられた際の組織形成の基盤となり得る。

4) 会員の属性は、居住者62%、出身者13%、事業者25% であり、地域別には昭和の大合併前の旧村の区分けで旧清渓村55%、旧見山村30%、旧石岡村15% である（大字Sは旧清渓谷村に位置づく）。男女比は男性が76%、女性が24% で、年代別では60代が38% で最も多いが、40代以下も37% を占める。目標の「イケる」とは「行ける：安心して学校に行け、地域で子供が育っている」、「生ける：子どもからお年寄りまで世代を超えて暮らしている。地域で仕事ができている」、「往ける：ビジョン達成に向けて楽しんで活動している」、「活ける：里山、田畑が手入れされている」、「イケる：おしゃれでイケてるイメージができている」そして「逝ける：高齢者が活躍し、ぽっくり逝ける」ところを指す。

5) 大学を管理者（Administrators）・教員（Faculty）・学生（Students）に、地域を地域組織スタッフ（Community Organizations）と地域住民（Community Residents）に分けて提示する構造モデル、SOFAR が提示されている（Bringle et al. 2009）。SOFAR における人と人として、学生と大学管理者①、大学管理者と地域住民②、地域住民と地域組織③、地域組織と教員④、教員と学生⑤、学生と地域住民⑥、地域住民と教員⑦、地域組織と大学管理者⑧、地域組織と学生⑨、教員と大学管理者⑩の関係を区別することで、誰が誰と相互作用し、そこから生まれた関係がそれぞれの構成員の目的を達成するためにどのように機能しているかを、より詳細に分析できる。

6) Bringle et al.（2009）による搾取的・取引的・変容的関係性モデルの説明と、Clayton et al.（2010）による搾取的・取引的・変容的関係性の特徴をもとに、各事例における2つのアクター間の相互作用の結果として表出する関係性を検証する分析枠組みを図2のように整理した。

7) 秋吉ら（2023）はアクター間の相互作用は、その時の二者間の親密さ、公平さ、誠実さの含まれ方によって、無自覚から変容への連続体上を動き続け、その結果として表れる関係性を、変容的関係性に前進させることもあれば、搾取的関係性に後退させることもあることを3つの大学による地域活動事例で示し、二者間の関係性が前進と後退を繰り返す状況を関係性のゆらぎと定義した。

▋参考文献

秋吉恵（2022）「災害復興プロセスに影響する社会関係資本―地域内の安心と地域外への信頼」『2022年度農村計画学会春期大会学術研究発表大会要旨集』17-18頁。

秋吉恵・森田恵・奥貫麻紀・秦憲志（2023）「大学生の地域活動は地域に何かをもたらし得るのか？―活動に関わるアクター間の関係性からの考察」『ボランティア学研究』第23号、57-68頁。

茨木市役所（2015）「資料1-2 社会資本総合整備計画大字S都市再生整備計画（第3回変更）」大阪府茨木市。

茨木市役所（2016）「様式2 都市再生整備計画　事後評価シート　大字S」大阪府茨木市。

茨木市の統計データ（2023）https://www.city.ibaraki.osaka.jp/ 茨木市役所（2023年7月20日アクセス）。

茨木市（2020）『平成30年大阪府北部を震源とする地震等の記録及び災害対応の検証報告書』茨木市役所。

茨木北部地域協議会（2016）「茨木ほくちの会中間報告会資料」。

茨木市北部地域協議会（2020）「定例ミーティング議事録」http://hokuchi.ibaraki.jp（2023年7月20日アクセス）。

文部科学省（2018）「平成29年度開かれた大学づくりに関する調査研究」8頁、リベルタス・コンサルティングへの委託事業 https://www.mext.go.jp/content/20200929-mxt_chisui01-100000171_1.pdf（2023年9月21日アクセス）。

千提寺まちづくり委員会（2010）「設計協議における確認事項案、まちづくり計画素案」千提寺まちづくり委員会。

山岸俊男（2019）『信頼の構造―こころと社会の進化ゲーム』第17版電子版、東京大学出版会。

余語トシヒロ・重冨真一（2020）『地域社会と開発 第2巻：地域分析と行動計画の枠組み』古今書院、28頁。

Bringle, Robert G., Patti Clayton and Mary Price (2009) "Partnerships in service learning and civic engagement." in *Partnerships: A Journal of Service Learning & Civic Engagement*, vol.1(1), pp.1-20.

Patti Clayton, Bringle, Robert G, Senor Bryanne, Huq Jenny and Mary Morrison. (2010) "Differentiating and assessing relationships in service learning and civic engagement: Exploitative, transactional, or transformational." in *Michigan Journal of Community Service Learning*, vol.16(2), pp.5-22.

第13章

地域の価値創造への大学のかかわり
—館ヶ丘団地における取り組みから—

藍澤 淑雄

Ⅰ．はじめに—地域で暮らす者と地域にかかわりたい者

　地域で暮らす者と地域にかかわりたい者では、地域を捉える眼差しが異なるのが常である。地域に暮らす者にとっては、そこでの時間と空間のなかで育まれた意識や人びとの社会的つながりがある。それらは必ずしも地域を発展させていこうという強いモティベーションに支えられるような目的指向型のものではないかもしれない。しかし地域にかかわりたい者は、地域で何かを成し遂げたい、地域の役に立ちたいといった目的をもっている場合が多い。したがって両者の間には感覚の差異が生じるのは必然的であるといえよう。では、このような差異が生じているなかで、地域における価値創造をどのように捉えていけばよいのだろうか。本章ではこのような視座から、ポスト資本主義時代における地域主義について検討するため、大学のかかわりが地域の価値創造にどのように影響しているかについて考察したい。

　地域への大学のかかわりを考察するに当たっては、地域では地域の人びとの感覚で暮らしが営まれているという視点をもちたい。そこで重要な見方となってくるのが、時間の観念である。広井（2001）は、経済や市場の時間の消費と地域で人びとが意思決定する時間の消費は、その流れに大きな違いがあると述べている。経済や市場が慌ただしく動いているなかにおいても、地域の感覚は「ゆっくりと流れる時間、より永続的な時間の層とのつながりをもつことであり、こうした感覚は「（成長に向けた）離陸ではなく「着陸の思想」でもある」という（同, pp.158-159）。つまり地域にかかわりたい者は、地域における時間の消費と流れを前提としながら、そのかかわり方を考えることが求められる。

　では、地域における新たな価値創造をどのように捉えるべきであろうか。本章では、地域への大学のかかわりが、地域の社会的文脈のなかで地域の人びとを結びつけながら、新たな価値の創造をもたらすひとつのきっかけとなりうるのではないかと考える。吉原（2016）が述べている、個人の「接合」という考え方には大きな示唆がある。個人の「接合」とは「見知らぬ人びとが自由にしかもお互いに違いを認めながら出会い、緊張をはらんだ関係性のうえに社会的アイデンティティを再構築する実践」として社会的文脈のなかで立ち現れるものであるという（同, pp.346-349）。それぞれが異質な人びととはその関係性のゆらぎのなかで「接合」している。すなわち、地域の社会的文脈では偶然性のなかで人びとの出会い（接合）が生じ、動的な関係を築き上げ、そうした中から価値創造は生まれているという見方ができる。地域における人びとの関係性のゆらぎのなかに、大学という刺激が加わることで、それぞれ距離を置いていた人びとの「接合」が生み出され、ひいては新たな価値の創造につながっていく形が見えてくるのではなかろうか。

　また地域の価値創造の本質について考えるうえで、本章では「地域の公共性」にも目を向ける。地域の公共性とは、私的な必要性を超えた地域に共有された必要性への対応であり、地域における価値創造のひとつのあり方であると思われる。したがって、本章では地域という共有された場で人びとが「接合」しながら、地域における公共性を萌芽させる過程そのものが、地域で共有された価値を創造する過程でもあると捉えたい。田中（2010）は、「潜在的な共同性の埋め込み」について述べている。すなわち、場を共有する個人は、そもそも潜在的な共同の意識をもっており、それを自覚することが、個人が行動を起こすことに転化し、さらには目的をもった集団の共同性に変化する可能性を示している（同, pp.70-71）。目的をもった集団の共同性とは、別の言い方をすれば、地域で生み出された公共性ともいえる（田中 2002, p.81）。そして、地域で公共性が創出される過程は、地域において独自の公共性を定義する過程でもある（田中 2010, p.177）。本章では以上のような視点から、地域への大学のかかわりは、地域の社会的文脈のなかで人びとの「接合」を促し、潜在的に埋め込まれた共同性を萌芽させるきっかけになりうるのではないかと考える。

　本章の目的は、地域への大学のかかわりが地域の価値創造にどのように影響

するのかについて検討することである。そのために、東京都八王子市にある
館ヶ丘団地における大学のかかわりを事例として、地域が公共性を定義してい
く過程に着目しながら考察する。事例対象の館ヶ丘団地は、近隣大学の学生が
地域住民とかかわりながら活動を展開している地域でもあることから、大学生
の意図がどのように住民に受け止められて、価値創造につながっているのかに
ついて、本章を通じて検討したい。

Ⅱ. 館ヶ丘団地

１　館ヶ丘団地の現状

　館ヶ丘団地は東京都八王子市西部に位置しており、UR 都市機構（住宅供給の
独立行政法人）が管理する集合住宅である。1975 年に誕生し、最盛期には 1 街区
から 4 街区にある 51 棟（図1）の約
2,900 戸に 1 万人以上が暮らしていた
（館ヶ丘自治会 2022）。しかしながら、
団地居住の需要低下とともに、2020
年に 4 街区が解体され、2023 年現在
では 1 街区から 3 街区に約 2,400 戸が
ある。ただ 2,400 戸といってもすべ
てが埋まっているわけではなく、お
およそ 5 分の 1 が空き家で、約 1,950
戸に約 3,000 人が暮らしている。

　館ヶ丘団地の特徴としては、まず
高齢化が進んでいることである。
2023 年に全国公団住宅自治協議会
と自治会が全世帯に行った留め置き
式のアンケート調査（全数調査）の結
果（表1）によると、館ヶ丘団地にお
ける 75 歳以上の住民の割合は 59％
であった。2020 年の同調査結果では

図1　館ヶ丘団地
出典：UR 都市機構（筆者が街区名を追加）

57％であったことから、高齢化がさらに進んでいることが分かる。調査回答者が高齢者に偏っている可能性があるものの、概して館ヶ丘団地の高齢化率は高いといえる。また、ひとりで暮らす世帯が増えているのも特徴のひとつである。2023年の独居率は64％で、2020年の57％から増えている。館ヶ丘団地では年齢が高くなるほど、独居率も高くなる傾向にある。住民の多くが年金生活者であり、家賃の負担が重いと感じる住民は全体の43％を占める。

表1　館ヶ丘団地の状況　2020年と2023年の比較

	2020年	2023年
75歳以上	57%	59%
独居率	57%	64%
年収200万円未満	52%	52%
収入年金のみ	65%	65%
家賃負担が大変重い	36%	43%
団地に住み続ける	74%	83%

出典：『館ヶ丘自治会便り』第82号2023年11月（2023年全国公団住宅自治協議会と団地自治会の調査に基づく）

　一方で、表1に示されているように、館ヶ丘団地に住み続けたいと思う住民が83％を占め、地域への愛着も感じられる。拓殖大学藍澤研究室（藍澤ゼミナール）が2020年に行った調査結果（全数調査、回収率12％）でも、住民の館ヶ丘団地での暮らしにおける満足度は総じて高く、年代別にも差がない（藍澤ゼミナール2020, p.5）。館ヶ丘団地での生活が好きな理由としては、自然の豊かさ、交通の便のよさ、静かさなどがあげられている。一定程度の愛着を感じながら地域に根付いている住民も少なくないものと思われる（同, p.6）。

　なお、調査では、住民の社会的なつながりについても明らかにしている。館ヶ丘団地内における住民のコミュニケーションの有無を調べた結果では、隣人（61％）、同じ号棟（59％）、違う号棟（50％）と号棟が離れるほどに、コミュニケーションが希薄になっていることが示されている（同, p.7）。近隣であるなしにかかわらず、コミュニケーションをとっている住民は館ヶ丘団地の交流イベント（表2）に参加している傾向があることもわかって

表2　館ヶ丘団地の交流イベント　（回答数の多い順）

	参加経験のある団地の交流イベント
1	餅つき
2	夏祭り
3	防災活動
4	盆踊り
5	バザー
6	昭和歌謡
7	道の駅関係イベント
8	手話教室／ダンス
9	コンサート
10	お茶会

出典：館ヶ丘団地暮らし向上プロジェクトチーム（2020）『館ヶ丘団地の暮らしに関する社会調査報告書』（p.18）をもとに筆者作成

いる（同, p.11）。また自治会に加入している住民は一定数おり（館ヶ丘自治会の調べでは25%）、自治会に加入している住民ほど団地内で広域なコミュケーションをとっている可能性が高く、団地のイベントにも参加していることが示されている（同, pp.18-19）。

　住民の社会的つながりは、館ヶ丘団地内に限ったことではない。表3は、団地住民の交流の場を示したものである。これをみると、団地住民の交流の場は、団地内外にかかわらず多岐にわたる。団地住民の社会的なつながりは多様であり広域性をともなっていることが分かる。こうした多様性は、館ヶ丘団地における居住年数にもみられる。表4をみると、団地住民が住み始めた年は様々である。2005年以降に館ヶ丘団地に移り住んできた住民は全体の51%を占める。現在の館ヶ丘団地は、建設当時に全世帯が新規入居者だった当時とは状況が異なる。

表3　住民の交流の場 (回答数の多い順)

	交流の場	団地内外
1	団地の縁側（自治会事務所）	○
2	スーパー（団地内と団地外）	△
3	たてキッチン（団地内地域食堂）	○
4	たまたまあったとき	△
5	病院	×
6	ふらっと相談室（団地内の施設）	○
7	自宅・訪問	○
8	趣味の集まり	△
9	福祉センターなど	×
10	銀星会（団地内の有志の会）	○
11	団地の集会所	○
12	団地内の公園	△
13	電話・スマホ・ネット	△
14	職場	×
15	食事・飲み会	△
16	高尾山	×
17	整骨院	△
18	その他	△

注) 団地内外：
○＝内 / △＝内でもあり外でもある / ×＝外
出典：館ヶ丘団地暮らし向上プロジェクトチーム(2020)『館ヶ丘団地の暮らしに関する社会調査報告書』(p.11) をもとに筆者作成

表4　団地に住み始めた年

住み始めた年	全体に占める割合	2023年時点における居住年数
1956年-1964年	1%	59年～68年
1965年-1974年	4%	49年～58年
1975年-1984年	20%	39年～48年
1985年-1994年	10%	29年～38年
1995年-2004年	14%	19年～28年
2005年-2014年	19%	9年～18年
2015年以降	32%	8年以内

注) 館ヶ丘団地誕生前の1975年以前の値（1%と4%）は、別の団地から転居した住民の可能性がある。
出典：『館ヶ丘自治会便り』82号2023年11月（2023年全国公団住宅自治協議会と団地自治会の調査に基づく）をもとに、筆者が居住年数を加筆

2　館ヶ丘自治会

　このように住民の多様性がみられる館ヶ丘団地において、住民による活動の中心となっているのが館ヶ丘自治会（以降、自治会）である（写真1は自治会事務所）。団地住民による公共性を定義する過程や価値創造について検討するうえで重要なアクターといえる。

　自治会の役割はその目的と活動にみることができる。規約にある自治会の目的は「会員の福祉を増進し、地域生活環境の整備や防災などに努め、住民による住民のための街づくりを行うこと」である（館ヶ丘自治会規約4条）。自治会はその目的のもと、会員の親睦、各種活動の企画運営、団地内外の団体との調整、行政との交渉・調整、施設管理、地域の将来計画の作成と関係機関との交渉などを行う役割を担っている（館ヶ丘自治会規約5条）。

写真1　団地の縁側（自治会事務所、筆者撮影）

　希望する住民は自主的に入会あるいは脱会することができるため、住民の転出入により加入者数は変化するが、2022年時点では加入率が約25%であった（館ヶ丘自治会 2022c）。館ヶ丘団地が整備された当時は全街区対象の自治会と4つの街区毎の自治会の5つの自治会が活発に活動しており、全世帯の加入が基本だった。しかしながら各街区では自治会衰退が進み、これを受けて2010年に現在の全街区をカバーする1つの自治会が新たに設立された。館ヶ丘団地が整備された当初は、高齢化率も比較的低く、保育園の不足、交通の便の悪さ、病院の不足などの最低限の生活環境を改善することが求められたため、5つの自治会が必要であった。しかし、時代とともに家族構成が変化し、生活環境改善の必要性も低下したことから、街区毎の自治会が衰退したとされている（同上）。

　自治会における施設・財務・会計・庶務などの管理の活動以外で、最も重要なもののひとつは「団地の縁側」の運営である。「団地の縁側」は2014年に開設

された自治会事務所のことであるが、住民が交流する場にもなっている。2022年4月から2023年3月までの数値に基づくと、一年間で255日間住民に開放しており、延べ7,998人が利用していた（自治会事務局調べ）。お茶やコーヒーを飲むことができるスペースが確保してあり、住民のミーティングや憩いの場としても活用されている。

　ちなみに館ヶ丘団地には月一回発行される自治会報があり、大学の活動は会報で紹介されている（図2）。団地住民の91％が自治会報を読んでおり、自治会報の内容に対する住民の評価は高い（拓殖大学藍澤ゼミナール 2020, p.19）。団地内のイベントや活動、その他の重要な案内などを把握するための情報源として活用されている。

図2　月一回発行される自治会報
出典：館ヶ丘自治会

III.　大学の地域へのかかわり――「館ヶ丘団地暮らし向上プロジェクト」

1　「館ヶ丘団地暮らし向上プロジェクト」（館プロ）

　館ヶ丘団地における価値創造の過程について検討するにあたり、ここでは大学生による活動と団地へのかかわりに目を向けたい。大学生たちは団地社会に入り込んで住民と直接かかわりながら活動していることから、そのかかわりはなんらかの住民の認識や行動に影響しているものと考える。そのために、「館ヶ丘団地暮らし向上プロジェクト」（以下、館プロ）における学生の住民とのかかわりに着目し考察する。館プロは、2019年12月に始まった拓殖大学藍澤研究室（藍澤ゼミナール）による学生主体のプロジェクト名である。なお、これは自治会のプロジェクト名ではないので、自治会住民にとっては学生のボランティア活動ということになる。

表5　館プロによる主な活動

活動時期	活動内容
2020年2月～7月	2,400全世帯対象の社会調査実施・データ分析・結果報告
2020年12月～	空き家調査支援
2021年5月～6月	新型コロナワクチン予防接種予約代行
2021年6月～	防災体制強化活動
2021年9月～	スマホ相談会
2022年3月	防災の仕組みづくりと防災訓練の実施
2022年11月	団地秋まつり参画（多世代間交流）
2023年4月	団地春まつり参加（多世代間交流）
2023年7月～8月	50代以下の住民を対象とした社会調査の実施
2023年9月	団地内「まごころ保育園」での防災紙芝居（多世代間交流）
2023年11月	団地秋まつり参加（多世代間交流）

出典：筆者作成

　学生にとっての館プロの目的は、館ヶ丘団地の抱える課題について理解を深めたうえで、その解決に向けて団地の暮らし向上に貢献することである。自治会が受け入れ組織でありカウンターパートとなっている。これまで様々な活動が実施されてきたが、主な活動については表5に示されている通りである。社会調査、空き家調査、新型コロナワクチン予防接種予約代行、スマホ相談会、防災の仕組みづくりと防災訓練、団地まつりへの参画、多世代間交流の企画、社会調査（50代以下対象）などが実施されてきた。こうした活動は、基本的に自治会と学生たちが連携する形で実施されてきた（表5）。

② 館プロの活動における自治会・学生の関係変化と地域の公共性の萌芽

　2019年に自治会幹部による学生の受け入れにより始まった館プロは、次第に自治会の活動に沿ったものへと変化していった。自治会と学生が連携するなかで、館プロの活動は、館ヶ丘団地における公共財[a]形成にもかかわっていくことになる。図3には主要な活動の流れに沿った自治会の住民・館プロの学生の意識とかかわりを示した。館プロの主要な活動の流れを追いながら確認していく。

　プロジェクト開始当初は、館ヶ丘団地に対する理解が十分ではなかったこともあり、学生たちは最初の活動として自治会に協力してもらいながらアンケート式の社会調査を実施することにした。自治会は学生たちが準備した質問票の

---

[a] **公共財**：誰でも同時に自由に利用できる財やサービスのこと（例えば、灯台の光やラジオ放送など）。この場合は、団地住民が誰でも自由に利用できる仕組みやサービスのこと。

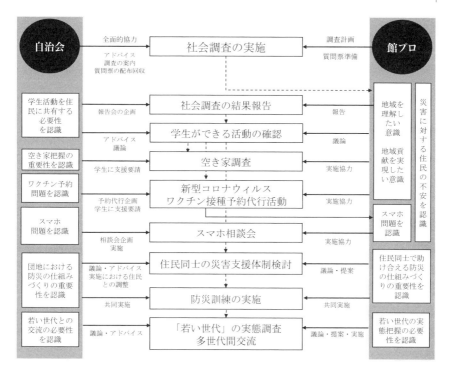

図3　自治会住民と館プロの学生のかかわり
出典：筆者作成

ドラフトにコメントをする一方で、最終的には学生たちのやりたいことを尊重する形をとった。自治会は、月一回全戸に配布している自治会報で事前に案内したうえで、2,400全世帯に対して質問票を配布し約280のサンプルを回収した。学生たちは記入済みの質問票をもとに研究室でデータ入力し、分析を行い、自治会が主催する学生活動の報告会において結果報告を行った。この段階では、自治会は学生たちの活動に協力しながら、団地住民に学生活動を共有したいという意識をもっていた一方で、学生は地域に貢献したいという意識のもと自分たちにできることを探し求めていた。

　学生たちにとって転機となったのは、調査結果報告後、幾度かにわたり自治会と会合を重ねたことである。学生たちは、自治会と議論するなかで、館ヶ丘団地の暮らし向上に協力したい旨を強調していた。それに対して自治会の主要

メンバーが学生たちにアドバイスや提案をするようになっていった。その後、自治会から次第に学生たちに要請が出るようになった。

　最初の要請は、自治会が月一回行っている空き家調査への学生の参加である。自治会は独自に館ヶ丘団地に関する情報を蓄積する活動を行ってきており、空き家調査もその一環であった。3つの街区において具体的にどの棟のどの部屋が空き家になっているかを把握するための調査である。学生たちにとっては、館ヶ丘団地内を隈なく歩き回ることが土地勘を養うための好機となっていた。また調査の途中で偶然出会った住民たちとコミュニケーションをとることで館ヶ丘団地について理解を深めることができた。

　その次の要請は、新型コロナウイルスのワクチン接種予約代行の活動である。新型コロナウイルスワクチンの第一回目接種の予約を団地住民に代わって行う作業である。2021年5月は新型コロナウイルスの第三波が押し寄せていた時期であり、PCやスマートフォンを使いこなせない高齢の住民の多くが八王子市のワクチン接種予約窓口に直接電話をかけることで予約を取ろうとしていた。しかし予約の電話が同じ回線に集中し通話できない状態が続いたため、多くの住民が途方に暮れている状況であった。そうした状況を改善するために、自治会が学生たちに協力を要請したのであった。自治会が自治会報などを通じて住民に案内したところ、希望する多数の住民が自治会事務所（団地の縁側）を訪れ、自治会メンバーと学生たちがPCとスマートフォンを通じてワクチン接種予約を行った。予約代行のサービスを受けた住民たちは学生の存在を認識し、学生たちにとっても住民たちとの距離を縮める機会になった。

　新型コロナウイルスのワクチン接種予約代行の活動は、新たな活動を生み出すことになった。学生たちは、新型コロナウイルスのワクチン接種予約代行の経験から、多くの住民がスマートフォンを使いこなせていないことを把握していたのである。それがもとになって、希望する住民にスマートフォンの使い方を教える「スマホ個別相談室」が開催されることになった。自治会は住民に対して自治会報などを通じて継続的に案内を出しており、2023年までに他大学の学生による開催も含め、複数回にわたり開催されている。ただスマートフォンといってもその種類と機能は機種によって異なることから、学生たちは個別対応しながら、ときに住民と一緒に問題を解決する形もとっている。住民に

とってはスマートフォンの使い方を覚える機会になっている一方で、学生にとっては住民との交流を深める活動となった。

　こうした過程を経て館プロは新たな段階に入ることとなる。それは館ヶ丘団地での防災の取り組みが開始したことによる。そもそも防災に努めることは先に述べた規約にもある通り、自治会の目的の一部でもあり自治会が関心を寄せていたことである。他方で災害時が不安であるという住民の声は、学生たちにも日頃の団地での活動を通じて届いていた。そのようなタイミングで始まったのが、災害時に住民同士で支援しあえる仕組みづくりであった。

　学生たちは防災の取り組みが始まる前から自治会の主要メンバーとともに週一回の会合を重ねていた。しかし自治会の防災の取り組みが始まってからは、防災の仕組みについて議論・検討することが多くなった。防災に関するアンケート調査、防災マップの作成、防災サポーター会議、防災訓練など、それぞれの活動について自治会と学生の間で建設的な議論・検討が行われた。

　アンケート調査では災害時における「支援が必要な住民」と逆に「支援可能な住民」を把握した。これに基づいて館ヶ丘団地内の「支援が必要な住民」と「支援可能な住民」を示した防災マップが作成された。あわせて防災時にどのように「支援可能な住民」が、「支援が必要な住民」に対応すべきかについて検討を重ねた。その後、数か月におよぶ検討と調整の過程を経て、自治会が「支援可能な住民」を中心とした防災サポーター会議を開催し、実際に小規模で実験的ではあるものの防災訓練を実施するまでに至る。

　こうした一連の過程においては、自治会と学生たちの間で様々な議論と調整が行われ、意見の違いが生じることも多かった。特に災害時にどのように「支援可能な住民」が「支援が必要な住民」を支援するかについては、学生たちと自治会メンバーの間に考え方の違いが生じていた。学生は、アンケート調査で把握した「支援が必要な住民」の避難困難レベルに応じて色分けしたステッカーを郵便受けなどに貼ってもらうことを考えていた。しかしながら自治会は「支援が必要な住民」が避難困難レベルを積極的に公表したくない可能性や個人情報の漏洩につながるリスクなどから難色を示す場面も生じた。最終的には、災害時に「支援が必要な住民」が、支援が必要な時に赤い布（写真2）を窓やベランダに下げるといったシンプルな方法で支援の必要性を伝え、それを確認した「支援可

写真2　「支援が必要な住民」が防災訓練時に出した赤い布（筆者撮影）

能な住民」が支援に向かう方法をとる形で落ち着いた。また避難訓練の計画作成においても、学生が作成した計画や訓練シナリオの案を、住民が滞りなく実施できるよう、自治会が大幅に修正を加えて、防災訓練実施要項を作成するなど、学生と自治会の間には建設的な調整が行われた。以下は、その頃に発刊された自治会報（『館ヶ丘自治会便り』）からの抜粋である。

館ヶ丘自治会は拓殖大学の学生さんと防災訓練を計画中です

この1年間、拓殖大学藍澤ゼミナールの学生さんと、主に地震を想定した「防災」の取り組みを検討してきました。昨年7月には、皆さんに協力していただき「アンケート」を実施し、125名の回答をえました。自治会が防災と考えているのは、まず「地震」対策です。もちろん、台風や大雪、さらには「いま現在」のコロナ感染も考えられます。しかし、私たちが注力しなければならないのは、やはり地震だと思います。震度5以上の地震が起きたとき、自治会は「対策本部」を立ち上げます。場所は「団地の縁側」で、本部長は自治会長です。来月には防災訓練を予定しています。（「館ヶ丘自治会便り　第61号　2022年2月5日」）

その後、自治会主体で防災訓練が開催されたが、それは現自治会が開設されて以来、はじめてのこととなった。防災訓練を振り返る参加住民によるミーティングでは、実験的に行った防災訓練を改善したうえ、館ヶ丘団地の制度として根付かせていきたいという意見が表明された。そこには、新規に転入した住民を含む自治会員以外の住民も加わっていた。

将来的に館ヶ丘団地で防災の仕組みづくりを進めるためには、自治会は「若い世代」（自治会の認識に基づくと若い世代はおおよそ50代以下の年齢層）のかかわりが欠かせないと感じている。2023年に入ると、学生たちはそれまでの流れを汲

んで、団地まつり（写真3）などの機会
を利用しながら多世代間交流を促すと
ともに、「若い世代」の地域への関心に
ついての実態調査や団地内の保育園で
の防災紙芝居などを行っている。

写真3　団地まつりでの学生と住民の交流
（筆者撮影）

　このように、館プロの活動は、地域
に貢献したいという学生たちの意欲を
実現する手段であると同時に、自治会
にとっては地域の公共活動でもあると
いえる。自治会住民と学生、自治会活
動にかかわった住民同士が相互に影響し合いながら、地域防災の仕組みづくり
につながったものと思われる。

Ⅳ．館ヶ丘団地の事例から見えてきたこと

　本章では、高齢化が進む館ヶ丘団地において、学生が館プロを通じてどのよ
うに自治会の取り組みとかかわりをもってきたかを論じながら、自治会住民を
中心とした団地における価値創造について検討してきた。

　事例から明らかになったことは、地域の公共性が、地域内外の住民が接合し
ながら脈々と流れる暮らしのなかで定義されていくということである。地域の
公共的な役割を果たしている自治会の営為に、学生の社会貢献と自己成長を目
的とする行動が接合した結果として、その差異のなかから地域の公共性が強化
されている面が確認できる。自治会が設立当初からもっていた防災への関心
に、住民の不安の声を耳にしながら、学生が自然と歩み寄った結果、災害時に
住民同士が助け合える仕組みづくりがはじまり、現自治会の設立以来はじめて
の避難訓練が行われるに至っている。田中（2010）が述べている「潜在的な共同
性」が住民のなかに埋めこまれているとみることもでき、個々の住民による防
災の取り組みへの参加を通じて自覚が芽生え、目的をもった集団の共同性に変
化している過程であるとも解釈できる。住民の暮らしのなかでの自治会の存在
感は必ずしも大きくはないかもしれないものの、今後の住民の防災への意識と

自治会へのかかわりによっては、防災の仕組みがさらに改善し拡大していく可能性を秘めている。

　こうした点から見えてくるのは、自治会の一連の営みと「地域主義」の考え方には親和性があるということである。かつて玉野井芳郎（1990, p.88）は、「地域主義」について「地域に生きる生活者たちがその自然・歴史・風土を背景に、その地域社会または地域の共同体にたいして一体感をもち、経済的自立性をふまえて、みずからの政治的・行政的自律性と文化的独自性を追求すること」と定義した。館ヶ丘団地の場合には、玉野井の定義とは逆に、団地生活者の多様性により地域社会の一体感は失われているかのようにみえるかもしれない。しかし、自治会の活動がそもそも地域の一体感を意識した活動でもあることを考えると、むしろ自治会は団地をめぐる環境変化に対応した形で、地域を照らす灯として存在し続けているとみることができる。高齢化が進む館ヶ丘団地では、住民自らが高齢者という立場で暮らし向上を図るべく自治会を運営している。そして自治会は高齢化が進む地域の現状にあった形で、防災対策などの地域の公共活動を行っている。これは、高齢化が進む館ヶ丘団地が、まさに自律性と独自性を追求しながら行っている、地域の暮らしに根差した現実的な営みである。

　特記すべきは、館ヶ丘団地の事例の場合、学生のかかわりが刺激にもなり、もともと内在していた自律性と独自性が、防災訓練という形で顕在化したことである。すなわち地域は閉じられたものではなく開かれたものであり、開かれているがゆえに、地域と外生的な刺激の差異のなかから変化を生じさせている。学生はこの外生的な刺激の一部として地域の変化にかかわったという見方ができる。

　このように開かれた自治会による活動は、外生的な刺激を享受しながら展開されている独自の公共性を定義する過程であり価値創造の過程でもある。災害時に住民同士で助け合える仕組みづくりの実践は、今後の継続によりさらに最適化された形で地域の公共財としての価値を高めていく可能性を秘めている。

Ⅴ．まとめ

　本章は、地域への大学のかかわりが地域の価値創造にどのように影響してい

るかについて考察した。このために、館ヶ丘団地における自治会と学生が連携しながら行った一連の取り組みが地域の価値創造にどのように影響しているのかについて検討した。

　館ヶ丘団地の特徴を表現するとしたら、高齢化社会であり、個の多様性であり、地域を超えた社会的つながりの広域性であり、地縁性の衰退であり、他方で土地への愛着でもある。一見すると相容れない要素が同居しているかのようであるが、それがモザイクのように組み合わさっているのが館ヶ丘団地である。そしてこうした地域の特性のなかで、団地の暮らしを向上させようとしているのが館ヶ丘自治会である。

　館ヶ丘団地の場合には、館ヶ丘自治会が、学生のかかわりを受け入れて協働しながら学生の良さを引き出す立場をとってきた。こうした自治会住民の寛容な立場が、学生との関係性のゆらぎのなかから、館ヶ丘団地における潜在的な共同意識と相まって、実験的な防災訓練という形で小さな価値創造をもたらした。これは学生のかかわりといった外生的な要素と地域の暮らしに根差した感覚との間にある差異のなかで生じた価値創造とみることもできる。

　本章で検討した一連の取り組みは、自治会主体の運営により成り立っている。あくまで身の回りの地域の暮らしを向上させるために無報酬で行われているボランタリーな取り組みである。自治会は常に開かれており、地域を深く理解している当事者だからこそ、地域に根差した取り組みを行っている。そして地域をめぐる環境変化と地域の状況にあわせた形で独自の価値創造をしながら、地域に温かみを与えている。学生がかかわったことで実施に至った防災訓練もその価値創造の過程である。団地全体においては小さな変化であったかもしれないが、地域が価値創造を生む過程にはそのようなきっかけがあると捉えることもできる。それと同時に学生の地域へのかかわりは地域の価値創造に組み込まれた刺激になりうることも事例では示している。

　本章で検討した館ヶ丘団地での取り組みは、ポスト資本主義時代における高齢化や地域衰退といった社会変化への地域の対応と大学のかかわりを示したひとつの事例である。地域主義について検討していくには、このような小さな価値創造を手繰り寄せる発想が必要となる。

【謝辞】

本章は国際開発学会第23回春季大会で発表した「地域コミュニティの「ありのまま」と多遍性（pluriversality）をどう捉えるか—館ヶ丘団地における人々のかかわりと価値創造からの考察—」をもとに組み直して、大幅に加筆修正したものである。学会で有益なコメントをくださった参加者ならびに関係者に感謝申し上げたい。

読んでみよう、学んでみよう

1．小池高史（2017）『団地族のいま』書肆クラルテ
　＊団地の高齢化や孤立の現状、自治会の役割、大学生の団地へのかかわりについて知ることができるとともに、地域の一部としての団地について理解を深めることができます。
2．岡村圭子（2020）『団地へのまなざし—ローカル・ネットワークの構築に向けて』新泉社
　＊日本の経済成長期の都市部における住宅不足への対応として次々に建設された公団住宅が、半世紀を経て、どのように地域内外に開かれたネットワークをもちながら存在しているのかを知ることができます。

参考文献

拓殖大学藍澤ゼミナール 館ヶ丘団地暮らし向上プロジェクトチーム（2020）『館ヶ丘団地の暮らしに関する社会調査報告書』、2020年7月。
館ヶ丘自治会（2010）『館ヶ丘自治会 規約』。
館ヶ丘自治会（2022a）『館ヶ丘自治会便り』61号、2022年2月。
館ヶ丘自治会（2022b）『館ヶ丘自治会便り』62号、2022年3月。
館ヶ丘自治会（2022c）『館ヶ丘団地と自治会の紹介』、2022年5月。
館ヶ丘自治会（2023）『館ヶ丘自治会便り』82号、2023年11月。
田中重好（2002）「地域における共同性：公共性と共同性の交点を求めて（1）」地域社会学会編『地域社会学会年報』第14集、10-23頁。
田中重好（2010）『地域から生まれる公共性—公共性と共同性の交点』ミネルヴァ書房。
玉野井芳郎（1990）『地域主義からの出発（玉野井芳郎著作集第3巻）』（鶴見和子・新崎盛暉編）学陽書房。
広井良典（2001）『定常化社会—新しい「豊かさ」の構想』岩波新書。
吉原直樹（2016）「コミュニティの社会学から社会史へ」中野佳裕・訳、ラヴィル，ジャン＝ルイ・スコラッジオ，ホセ・ルイス編『21世紀の豊かさ—経済を変え、真の民主主義を創るために』コモンズ、328-357頁。

おわりに

第14章

あいだの開発学の可能性
―秋田と南アフリカの起業家たちの学び合い―

工藤 尚悟

Ⅰ．はじめに

　本書は、経済総量の拡大を一元的な目的とするグローバル市場によって大量生産・大量消費型の社会がつくられ、格差や環境問題などの課題が構造的に固定化されてしまった現状に対して、どのような新しい社会経済の仕組みを考えることができるのかを論じている。背景には、経済活動を市場原理に委ねることで全体効率を最大化するという経済合理性がある。これを高めることによって、私たちは「形式的な意味」の経済成長を達成してきたが、一方で経済の「実質的な意味」を見落としてきた（第一章）。ここでの「実質的な意味」とは、人間としての生存・生活のことであり、具体的には、私たちひとりひとりが日々の暮らしのなかで感じることができる発展や豊かさのことである。その上で、私たちはポスト資本主義時代に何を問い直し、どのような価値創造が必要なのかと問いかける。

　この本質的な問いかけに向き合う視点として、本書は地域主義を挙げている。地域主義とは、経済、自然、政治、行政、文化など、人々の暮らしに関わる項目を可能な限り地域内で完結させ、地域本来の姿に立ち返ろうとする思想である。これが実現されている地域は、経済的に自立しており、共同体が維持され、環境保全を重視した暮らしが営まれる。また、地域主義は、個別の地域での取り組みをその内部に閉じるのではなく、より広域な社会発展につなげる視座も含む。玉野井芳郎は、地域主義を「地域の住民の自発性と実行力によって地域の個性を活かしきる作業と文化を内発的につくりあげて、「下から上へ」の方向を打ち出してゆく。そしてそのために、場合によって国の統治・行政の

あり方に起動の修正をもちこむ。これが地域主義または地域分権というものだと私は考えている。」と定義する（玉野井 1979, p.7）。人々の自発的な行動を起点としていることからも、地域主義は当事者の主体性を尊重し、個別事例の現場から政策提言を目指す考え方だと言える。

　ここで、「地域」という小さな単位を、社会のあり方を考えるときの主体に用いているということは、異なる価値観を持った複数の地域の存在が前提となる。それは同時に、個別の価値観を持った多くの地域によって世界が構成されているという、多元世界的な認識（Escobar 2008）に立っていることを意味する。では、地域主義において、実際に複数の異なる価値観にある地域どうしが出会うことは、どのように想像されているのだろうか。例えば、社会的連帯経済は、協同組合を母体としながら多様な背景や特性を持った人々が対話を重ね、「自分たちの地域」という小規模なユニットのなかでの暮らしをより良くしていこうとする仕組みであり（工藤 2020; 廣田 2016）、その思想はまさに地域主義に合致する。一方で、ここでの協同組合は、地域ごとの特徴は反映しながらも、社会的連帯経済という思想を共有している点において同じ価値観を共有する空間であり、異なる価値観を持った地域間の交流については語られていない。

　多元世界的な認識では、地域はそれぞれに固有の歴史や風土のなかで成立しており、異なる社会経済状況にある。そういった前提のなかで、異なる価値観を持つ地域どうしが出会ったとき、分断や無関心になるのではなく、何か意味のあるつながりを形成することができるのだろうか。これが本章の関心である。

　今日の世界を見ると、異なる価値観が現実主義的に対立し、人間の生存・生活すらも脅かされるような対立が連発している。本章の執筆期間においても、2022 年 2 月からはじまったロシアのウクライナ侵攻や、2023 年 10 月からはじまったイスラエルとパレスチナ間の紛争が、まさに異なる価値観や歴史観の物理的衝突として生じており、人の生命や尊厳に対する危機を強く感じる。こうした状況に対して、グローバル・シティズンシップのように地球市民としての倫理観を持つことや、クライメート・ジャスティス[a]のように地球生態系の危

用語解説　[a] クライメート・ジャスティス：気候正義。気候変動の原因とされる化石燃料の使用や炭素排出において、先進国と途上国や現行世代と将来世代の間に生じている不公平さを解消すべきという議論。

機を意識することが、国際的な倫理観として提唱されている。しかし、こうしたグローバルに共有できる普遍的価値を軸とした対応だけでは、求められているスピードや規模で、個人の変容と社会の変革を起こせていない。

　ならば、多元世界的な認識のなかで、異なる価値観を持った者どうしが、異なる価値観を持ったままに如何に出会い、そして価値共創するのかが重要な論点になる。本章は、この価値共創の場をあいだという概念から探っていく。著者の研究では、このあいだに「学び」を置き、本来的には関わりをもつ可能性が極めて低い、異なる風土に根差した地域どうしの邂逅とも呼べるような出会いを設計し、そこに学び合いの空間を創り出す「通域的な学び（Translocal Learning）」を提案している。本章の後半では、この実践を紹介した上で、異なる主体の出会いの場を軸とした「あいだの開発学」の可能性を提案する。

Ⅱ．あいだの概念

1　あいだの定義

　それでは、本章の重要な概念であるあいだの定義からはじめたい。あいだは、複数の主体が出会う場所を意味し、これは物理空間に限定されず、意味空間も含む。あいだの概念が端的に表れているのが、日本建築の「縁側」である。縁側は、家屋の内側でもなく外側でもないが、それと同時に内側でもあり外側でもあるという、特徴的な空間である。ここで来訪者と座って会話をするという機能の他に、日本人の精神世界においても、家の内と外をつなぐ役割を持っている。地域研究の一つである近江学のなかには、縁側についての次のような記述がある。

　　縁側とは面白い場所だ。内と外を隔てるただの境ではない。ある想いが日常の生活圏からはみ出して、どこか遠い、見知らぬ世界に向かおうとする際の起点になっている。縁側があの世からの客を迎えたり送ったりするときの、家のターミナルポイントになっているのだ。（成安造形大学附属近江学研究所 2019, p.53）

　今日、都市部で縁側のある家を見ることは稀だが、農村では、縁側の他、縁側的な機能を果たす入口部分、腰掛けることができる広目の玄関があり、こういった空間を来訪者との出会いや対話の場として使う様子を日常的に目にする。縁側的な場所よりも内側は家主の暮らしの空間であるため、プライバシーを守る意味からもそこまで入り込んできて欲しくないし、来訪者も遠慮をする。一方で、事前に連絡を入れて約束をするのも大袈裟というような、物の貸し借りやお裾分け、世間話といったやりとりがある。これらは、まさに縁側的な空間で行われる。内でもなく外でもないが、内でもあり外でもある、という縁側は、あいだの空間であり、この存在がコミュニケーションを円滑にしている。

　あいだの概念は、山内得立が龍樹の『中論』のなかの論理を、テトラレンマとして定式化したなかに、その特徴を見ることができる。

1. A（肯定）* A である
2. Ā（否定）* A ではない
3. A でもなく Ā でもない（両否定）* 肯定でもなく否定でもない
4. A でもあり Ā でもある（両肯定）* 肯定でもあり否定でもある

　1は同一律、2は矛盾律の上に成立しており、それぞれ肯定文（A=A の状態）と否定文（A ≠ Ā の状態）である。A と Ā が同時に存在することは事実として相容れない矛盾であり、認められない。A と Ā のあいだには意味的なつながりはなく、ゆえに、あいだも存在しえない。
　対照的に、3と4は、排中律の逆転の上に成り立つ。3は、両否定の文（A でも Ā でもない状態）、4は両肯定の文（A と Ā のどちらでもある状態）である。両否定も両肯定も、矛盾律の上には成り立ち得ない状態を説明している。つまり、1と2では矛盾として棄却される A と Ā のつながりが認められている状態を示している。
　テトラレンマでは、一般的には両肯定のあとに両否定が置かれるが、山内はこれを入れ替え、両肯定を最後に据えている。これによって、A と Ā の両方の可能性を否定するかたちで終わるのではなく、A と Ā の両方が同時に存在

する中庸の空間、つまりあいだの空間を拓いた（ベルク・川勝 2019, p.40）。両否定と両肯定が成り立つ混合の世界観が示されることで、有か無か、或いは肯定か否定か、という二元論的な視点を乗り越え、意味の異なる複数の所述がひとつの濃淡（グラデーション）のなかにある状態を示した。

② 差異を認めてあいだを拓く

対立する主張を乗り越える思考方法については、ヘーゲルやマルクスの弁証法が知られる。対立する2つの主張や概念が双方に否定しあう状態を逆転させて、否定の否定を通じて対立を乗り越え、議論の抽象度を上げたところで合意を得る方法である。弁証法の前提は、2つの概念が対立関係にあり、双方が同時に存在できない矛盾の関係性にあることである。論点がぶつかり合って議論が平行線を辿るジレンマの状態を打開するために、矛盾の逆転を用いる。

国際社会での気候変動対策に関する議論を例にこのことを考えてみたい。気候変動対策について先進国側が化石燃料の使用を制限し、ゼロカーボン社会[b]を目指すべきと主張するのに対し、途上国側が産業化のために継続的な化石燃料の使用を主張する。合意点が見つけられないなかで、さらに双方が主張を重ねていく。先進国側は、気候変動がこのまま進めば、仮に経済成長を成し遂げたとしても、そもそも人間の暮らしを支える地球生態系の維持ができなくなる。ゆえに、化石燃料の使用は途上国であっても制限されるべきだと主張する。これに対して、途上国側は、これまでの歴史を振り返れば、先進国が先進国たる所以は過去に化石燃料を使用して産業化を達成したからであり、自分たちに同様の発展する権利が認められないのはおかしいと反論する。どちらの主張にもそれぞれの価値観に照らして正しい面があるが、どちらかの選択肢を選ぶことができない。

こうした2つの異なる主張が拮抗するとき、弁証法は次のような解決策を提示できる。先進国と途上国という枠組みを外し、「グローバル」という主語で、普遍的な価値や、すべての国や地域にとって関連性のある課題を、グローバル・アジェンダとして提示する。こうしたグローバルスケールの主語を用いた最た

用語解説 [b] ゼロカーボン社会：地球温暖化の原因とされる温室効果ガスの排出量を、地球生態系が吸収できる量以下にすることで、実質的な排出量をゼロ状態にした社会。

る例が、国連が 2015 年に提唱した「持続可能な開発目標 (Sustainable Development Goals: SDGs)」であろう。一見すると平行線の議論が解消されたように見えるが、実際にこうしたグローバル・アジェンダに人々が主体的に取り組めているのかどうかには疑問が残る。

　A と B (=Ā) という対になる概念が存在する場合に、弁証法を用いることでひとつの合意に至ることができるという議論について、山内は「現実の一方的な解釈」であると批判する (大峯・長谷 2002)。なぜなら、現実の世界では、A と B はそもそも対立構造のなかにあるのではなく、差異としてあり、存在は混合の世界であると見るからである。弁証法では、A と B は対立する関係と捉えられ、ゆえに矛盾のなかにあり、そこにはそもそもあいだは存在しえない。理論上では、否定しあう主張同士が出会う意味空間が認められないことが弁証法の限界のひとつであると、鋭く指摘する。

　このことを先の気候変動の議論に当てはめてみると、SDGs というグローバル・アジェンダを提示することによって、むしろ先進国と途上国の主張が出会うためのあいだが失われてしまっている状態と見ることができる。日本社会で SDGs が語られるとき、「SDGs を自分事として捉える」という表現が頻出することも、弁証法を用いた結果として生成されるグローバルという主語と、私たち一人ひとりが持っているローカルの主語とのズレが生じているためと捉えることができる。

　実社会の場合を考えてみると、多くの場面において主張の違いは、お互いの存在を否定し合うような矛盾よりも、異なる世界の見え方からくる違い、つまり差異であることが多い。一見すると対立するような主張も、認識のグラデーションのなかにあると捉え、着地点を探る手続きを、日々のコミュニケーションのなかで行っており、それはつまりあいだの空間で起きている。あいだの概念を用いることによって、多様な認識が同時に存在できる空間が生まれ、異なる価値観を持った主体が出会うことができる。折り合わない意見や異なる視点を有する者との出会いによって、盲点がつかれるような気付きを得ることは多く、実際にそうした経験が新しい発想やイノベーションの源になることは多い。

3　どのようにあいだをつなぐのか

　それでは、異なる価値観を持った主体が対立ではなく、差異のなかにあると

捉えた場合、主体間のあいだを私たちはどのようにつなぐのか。国際協力と開発学における主要な議論に触れながら検討したい。

はじめに、1950年代に提唱された近代化論では、産業化と経済発展を通じて、社会がより高次の発展を達成する過程が発展とされた（Rostow 1959; Bradshaw 1987）。こうした解釈は、マルクスが提唱した唯物史観[c]やダーウィニズムに遡ることもでき（武田ほか 1956）、横軸に時間、縦軸に社会経済状況の質を数段階のステージとして置く。先進と後進の状態のあいだは「時間」を媒介としてつながれている。近代化に必要な構造改革や投資、外部からの介入が適切に行われることによって、時間の経過と共にこのあいだが埋まっていくという見方である（図1）。

今日の国際協力や開発学の分野においては、当然のように経済成長のみを基準に国の発展度合いを把握することはしないし、近代化論の批判も多くなされている。開発学の教科書となる書籍でも開発が経済成長だけでなく、環境、社会、文化などの諸側面に関わる複合的な概念であることが明示されている

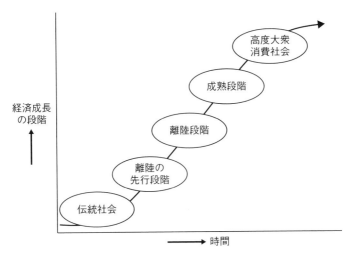

図1　Rostow, W.W. (1960) が示した経済成長の諸段階の図
出典：Rostow, W.W. (1960) *The Stages of Economic Growth: A Non-Communist Manifesto*, Cambridge: Cambridge University Press. After Katie Willis (2011) *Theories and Practices in Development* 2nd edition, Routledge, p.45

用語解説 [c] 唯物史観：社会の変化は、生産力の発展によって生じる、という考え方。社会の発展形態についてカール・マルクスによって提唱された。

(Willis 2020; 大坪ほか 2009)。個人のニーズやケイパビリティ[d]などの人を中心とした考え方、全地球的に守られるべき普遍的な概念を軸とするグローバル・アプローチ、個々の地域や民族に固有の文化が大事にされるべきであるなどの、幅広い論点が網羅されている。こうした議論においては、開発に関わる様々な「概念」が媒介として置かれており、条件が満たされるための様々な取り組みや事業があいだを規定し、同時に満たしている。

　開発アプローチそれ自体への批判として、脱植民地化 (de-colonization)、脱開発 (post-development)、脱成長 (de-growth) など、「脱 (de-/post-)」の思想も盛んに展開されている (イリイチ 1996; ラトゥーシュ 2020; Tikley 2019)[e]。欧米や国際機関が主導する国際開発の主流となる議論に対する内外からの再検討の趣向が強く、批判的検討を通じて、むしろ世界の差異を顕在化させている。著者自身は、こうした批判的な議論を経てはじめて、あいだをどのような媒介でつなぐことが有意義なのかを考える出発点になると見ており、脱の思想はあいだの開発学を先行研究のなかに位置づける意味で重要な論考と捉えている。

III. 「学び」であいだをつなぐ

　著者は、異なる風土に根差した地域が出会い、共通の関心事についてお互いを参照点として扱う、「学び」を媒介としたつながりによって、自己変容を促す「通域的な学び」を提唱している (Kudo et al. 2020; 工藤 2022)。この方法を通じて個人が得るスキルとしては、複数の異なる世界の見え方を軽やかに往来する柔軟な認識能力 (epistemological agility) がある (Hainder et al. 2017)。柔軟な認識能力を習得することによって、一見すると自身の取り組んでいることに直接的なつながりが見えない活動に対しても、開かれた姿勢を保つことができる。

用語解説 [d] ケイパビリティ：個人がある何かの行動ができる能力を有しているときに、その能力を発揮することができる状態にあること。例えば、畑を耕して作物を育てる能力がある人であっても、土地や農具、種や水がなければ、有する能力を発揮することができない。こうした状態にある人はケイパビリティがない状態にある。

[e] 「脱 (de-/post-)」の思想：植民地主義に対する「脱植民地化」、欧米主導の国際開発に対する「脱開発」、グローバル市場を中心とした資本主義の発展を経ることで達成される成長に対する「脱成長」などの表現があり、いずれもそれまでに支配的な位置付けを獲得している仕組みからの脱却を意味する。従来支配的な考え方を手放し、代替となる思想を探究する営みのこと。

こうした心の溜めは、ある瞬間にこれまでのインプットが収束し、何か新しい視点にハッと気が付くというような、レンマ学的知性（中沢 2019）の発生にも極めて重要である。

　通域的な学びが目指す個人の気付きや新しい視点の獲得は偶発的なものであるため、どのようなインプットがどのような学びにつながるのかを設計することが難しい。一方で、日頃の環境や思考パターンのなかに留まっていては、イノベーションにつながるような視点を得ることが困難であることは、容易に想像がつく。社会変革のために必要な創造的で、ある部分においては破壊的な学びのデザインを考えてみると、それは慣れ親しんだ文脈から飛び出す経験を伴い、自らが拠点とする地域や領域から大きな差異のある相手との出会いを通じて起きる、というのが通域的な学びの前提である。

1　通域的な学びの実践：Africa-Asia Business Forum

　通域的な学びは、具体的な現場を持った実践者たちが共同フィールドワークを行い、そこで得た視点や気付きをリフレクションを経て言語化することで展開する。参加者に求められる「具体的な現場」とは、地域づくりの活動であったり、起業家にとっての事業であったり、次世代育成の現場だったり、当事者が何か思考したり議論したりするときに、自身の地域性（locality）として立ち返ることができる空間的・意味的な場を意味する。また、エンジニアやものづくりの職人、研究者など、専門性に根差した特定の認識や思考方法を持っている場合にも、その領域性（disciplinarity）が、この事例に該当する。そういった個人が自身の現場において日常的に行う活動を、自らのそれとは異なるものと通じさせる（出会わせ

写真1　ヨハネスブルク近郊での共同フィールドワーク（左から：プレトリア大学でのグループディスカッション、フリーステート州からの移住者が運営しているレソト文化の伝統知を伝える観光農園、Soweto 地区内の小学校跡地を利用したコミュニティガーデン、筆者撮影）

る）過程において、自身の習慣的な思考パターンに気付き、異なる価値観に触れることによって、新しい視点を獲得していく。通域的な学びは、transformative learning[f] や social learning[g] などの理論に根差しているが、先行研究における位置付けについては、Kudo et al.（2020）や工藤（2022）を参照頂きたい。

　著者が直近で取り組んでいる通域的な学びのプロジェクトは、南アフリカと日本のアグリビジネス分野の起業家が参加する Africa-Asia Business Forum（以下、A-A Forum）である。この実践には、南アフリカ側から10名、日本側から5名の起業家が参加しており、2021年10月から実施している。

　はじめに、2021年11月から2022年4月の間に、合計5回のオンラインセッションを実施した。各セッションでは、日本側と南アフリカ側の農業分野に関する基本的な情報の他、日系商社のアフリカ戦略や、アフリカ開発銀行の起業家育成事業についてゲストスピーカーを招聘した意見交換を行った。

　共同フィールドワークは、はじめに日本側チームが2022年10月に南アフリカへ10日間渡航し、ハウンテン州各所の農場や関連施設を訪問した。具体的には、低所得者層居住エリア内のコミュニティガーデン、レソト文化を伝える観光農園、ティラピアの養殖をしているハイドロポニックス農園などを訪問し、インタビュー調査を行っている（写真1）。この時、南アフリカ側のメンバーも同行し、現地特有の課題やビジネスにおける留意点などを共有してもらった。

写真2　日本での共同フィールドワーク（左から：至善館ビジネススクールでのオリエンテーション、秋田市にて空き店舗が目立つエリアの再開発を手掛ける事業者との意見交換、秋田県五城目町にて300年以上酒造りを行う福禄寿酒造代表へのインタビューの様子、筆者撮影）

━━━━━━━━━━━━━━━

用語解説 [f] transformative learning：個人の持っている社会通念や価値観の変容を促すような学びのこと。
　　　 [g] social learning：一つの社会としての学びのこと。通常では、学びは個人に帰属するが、social learning の理論では、集団で形成するものであるとする。

　参加者には、毎日のジャーナリング[h]で個人での振り返りをしてもらった他に、グループリフレクション[i]を定期的に実施し、各人の地域性と領域性に照らしての通域的な学びを言語化してもらった。プログラム後半には、プレトリア大学にて全体振り返りを行い、共同事業の可能性を探ると共に、共同フィールドワークを通じて、どのような学びが得られたのかを共有した。

　南アフリカチームは、2023年6月に2週間ほど日本に渡航し、現地プログラムを実施した。至善館ビジネススクールにて現地オリエンテーションを行い、日本経済の概略や人口減少などの課題についてのインプットを受けた。2日目以降は日本側参加者の拠点を中心に視察を行い、りんご農家、エリア開発事業者、酒蔵、いちご農園、ブルーベリー栽培と太陽光発電のハイブリット農園、農業学校などでインタビュー調査を行った。さらに、農業者だけでなく、住民グループや学校を訪問し、コミュニティとの交流の機会を持つことで、地域社会や農村の文化に対する理解を深めた（写真2）。

　日本チームと同様に南アフリカチームも、個人でのジャーナリングとグループリフレクションを行い、期間中の気付きやアイデアを言語化をしてもらった。最終日の全体振り返りでは、プログラムを通じてどのような学びがあったのかを共有してもらった。日本・南アフリカ双方のメンバーから、通域的な学びの効果についての非常にポジティブなフィードバックがあり、引き続きこうした学び合いのプログラムを自主的に継続していくことを確認した。

②　通域的な学びを通じて何を学んだのか

　A-A Forum では、参加者個人のジャーナリング、各国チームのグループリフレクション、移動中や視察中の参与観察、全体振り返り、事後の個別オンラインインタビュー、という5つの方法で、データ収集を行った。収集したデータは、各国の代表研究者1名ずつによって、個別に質的コーディング分析を行

用語解説　[h] ジャーナリング：日毎にその日に起きた出来事や参加した活動などについて記録したもの。また、その日に体験したことについて考えたことや感じたことについても詳しく記録し、振り返りを行って記述したもの。
　[i] グループリフレクション：集団での振り返り。研修等において、参加者同士が、体験したことから考えたことや感じたことを共有し、それらにどんな意味があったのか、どんな学びがあったのか、について、他者との対話を通じて集合的に振り返ること。

い、その結果について他2名の共同研究者とのディスカッションを経て、取りまとめを行う計画である。現段階（2023年7月現在）では、南アフリカチームの日本でのフィールドワーク直後のため、データクリーニングを行っている。そのため、本章では、著者の参与観察、グループリフレクション、全体振り返りから、両国の参加者が通域的な学びとして得た内容を述べる。

（1）日本チームの学び

　日本チームの学びは、南アフリカの社会経済的な側面における多様性に集約される。具体的には、①フォーマルとインフォーマルな市場の混在、②社会の不安定性に対する柔軟な対応力、③部族と言語の多様性に根差した寛容性、である。当初、日本側参加者が認識していた市場は、国内と国外の2つであった。しかし、経済格差が大きい南アフリカ社会においては、スーパーマーケットなどのフォーマルな流通網と、街角の商店や小商いなどのインフォーマルな流通網が存在する。現地の起業家たちは、この二つの異なる市場の動向や慣習を熟知しており、事業のターゲットを意識している。日本でも地産地消のようなローカルに焦点を当てた仕組みはあるが、南アフリカの市場は遥かに複雑かつ多様で、この点に気がつくことで、市場の多様性に対する意識が高まった。

　②の社会の不安定性については、インフラの未整備やアパルトヘイト時代から今も残る一部の差別的な人々との距離感など、複雑な現場感に起業家たちが実に柔軟に対処している様子を感じとっていた。例えば、電力供給が安定していないため、急な停電などに対応するためのオフグリッドを協同組合で管理しているケースがあった。日本では、インフラの未整備や社会の不安定性によって事業の存続が危ぶまれるという状況は想像しにくいが、南アフリカの起業家たちにとってはこれが日常である。そうした困難な状況に対しても偏屈にならず、「課題の数だけビジネスチャンスがある」と捉える姿勢に、自身の事業計画がどういった社会的文脈にあるかを意識することの重要性を学んでいた。

　③の部族と言語の多様性から生まれる寛容性は、多様な背景を持った人々が適度な距離を保ちながら、お互いを尊重して暮らすという、南アフリカ社会に通底する価値観のことである。今回の参加者の多くは英語でのコミュニケーションに支障がなかったが、それでも言語的な理由から議論が噛み合わない場

面が多数あった。多くの部族が共存する南アフリカにおいては、ほぼすべての人が英語ともう1言語を話すため、相手を理解しようとする姿勢が強い。多様性が高いことが必ずしも相互理解に対して好意的な姿勢を生み出すとは限らないが、今の南アフリカ社会においては、こうした理解し合おうとする空気感がある。日本社会で部族や言語の多様性を考える場面は極めて少ないため、参加した起業家たちは、自分たちの事業がどのような文化的多様性を含んでいるのかについて考えるきっかけを得ていた。

（2）南アフリカチームの学び

　南アフリカチームの学びは、地域コミュニティとの深いつながりに集約される。これは、①小規模・家族型のビジネスモデル、②社会課題に対し集合的に考え行動すること、③地元で入手できる資源に特化することで専門性を高めること、に関連する。

　はじめに①について、南アフリカチームの起業家たちも自身のコミュニティや社会課題の解決に資する事業を意識しているものの、まずは一人のビジネスパーソンとして成功し、投資家へのリターンを担保した上で考えること、と捉えている。日本の小規模かつ家族型で、地域コミュニティに根差したビジネスモデルに触れることによって、事業構想の段階から、如何にして自らの帰属するコミュニティの課題解決につなげるかを考えることができるか、という論点が生まれていた。

　次に、社会課題の解決を起業家が単独で考えるのではなく、地域コミュニティや起業家ネットワークのなかで、集合的に考えるという方法が②である。特に起業家以外の一般の住民や行政、学校などとの対話を継続的に持つことで地域コミュニティから信頼感を得ると共に、自身もその一員でいることを重視する点に価値を見出していた。経済格差が大きく社会的な不安定性の高い南アフリカでは、成功者への嫉妬や妬みから、他人の足を引っ張るという反応をする人が多く、こうした他者と一緒に集合的に考えて行動するという方法に新しさを感じていた。

　最後に③は、農産品加工や酒蔵の現場の視察を通じての気付きであり、その土地の気候風土だからこそ入手できる資源を活用した製品・サービスに特化し、

その質を高めていくというスタイルの重要性を学んでいた。特に日本の農地は
南アフリカに比べ遥かに小規模であるため、こうした専門性に特化した戦略に
納得感があると共に、事業の規模拡大に固執せず、専門性の高い事業モデルを
横展開する戦略が、特にタウンシップエコノミー（低所得層居住地区であるタウ
ンシップ内部の経済活動）に応用できるのではないかという論点が出された。

IV.　考察とまとめ

　本章の目的は、異なる価値観や視点を有する主体同士の出会いの場を軸とし
た「あいだの開発学」の可能性を示すことであった。この点についての考察を
A-A Forum の振り返りと共に示し、本章のまとめとしたい。

　まず、今回の A-A Forum における起業家たちの通域的な学びプロジェクト
では、全体を通して参加者間のつながり方に象徴的な特徴があった。それは、
両国からの参加者が、双方向に学び合う姿勢を持った並列の関係性でつながっ
ていたという点である。先述のとおり、南アフリカ社会はインフラ未整備や社
会的不安定性が高い社会であり、日本と極めて対照的である。南アフリカの高
所得層の生活水準を見れば、先進国の人々と何ら変わりのない物質的な豊かさ
を持っているが、同時に世界で最も不平等な社会でもある[1]。背景が大きく異
なる社会からの参加者たちであったが、異なる地域性・領域性からの学びを媒
介とすることによって、フラットな関係性が構築された。この点は、教育学に
おける持続可能な開発のための教育（ESD）や協働を促す方法論のひとつとし
て注目されており、当事者の対等性を前提とした手法として言及されている
（米原ほか 2021）。

　あいだの概念では、相反する主張は対立構造ではなく、差異のなかにあると
する。これは、複数の異なる価値観や視点を持っている主体たちも、ひとつの
世界のなかにおける認識のグラデーションのなかに同時に存在しているという
捉え方を可能にする。このことを認めれば、主体たちが、ある場面では、人類
にとって普遍的な価値やグローバル・コモンズを大切にする感覚を共有するが、
また別の場面では、グローバル・アジェンダとは相容れない、或いは逆行する
ローカルな価値観を重視するという姿勢を示したとしても、なんら論理的に矛

盾しない。どんな主体にも状況に対する両否定・両肯定の状態が存在するという認識に立てば、「異なる立ち位置の往来の合間に、双方から何が学べるのか」という点に論点が収束していく。

　こうした学び合いを通して主体に起きる変化を図2にまとめている。ＡとＢという主体が出会い、学びを媒介にそのあいだがつながるときの変化として、「共存から統合」と「併存から変容」の2パターンが考えられる。ここでのＡとＢは、本章の事例においては、南アフリカと日本のアグリビジネス分野の起業家グループが該当する。

　「共存から統合」は、主体のあいだが埋められていくパターンである。ここでは、2つ以上の異なる特性を持った主体同士が、相互理解を経て、他方を自身の内側に取り込みながら、1つの統合された主体に変化していく一元化が起きる。例えば、持続可能な開発目標（SDGs）や気候変動対策など、「グローバル」という大きなスケールで共有された主語によって語られる課題について、ＡとＢがそれぞれに行っている活動を共有し、お互いの良い点をグッドプラクティスとして取り込む。こうした手続が進むほどに、全体最適化が進み、結果的にＡＢという統合された主体が発生する。ここではＡとＢの差異よりも共通点が強調され、普遍的価値が重んじられる。

　対照的に、「併存から変容」の場合には、ＡとＢが出会っても、双方はあくま

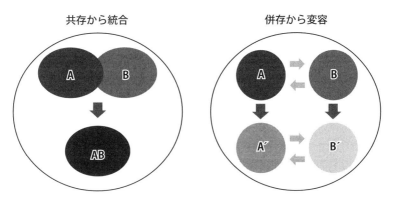

ＡとＢはそれぞれに自身の風土・認識論を有する独立した主体

図2　通域的な学びを介した変容プロセス
出典：筆者作成

で独立した主体として同じ空間に併存する。この前提を維持することによって異質な存在として出会い、お互いの中に見出す自身との差異から学びや気付きを得る。ここでは、「共存から統合」において強調されるグッドプラクティスを経た統合ではなく、お互いのなかに見出す自らとの違いに注意することによって、あいだを維持する。そのことによって、普段自らの文脈のなかに埋没してしまって気付きえない新しい視点や発想を得ることができる。本章の事例においては、日本チームが南アフリカ社会における言語の多様性に依拠する相手を理解しようとする姿勢に気づいた点がこれに該当するだろう。こうした相手との差異からの学びによって生じる変化として、AとBが普遍的な価値観やグッドプラクティスに統合していくのではなく、AはBとの出会いを経てA'に、BはAとの出会いを経てB'へと、それぞれ自己変容していく。こうした双方向に刺激し合い、学び合う関係性は、AとBが双方を変化のための参照点として認識し、つながり続けることによって連続的に展開する。こうした異質なものとの出会いを通じた連続的な学びが、通域的な学びである。

　こうして意味空間としてのあいだを置き、それを保つ通域的な学びを展開することで、脱の思想のように既存の概念を打ち消すことをもって思考を前に進めようとしたり、弁証法のように拮抗しあう主張を抽象度の高い概念で括ることによって折り合いをつけようとしたりする思考法がこれまで取りこぼしてしまったものを検討する余白が生まれる。この点は、本書がその全体を通じて論じようとしている、地域主義を軸としたポスト資本主義時代における価値創造を、如何に実現するのかを考える際に1つの有用な手法となるだろう。例えば、ポスト資本主義が重視する「実質的な意味」の経済を、現行のグローバル市場が増大させ続けている「形式的な意味」の経済を超越し、その先に目指すべきものと捉えるのではなく、異なる価値観に立つこれらの主張間にあいだを置くことによって、一方が一方を論破するのではなく、交わらなくとも併存する状況を認める。共存するほどに理解し合えなくとも、併存する程度に異なる思想の存在を認め、そのインキュベーション[j]空間を保つことで、双方が出

用語解説　[j]　インキュベーション：英語で「孵化」の意味。「ビジネス・インキュベーション施設」などの表現が一般的で、営利事業を育成することを目的とした施設のこと。本章での意味合いとしては、複数の主体が出会い、お互いに学び合う状態が保たれている意味空間を指す。

会う可能性を残すことが肝要であろう。あいだの概念を用いたアプローチによって、本当の意味で対峙し、双方にとって異質な存在である価値観や主張同士が出会うことができ、現状からゆるやかに、より持続可能な社会へと変化する可能性が生まれるのではないだろうか。

　国際協力や開発学の分野には、対のなかにある言葉が多い。あいだの開発学は、こうした言葉を、差異とグラデーションの認識論であるあいだの概念を用いて再考することの提案である。例えば、先進国と途上国という言葉にも、あいだの存在を強く感じる。これを時間でもって捉えれば、そこには時間の経過と共に社会が発展していくという直線的な開発が成り立つが、ではこのあいだを「空間」をもって捉えるとどうなるのだろうか。先行研究では、環境問題、開発と文化、ダイアスポラ[k]、援助と依存など、テーマをもって捉えている研究も多数ある。開発学は、「開発」の意味を問い、「豊かに生きることは何か、豊かに生きることができないのはなぜか、を考える学問」であるとされる（大森・西村 2022）。では具体的に何を問えば、「開発」や「豊かさ」の意味を問うことになるのだろうか。著者の今時点の考えとしては、異なる価値観や視点を有する複数の主体が出会う差異の世界としてのあいだを拓くことで、「開発」や「豊かさ」といった概念についての多元世界的な議論の出発点に立つことができ、これがあいだの開発学の可能性であると考えている。通域的な学びを継続することで、対立ではなく、認識のグラデーションを内在した議論の空間をさらに展開していくことが次のステップとなる。

用語解説 [k] ダイアスポラ：ギリシャ語で「離散」や「散在」の意。今日的な文脈では、紛争等において安息できる居住地を失ってしまった難民状態にある人々を意味する。

> ### 読んでみよう、学んでみよう
>
> 1．工藤尚悟（2022）「通域的な学び：異なる風土にある主体が学び合う方法論の提案」米原あき・佐藤真久・長尾眞文編著『SDGs 時代の評価——価値を引き出し、変容を促す営み』筑波書房
>   ＊本章で紹介されている「通域的な学び（Translocal Learning）」という複数の主体間の学び合いの手法について、より詳細に学ぶことができます。
> 2．工藤尚悟（2022）『私たちのサステイナビリティ——まもり、つくり、次世代につなげる』岩波書店
>   ＊SDGs や持続可能な開発の根底にある「サステイナビリティ」という概念を中高生・大学生向けに解説した入門書。

注

1）　南アフリカのジニ係数は2015年時点で65で、世界で最も不平等な社会の1つとされている。Stats SA, Department: Statistics South Africa（https://www.statssa.gov.za/?p=12930）

参考文献

イリッチ，イヴァン著、ザックス，ヴォルフガング編集（三浦清隆訳）（1996）『脱「開発」の時代——現代社会を解読するキイワード辞典』晶文社。

大坪滋・木村宏恒・伊東早苗（2009）『国際開発学入門』勁草書房。

大峯顕・長谷正當（2002）『京都哲学撰書（第22巻）山内得立随眠の哲学』灯影舎。

工藤尚悟（2022）第4章「通域的な学び：異なる風土にある主体が学び合う方法論の提案」米原あき・佐藤真久・長尾眞文編著『SDGs 時代の評価——価値を引き出し、変容を促す営み』筑波書房。

工藤律子（2020）『つながりの経済を創る——スペイン発「もうひとつの世界」への道』岩波書店。

成安造形大学附属近江学研究所（2019）『近江学11』サンライズ出版。

玉野井芳郎（1979）『地域主義の思想』農山漁村文化協会。

中沢新一（2019）『レンマ学』講談社。

廣田裕之（2016）『社会的連帯経済入門——みんなが幸せに生活できる経済システムとは』集広舎。

ベルク，オギュスタン・川勝平太（2019）『ベルク「風土学」とは何か——近代「知性」の超克』藤原書店。

マルクス，カール（武田隆夫・遠藤湘吉・大内力・加藤俊彦訳）（1956）『経済学批判』岩波文庫。

米原あき・高松礼奈・Yuching Liao（2021）第4章「事業報告書によるパイロット事業の概観」『2020年度「日本型教育の海外展開の在り方に関する調査研究事業」最終成果報告書』文部科学省日本型教育の海外展開推進事業（EDU-Portニッポン）。

ラトゥーシュ，セルジュ（中野佳裕訳）（2020）『脱成長』白水社。

Bradshaw (1988) "Urbnisation, personal income, and physical quality of life: the case of Kenya" in *Studies in Comparative International Development* vol.23, pp.15-40, Springer.

Haider, L.J., Hentati-Sundberg, J., Giusti, M. et al., (2018) "The undisciplinary journey: early-career perspectives in sustainability science" in *Sustain Sci* vol.13, pp.191–204, Springer.

Kudo, S., Allasiw, D. I., Omi, K., & Hansen, M. (2020) "Translocal learning approach: A new form of collective learning for sustainability" in *Resources, Environment and Sustainability*, vol.2, pp.100009, Elsevier.

Leon Tikley (2019) *Education for Sustainable Development in the Postcolonial World*. Routledge.

Rostow, W.W. (1959) "The Stages of Economic Growth" in *The Economic History Review*, vol.12, pp.1-16, Wiley.

第15章
地域主義の意義と可能性
—課題を考察する—

藍澤 淑雄

Ⅰ．地域主義の意義—「対抗」を包摂する「構想」

　世界には暮らしに根付いたさまざまな営みが地域の時間の流れのなかに存在している。本書で検討された世界各地の事例にもみるとおり、地域の置かれた自然・歴史・風土の違いにより、それらの営みは一つとして同じものは存在しない。世界で同時進行的に、そして地域の暮らしにおける偶発性のなかから必然性をともなって展開されているこれらの営みは、それぞれが固有のものである。その一方でそれぞれの事例のあいだには通底がうかがわれる。

　本書が明らかにしている通底の一つは、地域が必ずしも市場原理に基づいた経済合理性や効率性にのみ捕捉されているわけではないということである。かつて経済人類学者のカール・ポランニーは、「経済的」という言葉には、論理に基づいた「形式的な」意味と事実に基づいた「実質的な」意味があり、それらのあいだには共通性はないと述べた（ポランニー 1975, p.362）。形式的な意味は目的と手段の論理思考によって「収益の効率的な追求」と関係する一方で、実質的な意味は、「人間が生きるために他者と自然環境に依存してきた」という事実に関係する（若森 2015, p.187）。

　形式的な意味の追求は、市場原理に基づいた経済合理性や効率性を高めながら技術革新を加速させ、今日の社会に近代的な価値を広めてきた。しかし、グローバルな視点で展開されてきた成長至上の近代的価値は、同時に国内外で格差を生じさせ、地球環境への負荷を高め、消費社会の影の部分を露呈させてきた。物質主義や消費主義による環境への影響に対して、E.F. シューマッハー（1973）が警笛を鳴らしたように、今日に至るまで近代的価値への「対抗」とし

て、資本主義への批判的な議論が展開されてきたのも、そのような経緯がある。そしてこれらを踏まえて、別体制の移行に導く「構想」とのバランスをとりながら、ポスト資本主義の議論を行っていくことが重要であることについては、第1章で述べられているとおりである。

　一方で、地域主義の検討において形式的な意味を排除することは賢明ではない。地域は「"真空"に存在するものではなく、人びとの生産活動や日常生活の中に、ある意味でごく自然な形で存在するもの」だからである（広井 2016a, p.4; 広井 2016b, p.314）。見方を変えれば、地域の暮らしにおけるサブシステンス視点からは、形式的な意味は排除の対象というよりは、むしろ包摂する要素とみることもできる。本書が地域主義について検討するにあたり、現実社会に広まっている「形式的な意味」を踏まえながら、「人どうしの顔が見える地域」における「実質的な意味」を捉えている所以はここにある。

　晩年を地域主義の検討に捧げた経済学者の玉野井芳郎は、地域主義は、「近代以前の過去を振り返り、近代以後の未来をみとおす、という不可分な属性」をもっているとしたうえで、「もともと近代主義者の視野の外にある」もので、「近代主義者の裁断を越えたところで、地域の火種を絶やさないでおこうとする」試みと述べている（玉野井ほか 1978, p.v）。この示唆に富む表現は、地域主義の本質は地域に在るという点を喚起してくれる。ここには、「近代主義者の裁断を越えたところで」、地域は地域をめぐる事象に巻き込まれながら、その裁断により進んでいくものであるという立場を感じさせる。地域による裁断が発動することの意味には、近代主義者の裁断を越えるのみならず、同根の近代主義に「対抗」する反近代論者による裁断も越えるという点、そしてなによりもそれらの裁断はそもそも地域や地域の暮らしにとって本質的ではないという点も内包していると思われる。

　したがって、地域における裁断は、地域を取り巻く市場、国家、自然などの偶発性を包摂的に捉えたところで行われる。地域社会は、市場と国家や地域では制御不能な自然環境の影響に身を置き、必然性を帯びながら地域で考えうる選択をしながら、実態に即して変容していくものである。それがゆえに地域はときに力強く、ときに果敢なくみえることすらある。地域の固有性はそのようにして形成されていくものと思われる。小熊（2019）は、日本の各地をまわり

ながら、地域にひとが集まっている理由について、長い歴史のなかで政治、経済、技術などの地域を取り巻く要素の流れが変わったからであり、「地域社会とは「ヒト・モノ・カネ」という川の流れのなかにできた渦巻や水たまりのようなもの」であるとする (小熊 2019, p.157)。地域は地域として、市場原理に捕捉されながら、人が生きるために他者と自然環境に依存して、形成されているという揺るぎない事実に気付かせてくれる。

　その意味で、資本主義の弊害を指摘する多様な経済論による「対抗」と別の次元の体制を喚起する「構想」の関係は、地域主義の視点においても「対抗」が「構想」に包摂される。地域は、地域が制御できない経済や環境などの多様な要因に「対抗」しながら、その裁断による「構想」を繰り広げて未来に進んでいる。地域主義の意義はまさにそこに在る。本書に含まれる事例にみられるさまざまな営みは、そのような積極的で未来のある「地域の火種」ではないだろうか。「地域の火種」とはすなわち、地域をめぐる市場、国家、自然などとの間に生じる差異や偶発性のなかで、地域が姿を変えながらも新たな価値をもたらしていく原動力である。「地域の火種」が絶えない限り、地域は変容しながら永遠に生き続ける。

　前章で述べられている固有の地域性の「あいだ」には、差異と偶発性に満ちた出会いが生じ、地域の刺激となってさらなる火種をもたらす可能性を有している。そしてそれらに通底するものは、地域による「構想」とそれが成り立っていく過程そのものにみることができる。本書ではこれまでどのように経済を振興し (第一部)、生活のレジリエンスを高め (第二部)、子どもを守り育てるとともに (第三部)、将来世代の教育について考えていくか (第四部) という視点から、国内外の具体的な事例を通じて検討してきたが、まさにそうした事例のなかに「地域の火種」をみることができる。本書での事例を踏まえて地域の可能性についてさらに考察してみたい。

II．地域主義の可能性

1　地域の実質的な「豊かさ」

成長至上で目的遂行型の消費市場に傾注する近代的な価値の追求において

は、個人主義による利益追求を基本とした経済成長を目指している部分が大きい。しかしながら、地域においては商品やサービスに対する貨幣（電子マネーも含む）の交換のみで経済的営みが成り立っているわけではなく、「豊かさ」を構成しているわけでもない。近代的な価値に基づいた貨幣交換における貨幣そのものは「冷たい貨幣」としてしか存在しえないが、貨幣を地域における人と人の関係に使うことで「冷たい貨幣」を、それ以上の価値をもった「温かい貨幣」に変えることができる（内田 2009, pp.154-161）。地域では協同性や経済振興のかかわりを通じて、地域の暮らし向上のための社会的な連帯や非貨幣的な交換（物々交換や情報交換など）といった地域に根付いた営みがあり、これらは地域の「豊かさ」を追求するための、市場経済への「対抗」でもあり、市場経済を地域に組み込んだ過程でもある。「冷たい貨幣」を「温かい貨幣」に変えるための実質的な「構想」ともいえる。本書の事例でも詳述されているように、世界各地の地域では貨幣の交換に非貨幣的な交換もともなう実践と価値創造が行われている。

　例えば、第3章では、社会的連帯経済（SSE）の視点から、東日本大震災の原発事故で発生した放射能汚染の被害を受けた二本松市での取り組みについて検討している。有機農業を通じた地域づくりが行われてきた事例が述べられている。スーパーマーケット・チェーンの運営会社が有機栽培の生産者グループより仕入れた農産物を流通させる取り組み、福島県内を走るJR寝台特急への地元生産者によるワインの提供、農家民宿の取り組み、再生エネルギーの地産地消の取り組みなどが展開されてきたことが紹介されている。そうした取り組みの蓄積は地域関係者のつながりを生みだし、二本松市による循環型農業推進のための「オーガニックビレッジ」の取り組み開始にも結び付いている。地域の復興のために、貨幣的な価値を超えた「豊かさ」を追求する姿勢が確認できるだけではなく、生産者や消費者の「開かれた関係性」によるさらなる価値創造の可能性を示している。また第4章では、同様に社会的連帯経済の視点からパキスタンのイスラム金融マイクロファイナンス機関であるアフワットに着目して、イスラムの教えと信頼をベースとした互酬性について述べている。無担保・無利子融資を行うアフワットはほぼ100パーセントの返済率を可能としている。その背景には借入をする者は、同時にアフワットに寄付をする者という

営みがあり、助けを受けることが他者を助けることへと連鎖していることが述べられている。寄付金を借りて助けられたものが、顔のみえない誰かのために寄付をすることにより、温かみを帯びた貨幣が循環している。

　第3章と第4章の取り組み事例のなかに共通してみられるのは、人びとの意識に基づいた地域への貢献が貨幣の循環を生み、貨幣そのもの以上の価値を帯びているということである。ポランニー（1975, p.379）は、互酬性には再分配をともなうと述べたが、これらの事例にみる貨幣の循環は直接的・間接的な地域への分配の仕組みをも内在させながら、地域に「温かい貨幣」をもたらしている。

　また、地域の実質的な「豊かさ」を考えるうえで、共有された意識に基づいて地域資源が共同管理されること自体に豊かさの源泉を求めているという視点も重要である。共有された意識は目にみえる形の場合もあるであろうし、暗黙の域を超えない場合もある。人びとの相互作用によってもたらされて再生産され、利他的行動につながる可能性もある（飯田 2016）。意識が形成される基盤には、家族の協力、組織への帰属意識、相互扶助の精神などのさまざまな形での社会倫理が存在しているためである（Curry 2019）。ただ、こうした社会倫理は地域をめぐる環境によって異なることから、そこには地域固有の意識が芽生える。

　上記の第3章においては震災復興といった地域で共有された社会意識が存在しているものと思われるし、第4章ではアフワットを機能させる共有されたイスラムの社会意識があり、それに基づいてマイクロファイナンス機関が共同管理されることで個人利潤を超えたところにある「豊かさ」を追求する姿勢が読み取れる。第5章でもその視点がみられる。第5章は、コミュニティ経済の考え方を援用しながら、タンザニアのモロゴロにおける暮らしのなかで根付いてきた在来粥が商業化され、リシェへと発展していく過程について考察している。そしてその過程の根底には地域のつながりとそれを支える共有された助け合いの社会意識があることが示唆されている。リシェは、生計手段の確保といった地域の必要性、ドナーによる女性のエンパワメントと子どもの栄養促進支援、女性加工者や女性加工グループの市場経済への積極的参加といった要素が結びついた結果として発展してきたが、リシェの生産には地域の女性たちや女性グループの地域経済とのかかわりがある。そしてそれを支えるのが、生産

者グループメンバーの強いつながりである。このつながりはリシェの生産クラスターを維持しながら地域の生活を成り立たせており、その根底には共有された社会意識があるようにみえる。このように「豊かさ」の追求において、地域で共有された社会意識を維持することを生きていくための礎石としている点が浮き上がってくる。

　さらに、実質的な「豊かさ」のもう一つの重要な視点として、地域の組織が非貨幣的な価値を地域に分配し内在させる機能を果たしていることがある。人間関係がもたらす「豊かさ」を地域で維持していくためには、「冷たい貨幣」をコモンズに分配し、「温かい貨幣」に転化させる循環が重要となる。そのために組織の役割は欠かせない。市場経済を通じて得られる余剰の地域への分配と、個人の利潤とのバランスのあいだで折り合いをつけながら、地域が「豊かさ」を追求しているという視点は極めて重要である（例えば、Gibson-Graham 2007, pp.155-158）。第6章では、コミュニティ経済の考え方を踏まえながら、ブータンのシンカル村における乳業協同組合に目を向け、住民共助と所得向上の不可分な関係について考察している。住民共助と所得向上とは、村の住民同士や村外の同郷人のつながりに基づいた協同性と、住民の個人的利益の充足である。乳業協同組合は、牛乳販売による余剰を組合存続や村の祭事のために分配しながら協同性を維持している一方で、組合員や工場スタッフの現金収入確保とのバランスを取りながら組織運営している。地域や組合組織をめぐる非貨幣的な「豊かさ」を維持するための余剰のコモンズへの分配とそこにかかわる個人の利潤とのバランスをとりながら、地域活動を営んでいる乳業協同組合の様子が詳述されている。

　地域の実質的な「豊かさ」を追求する姿勢には、地域で共有された規範をともない、組織化をともない、個人の利潤を超えて地域や組織を維持するための余剰の分配もともなう。そして貨幣の取り引きによる個人的な利潤は「豊かさ」の中心にはなく一要素として捉えられる。すなわち地域の「豊かさ」を追求する一つの支えとなっているのは、非物質的価値への意味付けとその帰結として形成された共有された意識、組織、分配機能などをもった地域固有の営為といえる。かくして市場経済に捕捉されながらも、世界の各地では地域に根付いた固有の「豊かさ」が追求されている。

2　地域を再構築する「潜在力」

　地域には地域の力が備わっている。地域の力とは、地域のことは地域で解決する力であり、「ローカリゼーション」と「レジリエンス」という表現もできよう。「ローカリゼーション」は決して新しい考え方ではなく、地域の経済をできるだけ地域でまわしていくといった発想である。それにもかかわらず、「ローカリゼーション」、あるいは「再ローカリゼーション」の言説が流布しているのは、地域の力を失わせていく動きに「対抗」しながら、地域の再構築に向けた「構想」の意識が働いているからといえる。

　「レジリエンス」の考え方は、その部分に光を当てているものである。「レジリエンス」とは、困難を乗り越える回復力のことである。ただ回復力といっても、もとの状態を維持するという意味の回復力だけではなく、回復の過程としての変容の意味も含まれている。Wahl（2016）は、レジリエンスの、もとの状態を維持する「持続力」、環境変化に応じた「適応力」、新しい機会から学習して変化していく「変容力」の3つの特徴に目を向けている（pp.106-107）。そのうえで、最初の2つの特徴である「持続的で適応的なレジリエンス」ともう一つの特徴である「変革的なレジリエンス」のバランスが必要であると述べている（p.107）。「守る部分」と「変えていく部分」のバランスや移行過程がレジリエンスの考え方において重要な意味を持つともいえる。

　地域主義の視点から捉えると、ローカリゼーションは、地域を取り巻く経済的・社会的・政治的動きから地域の伝統や風習を守るために隔離されている状態とは異なる。むしろ地域が、地域をめぐる市場、国家、社会、自然と接点をもちながら、固有の居場所と暮らしを成り立たせている状態である。ローカリゼーションは、地域の閉鎖性によってなされるものではなく、むしろ地域のレジリエンスによりそれを取り巻く多元的な要素を内部化（再ローカル化）することである（ラトゥーシュ 2020, pp.119-125）。地域は、地域をめぐる環境における諸要素を、弾力性をもって戦略的に内部化することで変容し、暮らしを成り立たせているといえる。地域にはそのような再構築を可能にする潜在力がある。こうした視点は本書の事例の中にみられる。

　例えば、第7章では、地域の自立とローカリゼーションに着目しながら、環境に配慮したエコビレッジとトランジション・タウンの10の事例について考

察している。これらの取り組み事例は、消費主義への対抗と捉えることができるが、決して市場経済主義から隔離されたものではない。統合的な視点から広い視野をもって次世代の暮らしに想いを巡らせながら、勉強会や研究会などで学ぶ姿勢を大切にしている。エジプトのヘリオポリス大学の事例では、先人たちの経験から学んで、地域にあった形で環境負荷を軽減する研究を行っている。静岡県の南伊豆ニュービレッジでは、労働力と食料の交換で暮らしを持続させながら、太陽光発電、高効率薪ストーブ、衛星通信などの新しい技術を取り込んで暮らす様子などもみられる。このような「守る部分」と「変えていく部分」のバランスと移行過程には、レジリエンスの本質がみられる。エコビレッジとトランジッションタウンの取り組みは、地域の潜在力を引き出し高める過程そのものともいえる。

　第8章は、サブシステンスを中心に暮らしを営むソロモン諸島について考究している。ソロモン諸島では、サブシステンスを基盤とした従来の暮らしを維持しつつも、人びとが近代的な欲求を満たすことに関心を寄せている。そしてその関心に基づいて、人びとの地域に対するアイデンティティが、村落社会、州、国家へと、可変的に拡張するという。ただ、人びとは必ずしも西洋的な近代化を指向しているわけではなく、あくまでもサブシステンス中心の暮らしを基盤としながら、開発や海外援助の恩恵を享受したい立場であることが述べられている。第8章ではそれを「戦略的依存の状態」と表現しており、サブシステンスを基盤とした従来の暮らしと近代化への関心が同居するなかで、地域が生きていることが描かれている。レジリエンスの視点からは、サブシステンスといった「守る部分」を中心に置きながらも、近代的欲求に応じて戦略的に「変えていく部分」を両立させながら、地域が適応力をもって存在していると見ることもできる。

　また第9章は、インドネシア西ティモールのクパン県B村とTTS県N村を事例に、市場経済や行政の影響に対する地域の変容について考察している。クパン県B村の場合には、伝統農法により栽培されていたローカル種のトウモロコシが、政府による種子の配布により、換金性の高いハイブリッド種に置き換わってきた。ハイブリット種は、収穫までの期間が短いことや現金化が容易であることから地域に歓迎されているからである。収穫後には業者に売るため

にトウモロコシをむしり取る作業を共同で行っているという。他方で、TTS
県 N 村では、祖先から受け継がれてきたトウモロコシのローカル種と新しく
導入されたハイブリッド種を別の畑で分けて栽培している。ローカル種は祖霊
に祈りを捧げながら栽培し収穫するものであり、ハイブリッド種とは別扱いで
あるという。このような B 村と N 村のハイブリッド種への対応の違いは、地
域によって「守る部分」と「変えていく部分」のバランスのとり方と移行過程が
異なるからと思われ、それが市場経済を再ローカル化する程度の違いとなって
現れている。市場経済や行政の取り組みが地域の伝統的な営みを弱体化させて
いるという見方もできるが、見方を変えれば、それぞれの地域が市場経済や行
政の施策を取り込みながら、ローカリゼーションの一過程を踏んでいると捉え
ることもできる。

　地域には地域の潜在力がある。上記の事例では地域がレジリエンスを発揮す
るための潜在力が確認できる。地域は、市場、国家、社会、自然などの環境に
晒されながら、その経験を内部化して弾力性を強め、ローカリゼーションを進
めている。地域をめぐる環境に影響されてこそ、地域はレジリエンスを高めて、
自立しながらローカリゼーションを進める。ローカリゼーションは過程であり
終着点ではない。その意味でローカリゼーションは、再ローカリゼーションの
繰り返しともいえる。その過程には、地域で守るべきものを持続・適応させ、
未来につなげるために変容させていくための地域の潜在力が存在している。

③　地域を未来につなげる「ケア力」

　地域が地域として凝集性を高める過程には、他者を思いやるケアの発想が欠
かせない。そもそもケアの発想を紐解くと、女性や子どもに対する権利や責任
に関するケア倫理の議論から、「ケアし合う社会」、すなわち人びとがケアし、
ケアされるなかで「互いのニーズに対応し合う営み」の議論へと展開されてき
た経緯がある（川本 2004, p.23）。ケアの倫理は、ケアする側とケアを受ける側の
両方に目を向け、その関係性をもって成立しているものである（Noddings 2015,
p.73）。したがって、ケアの発想には、一方的に他者を思いやるという発想を
越えて、地域で暮らすケアの受け手であり担い手でもある人びとに想いを馳せ
ながら、相互の関係性のなかで生み出される思いやりへの視点が必要である。

またケアの発想は福祉や教育の分野を越えて、地域にとって必要となる労働集約的な製造業や農業の分野における付加価値の向上にもつながるものである（広井 2006a, p.17）。ケアの発想は、それ自体が非貨幣的な営為を内在しているという意味で、先述の「温かい貨幣」にも通じるものがある。第3章で述べている福島県のスーパーマーケット・チェーンが、地元生産者からオーガニックの農産物を仕入れて販売しているという関係性にもケアの発想をみることができる。

　またケアの発想は、地域の将来における「豊かさ」を守るための投資である。ケアする相手はみえない誰かであっても、その誰かがケアする側にもなるという意味で、地域の将来の世代を守ってもらうことへの投資とも捉えられる。そこには地域の凝集性を高める過程と地域で暮らす住民に暗黙的に共有された未来への希望をみることができる。上述第4章のパキスタンにおけるイスラム金融マイクロファイナンス機関であるアフワットの事例は、地域におけるケアの視点から捉えられる。借り入れる者が寄付をして、その寄付が他者を助けることにつながっている連鎖は、温かい貨幣の循環でもあるが、ケアという将来への投資とみることもできる。そのほか、第10章では、八戸こども宅食おすそわけ便の取り組みが述べられている。地域団体、企業、個人からの寄贈により運営されている八戸こども宅食おすそわけ便には、地域の複数の団体が参加している。利用者を対象とした調査結果には、子ども食堂のサービスが食の確保を越えて、地域の子どもや親の心のケアになっていることが明確に表れている。将来を担う子どもたちへのケアに対する家庭から地域の取り組みへの展開を感じさせる。第11章では、ヨルダンのシリア難民キャンプに設けられたマカニセンターの事例が示されている。マカニセンターでは、シリア難民の子どもたちとヨルダン人の子どもたちが机を並べて同じ時間を過ごすことによって、相互に信頼関係を築いている。シリア難民の子どもの親たちの多くが地域に溶け込んだと感じ、地域のヨルダン人の若者たちは地域が安全になったと感じている。まさにケアする側はケアを受ける側でもある。

　これらの事例からみえてくるのは、地域を未来につなぐという視点である。そして地域を未来につなげることができるのは紛れもなくケアの力であるということである。第2章では、個人が他者に配慮する過程においては、「他者の境

遇を目の当たりにし、その声に耳を傾けた個人の経験」が、「特定の他者に対する個別的な「共感」」に留まらず、「同様の境遇にある人々に共通する必要」を認識し、「〈必要〉の質的相違に配慮した資源配分方法を考案すること」(後藤 2004, pp.273-274) という視点に目を向けている。ケアし、ケアされる過程は、このような個人が個人の選好を越えたところで行われる地域における公共的な営為ともいえる。次世代を担う子どもへのケアは、未来への投資となり資源の分配をもたらし、公共域を拡げながら地域の社会基盤を強固なものにしている。

4　「差異」を手がかりとした地域の価値創造

地域の固有性が形成される過程には、地域を取り巻く市場、国家、自然などとのかかわりがあり、そのかかわりのなかで生じる偶発性を包摂する。ときに地域において地域外からもたらされる価値観は異質なものであり、地域の価値観とのあいだに差異を生じさせることとなる。地域では差異をなくそうとすれば拒絶の原因となり、差異を受け入れれば新たな価値を創発するきっかけにもなる。価値創造がもたらされる地域は、来るものは拒まず、外に開かれながら「相同せずに」、つながりをもつことを大切にしている (Laclau and Mouff 1985; 吉原 2016, p.346)。吉原 (2016) は、多様なアイデンティティの出会いを「接合」という表現を使いながら説明し、「個人の多様なアイデンティティが接合実践そのもののなかで「事後的」に構築される」と述べている (吉原 p.346)。すなわち創発する地域は、地域外からもたらされる価値観との関係性のなかで、地域の時間の流れのなかで地域が地域を客体視しながら再構築しているということである。

第12章と第13章には、そのような「差異」がもたらす地域の変化について、大学の地域へのかかわりの事例から述べられている。地域にとって大学は、連携しているネットワークの一部でしかない。しかし大学は、社会と接点をもちながら教育・研究を通じた学部生・大学院生の能力向上を目指す組織である。その社会的役割において他の政府組織、民間組織、市民組織などと一線を画す。それがゆえに地域には寛容性をもって受け入れられることが多い。地域が学生のもっている学びの姿勢や若い力と発想に期待する場合もあり、なかには積極的に大学と連携する地域も存在する。

　地域と大学はそもそもの立場やかかわりの目的や意図が異なり、地域活動に対する考え方に差異が生じることは必然的である。しかしながらそのような差異を双方で受け入れて「相同せずに共感する」ことが、地域に新しい価値創造をもたらしているようにも思われる。第12章では、大阪府の茨木市中山間地における大学の取り組みが紹介されている。茨木市の北部地域と立命館大学の「火起こしプロジェクト」の学生のかかわりにおいて、古くからの営みの過程で社会能力が備わった地域組織と学生のあいだに生じた相互作用が、地域に変化をもたらしている過程が述べられている。双方にとって異質な、地域組織と学生の関係性において、両者の「親密さ」、「誠実さ」、「公平さ」が相互理解の姿勢を醸し出し、結果として地域の変化に影響を与えていることが強調されている。両者の関係性における距離や密度にはゆらぎがあるが、それぞれ異質な他者でありながらも、ときに調和が生じている。同様の視点は第13章にもみられる。第13章は東京都八王子市の館ヶ丘団地への拓殖大学の学生の「館ヶ丘暮らし向上プロジェクト」における学生のかかわりについて述べられている。団地外の関係者のかかわりに寛容な立場をとる館ヶ丘自治会が、学生の提案に誠実に意見を出す一方で、学生たちは自治会の考えと自らの考え方のあいだの差異を認識し、両者がその差異を認め合いながら活動してきた過程が述べられている。二つの章の事例からは、地域と学生の双方にとって、相同せずに歩み寄っているところが、新しい価値創造の条件であるようにも思われる。

　さらに加えておきたいのが、大学生のかかわりが影響しながら地域に「公共性」を萌芽させる可能性があるということである。第2章では、個々の「私」が差異を認め、「共約不可能な異質な他者」に配慮することが、「自らを開いて共に生きる原理を普遍化していく」「公」へとつながると述べられている。そのような「公」への展開は、第13章の事例にみられる。第13章では、館ヶ丘団地にかかわる学生のかかわりが刺激となり、地域の住民（「私」）が現自治会創設以来はじめての避難訓練を行ったことが述べられている。避難訓練はまさに、地域の公共性が可視化された形であり、差異を手がかりにした地域にとっての価値創造の過程とみることもできる。

　第12章と第13章の二つの事例には、教育機関である大学の社会的な立場とそこから巣立っていく学生の立場を地域が寛容に受け止めていることが背景に

ある。茨木市の事例では学生の受入れ先である北部地域協議会が「学生のやりたいことを大事にする姿勢」をとり、八王子市の事例では協働している館ヶ丘自治会が学生のかかわりに寛容な立場をとっているところから、地域に学生の異質性とのあいだにある隙間を埋める初期条件が整っていたことがわかる。二つの事例には、開かれた地域であるからこそその可塑性が認めらる。差異による価値創造の過程には、地域が常に外に開かれていることにも気付かされる。

III.　おわりに──ポスト資本主義時代における関係論的な発想と地域主義

1　ポスト資本主義時代における関係論的発想

　ポスト資本主義における議論の陥穽は、「資本中心主義」（第1章の注3参照）に終始してしまうことにある。「資本中心主義」の議論は、資本主義を中心に捉えながら、「資本主義に反対の立場、資本主義の足りない部分を補う立場、あるいは資本主義に封じ込められている立場」で行われている（Gibson-Graham 2008, p.623）。その結果、資本主義を軸とした議論から抜け出せなくなりその優越性に支配された「資本中心主義」の術中に陥ってしまう。

　例えば、斎藤（2019）は、ポスト資本主義のあり方として、資本主義に批判的な「反」資本主義的な立場をとりながら、「脱成長コミュニズム」に目を向けている。「脱成長コミュニズム」は、晩年のマルクスが資本主義の限界を認識したうえでそれを克服するために目指そうとしていたもので、いわばそれを実現することが、マルクスの遺言であるとも捉えられている（斎藤 2019, pp.139-204）。しかし、今日の資本主義世界にある地域の多様性と複雑性を包摂することに必ずしも積極的ではない。「脱成長コミュニズム」は否定しないが、そのもの自体が、現実世界の行末を見定めた着地点に導くものとはいいがたい。かつて鶴見和子は、民俗学者の赤坂憲雄との対談のなかで「マルクス主義理論も近代化理論にしても全部終着点があって、最初から人類が終わるような構造をもっている」、「社会には終着点などなく、生々流転の中に新しい動きをつかむ」ものだと述べた（赤坂・鶴見 2015, p.225）。そこで述べられた鶴見と斎藤（2019）のマルクス主義の捉え方が同一かどうかは知る由もないが、「脱成長コミュニズム」の発想もまた終着点が意識されていることは確かである。社会の変化の

なかで出現する多様な思想や考え方は常に絶対的ではなく、いずれ別の思想や考え方(それが資本主義の思想に基づいていたとしても)と統合する形で事後的に新たな解釈を生み出すものと捉えるべきである。

第1章でも述べられているとおり、地域に目を向けたポスト資本主義時代における価値創造について考えるには、事象や概念が他の要素や環境との関係によって理解されるべきだとする関係論的な発想が役に立つ。関係論的な発想とは、個別の立場を切り捨てずにむしろ拾い上げながら、より冷静な立場にたって高次な理解に至るものである。したがって関係論的な発想では、複数の現象の相互関係性、複雑性を踏まえて全体のダイナミクスを捉える視点、それらが文脈により異なることを認識する視点が必要となる。地域主義について議論するに当たっては、ポスト資本主義について議論している多様な議論(第1章にある「成長至上の資本主義」、「より良い資本主義」、「脱成長コミュニズム」など)を客体視して個々の関係性を捉えなおしながら、地域で起きている人間の営みを踏まえて考察する必要がある。

2 地域の可能性を手繰り寄せる

本書で扱った多様な事例は、紛れもなく地域で起きている人間の営みを捉えたものである。そして多様な事例は、それぞれ固有の地域において創成された「構想」であり「火種」である。地域主義を考えるうえで、多様な理論が地域の人間の営みを統制することはできないが、人間の営みには新たな発想を生み出す示唆が多く含まれている。したがって地域で生じている固有の事例に敬意を払いながらも地域限定的な視点で捉えないことが重要である。それぞれ固有であるはずの地域と地域の人間の営みのあいだには通底する部分が存在するからである。先述の地域における非貨幣的な「豊かさ」、地域を再構築する「潜在力」、地域を未来につなげる「ケア力」、「差異」を手がかりとした地域の価値創造といった視点は、地域の風習や宗教が異なっても通底する未来への希望に満ちている。

鶴見和子(1999)は、「何ものも排除せず、何ものも殺さないで、どうやって社会を変えられるのか、人間を変えられるのか」、「それを考えるのが内発的発展論の究極的な目標」だと語っている(p.342)。地域主義の視点から考えれば、

「何もの」とは、地域で暮らしてきた者、地域に移り住んで定着した者、地域に移り住んだばかりの者、地域に関係人口としてかかわる者、地域を訪問する者のすべてを内包する。また当然これらの者がもつ個別の思想や考え方も含まれる。さらに広く捉えれば、地域をめぐる社会、経済、政治、自然などの内外の環境変化も包含する。よくも悪くも地域は不可避に開かれているという現実もある。地域が特定のイデオロギーなどに支配されずに、地域をめぐる多様な要素に対して開かれている限り、地域が呼吸するための酸素が欠乏することはなく、未来につなげる世界各地の「火種」が絶えることはない。

　地域主義についてさらに検討するためには、地域はそこにかかわる主体の「時間的・空間的」なかかわり方によって変化しつづけ、第2章が主張するように「地域性は失われているよりもむしろ拡大している」という見方が必要である。その拡大には当然ながら「相同しない」差異がともない、その差異が地域における価値創造をもたらす。また同章で議論された「個人の唯一性を論拠とした公共＝開かれた共同」にも重要な示唆がある。「唯一性」とは、利己的で個人主義的な単一性とは異なり、「差異」を認め合う自立的な立場を意味している。地域も個人と同じように差異を認め合う「唯一性」をもちながら、開かれることにより変容している。

　したがって地域主義の検討のためには、まさに第14章で述べられた「あいだをつなぐ」ことが重要である。多様な立場にみる差異のあいだにはそれぞれ相反する部分や共通する部分もあり、それらは「認識のグラデーション」のなかに存在する（第14章）。差異の認識があるからこそ、関係論的な発想のもとで、それらに通底する本質を高い次元で求めることができる。

　世界には無数の希望に満ちた事例が存在するに違いない。なによりもそうした事例を手繰り寄せ、蓄積していくことに大きな意味がある。そうした事例の蓄積が進むにつれて、それらの本質を高次に取り込んだ地域主義の議論はさらに深化し、進化していくものと思われる。

```
読んでみよう、学んでみよう
```

1. 鶴見和子・川田侃遍（1989）『内発的発展論』東京大学出版会
  ＊近代化路線の発展がもたらした地球規模の課題を解決していく手がかりとして、地域に根差した「内発的発展論」に目を向け、理論的考察と事例研究を行っているものです。地域主義を検討する出発点としての重要な考え方が含まれています。
2. ジャン＝ルイ・ラヴィル，ホセ・ルイス・コラッジオ編（中野佳裕編・訳）（2016）『21世紀の豊かさ―経済を変え、真の民主主義を創るために』コモンズ
  ＊12名の専門分野の異なる研究者が、連帯経済、地域主義、コミュニティ経済、コモンズ論などの多様な視点から議論しています。経済至上主義の克服に向けた主要な視点についての基本的理解を深めるのに役立ちます。

参考文献

赤坂憲雄・鶴見和子（2015）『地域からつくる―内発的発展論と東北学』藤原書店。

飯田高（2016）「社会規範と利他性―その発現形態について」『社会科学研究』67巻2号、23-48頁。

内田節（2009）『怯えの時代』新潮選書。

小熊英二（2019）『地域をまわって考えたこと』東京書籍。

川本隆史（2004）「ケアの倫理と制度―三人のフェミニストを真剣に受けとめること」『法哲学年報』19-32頁。

後藤玲子（2004）「正義とケア―ポジション配慮的〈公共的ルール〉の構築に向けて」塩野谷祐一・鈴村興太郎・後藤玲子編『福祉の公共哲学』東京大学出版会。

斎藤幸平（2020）『人新世の「資本論」』集英社新書。

シューマッハー，E. F.（小島慶三・酒井懋訳）（1973）『スモールイズビューティフル―人間中心の経済学』講談社学術文庫。原著：E. F. Schumcher (1973) *Small Is Beautiful: Economics As If People Mattered*. London and New York: Blond & Briggs.

玉野井芳郎・清成忠雄・中村尚司編（1978）『地域主義―新しい思潮への理論と実践の試み』学陽書房。

鶴見和子（1999）『コレクション 鶴見和子曼荼羅IX 環の巻 内発的発展論によるパラダイム転換』藤原書店。

広井良典（2016a）『コミュニティ経済に関する調査研究』（公募研究シリーズ49）全国勤労者福祉・共済振興協会。

広井良典（2016b）「脱成長の福祉国家は可能か―ポスト資本主義とコミュニティ経済」ラヴィル，ジャン＝ルイ・コラッジオ，ホセ・ルイス（中野佳裕編・訳）『21世紀の

豊かさ―経済を変え、真の民主主義を創るために』コモンズ、302-327頁。

ポランニー，カール（玉野井芳郎・平野健一郎編訳）（1975）「制度化された過程としての経済」『経済の文明史』筑摩書房、361-413頁。原著：Karl Polanyi (1957) "The Economy as Instituted Process," in Karl Polanyi, Conrad M. Arensberg, and Harry W. Pearson (eds.) *Trade and Market in the Early Empires*. Glencoe: The Free Press.

吉原直樹（2016）「コミュニティの社会学から社会史へ」ラヴィル，ジャン＝ルイ・コラッジオ，ホセ・ルイス（中野佳裕編・訳）前掲書、328-357頁。

ラトゥーシュ，セルジュ（中野佳裕訳）（2020）『脱成長』白水社。原著：Serge Latouche（2019）*La décoroissance*. Paris: Humensis.

若森みどり（2015）『カール・ポランニーの経済学入門―ポスト新自由主義時代の思想』平凡社新書。

Curry O. S. (2019) "Is It Good to Cooperate? Testing the Theory of Morality-as Cooperation in 60 societies," in *Current Anthropology*. vol. 60. No. 1. pp.47-69.

Gibson-Graham, J. K. (2007) "Surplus possibilities," in Aram Ziai (ed.) *Exploring Post-development Theory and Practice, Problems and Perspectives*. Oxfordshire: Routledge. pp.145-162.

Gibson-Graham, J. K. (2008) "Diverse economies: performative practices for 'other worlds'," in *Progress in Human Geography* vol. 32. No. 5. pp.613-632.

Laclau, F. and Mouff, C. (1985) *Hegemony and Socialist Strategy towards a Radical Democratic Politics*, London: Verso.

Noddings, N. (2015) "Care ethics and caring organization," in Engster, D. and Hamington, M. (eds.) *Care Ethics and Political Theory*. Oxford: Oxford University Press. pp.72-84.

Wahl, Daniel C. (2016) *Designing Regenerative Cultures*. Axminister: Triarchy Press.

編著者・執筆者（執筆順 ＊は編著者）

真崎克彦（まさき・かつひこ）＊〈序文・第1章・第6章〉
国際協力の実務を経て、サセックス大学大学院にて博士号（開発学）取得。甲南大学マネジメント創造学部
教授。ブータン山村にてコミュニティ経済振興の実践に従事。主要業績は『SDGs時代のグローバル開発協
力論─開発援助・パートナーシップの再考』（共編著、明石書店、2019年）、'A doctor who turned the
Afghan desert green: Rectifying international aid through "pure experience"'（Journal of South Asian
Research, Vol.1 No.1、2023年）、'Exploring the "partial connections" between growth and debates: Bhutan's
policy of Gross National Happiness'（Journal of Interdisciplinary Economics, Vol.34 No.1、2022年）など。

中西典子（なかにし・のりこ）〈第2章〉
愛媛大学教育学部准教授を経て、現在、立命館大学産業社会学部教授。博士（社会学）。主担当科目は
地域社会論・住民自治論、専門領域は地域政策・地域社会研究。主な業績は「『公共性』の問い直しと
『地域社会』の再構築に向けて」（『地方自治京都フォーラム』第142号、2021年）、「英国のローカリズム政
策をめぐる地方分権化の諸相（一）〜（三）─労働党から保守党・自由民主党連立を経て保守党単独
政権に至るまでの経緯─」（『立命館産業社会論集』第52巻第1〜3号、2016年）、『地域社会へのまなざし─
いま問われているもの』（共編著、文化書房博文社、2006年）など。

斎藤文彦（さいとう・ふみひこ）〈第3章〉
1961年生まれ。バングラデシュとウガンダのUNDP（国連開発計画）事務所に勤務した後、経済学博士
号を取得。龍谷大学国際学部教授。専門は開発研究、持続可能性研究、アフリカ地域研究。主な著作
は、『Decentralization and Development Partnerships: Lessons from Uganda』（Springer-Verlag, 2003
年、2004年度日本国際開発学会賞受賞）、『国際開発論：ミレニアム開発目標による貧困削減』（日本評論社、
2005年）、'Fragile seed of social and solidarity economy in post-disaster affected areas of Tohoku,
Japan'、(Quality of Life Journal〔Special Issue of Social and Solidarity Economy〕, Issue 2, 2020年）。

高須直子（たかす・なおこ）〈第4章〉
国際協力の実務に20年以上従事。株式会社日本国際協力機構、国際協力銀行を経て、2003年から国
連開発計画（UNDP）に勤務。パキスタン、イラク、東京、バンコク地域事務所勤務の後パキスタン国
事務所の副代表を務める。タジキスタン国事務所の副代表代行、イスタンブール地域事務所での勤務
を経て2020年3月にUNDPを退職。2020年4月立命館アジア太平洋大学博士後期課程に進み、2023
年3月博士（アジア太平洋学）取得。神田外語学院、文教大学、横浜国立大学等で非常勤講師として
国際開発学や国際協力、Economic Development等の講義を担当。

加藤（山内）珠比（かとう（やまうち）・たまひ）〈第5章〉
国連開発計画本部、国連グアテマラ和平検証団、JICAタンザニア事務所や日本でコンサルタント、
Overseas Development Institute客員研究員に従事。サセックス大学大学院博士号（開発学）取得。京都
大学アフリカ地域研究資料センター特任研究員。現在コンサルタントや大学講師をしながらタンザニアの
食や栄養・健康の研究を行っている。主要業績はChanging Dietary Patterns, Indigenous Foods, and
Wild Foods in Relation to Wealth, Mutual Relations, and Health in Tanzania（共編著、Springer、2023年）、
'Women's empowerment through mixed-porridge flour processing in the Morogoro region of
Tanzania'（『国際開発研究』第30巻2号、2021年）、'Agricultural input subsidies in sub-Saharan Africa'（共著、
IDS Bulletin, Vol. 47, No. 2, 2016年）など。

平山恵（ひらやま・めぐみ）〈第7章〉
国連、世界保健機関、NGO、筑波大学、結核研究所等での勤務を経て明治学院大学国際学部教授。専門は社会開発、健康教育、平和研究。約80か国で調査・活動を行い、紛争地の現場を見てきた。紛争の原因を作っている現在の資本主義社会に疑問をもったことで、NPOを創設し、平和な社会を作る方法を探る。主要業績は「紛争・難民時代に考える「開発協力」―日本の自立によるグローバルな協力を目指して」（重田康博他編『SDGs時代のグローバル開発協力論―開発援助・パートナーシップの再考』明石書店、2019年）、「「逃げる人」「逃げられない人」の分断：フクシマ」（『PRIME』46号、2023年）など。

関根久雄（せきね・ひさお）〈第8章〉
青年海外協力隊員としてソロモン諸島で活動した後、広島大学大学院修士課程を経て総合研究大学院大学文化科学研究科（国立民族学博物館）で博士号（文学）を取得。筑波大学人文社会系教授（開発人類学、太平洋島嶼地域研究）。主要業績は『持続可能な開発における〈文化〉の居場所―「誰一人取り残さない」開発への応答』（編著、春風社、2021年）、『地域的近代を生きるソロモン諸島―紛争・開発・「自律的依存」』（単著、筑波大学出版会、2015年）、『実践と感情―開発人類学の新展開』（編著、春風社、2015年）など。

堀江正伸（ほりえ・まさのぶ）〈第9章〉
国連世界食料計画（WFP）職員としてインドネシア、スーダン、フィリピン、イエメン、アフガニスタンで勤務した後、大学勤務。2022年度より青山学院大学地球社会共生学部教授。早稲田大学社会科学研究科で博士号（学術）取得。主要業績は、『新しい国際協力論［第3版］―グローバル・イシューに立ち向かう』（共編著、明石書店、2023年）、「誰かを取り残している持続可能な開発目標―インドネシアからの問いかけ」（山田満・本多美樹編『「非伝統的安全保障」によるアジアの平和構築―共通の危機・脅威に向けた国際協力は可能か』明石書店、2021年）、『人道支援は誰のためか―スーダン・ダルフールの国内避難民社会に見る人道支援政策と実践の交差』（単著、晃洋書房、2018年）など。

森田良成（もりた・よしなり）〈第9章〉
2004年から文部科学省アジア諸国等派遣留学生としてインドネシアの西ティモールに滞在し、以来フィールドワークを続けてきた。大阪大学大学院で博士号（人間科学）取得。桃山学院大学国際教養学部准教授（文化人類学）。主要業績は「貧困」（春日直樹・竹沢尚一郎編『文化人類学のエッセンス―世界をみる／変える』有斐閣、2021年）、「「かかわりあい」を生み出す食事」（栗本英世他編『かかわりあいの人類学』大阪大学出版会、2022年）など。映像作品として『アナ・ボトル―西ティモールの町と村で生きる』（43分、2012年、構成協力：市岡康子）。

平井華代（ひらい・はなよ）〈第10章〉
UNICEF（国連児童基金）やFAO（国連食糧農業機関）で開発援助の実務に携わった後、日本とフィリピンを主なフィールドに、子どもと親を取り巻く課題と草の根支援に関わる研究を行っている。サセックス大学大学院で修士号（MA in Rural Development）、岩手大学連合農学研究科で博士号（学術）取得。追手門学院大学国際学部准教授（開発社会学）。「子ども食堂におけるつながり形成の実相―母子への聞き取り調査から」（『子ども社会研究』第29号、2023年）、Hanayo Hirai, and Akira Hiyane, 'How can NGO interventions break the poverty trap? Evidence from at-risk youths in the Philippines' (Development in Practice, Taylor & Francis、2021年)

松田裕美（まつだ・ゆみ）〈第11章〉
神戸市外国語大学国際関係学科准教授（社会共生論、ジェンダー共生論、模擬国連、アフリカ開発研究）。
イーストアングリア大学大学院修士課程修了。修士号（MA in Gender and Development）取得。民間銀行、神戸市国際協力センター、国際連合日本政府代表部（専門調査員）を経て、UNICEF（国連児童基金）職員として、アジア、アフリカ、中東などで23年間勤務した後、現職。'Rethinking social cohesion through a child lens and its implication to Japan'（『神戸外大論叢』第76巻、2023年）など。

秋吉恵（あきよし・めぐみ）〈第12章〉
獣医師として医薬品開発研究に従事後、国際協力の実務経験をもとに社会開発に転じ、日本福祉大学国際社会開発研究科博士課程で博士（開発学）取得。立命館大学共通教育推進機構教授（専門は農山漁村における社会開発、高等教育における地域連携教育）。主要業績は「大学生の地域活動は地域に何かをもたらし得るのか？―活動に関わるアクター間の関係性からの考察」（共著、『ボランティア学研究』第23号、2023年）、「正解のない問いを受け入れる力を培うボランティア活動」（単著、WAVOC編『学生の心に火を灯す 早稲田大学平山郁夫記念ボランティアセンター20年の挑戦』成文堂、2020年）、『貧困と女性、二重の制約は克服できるか―インドの農村酪農協同組合によるエンパワーメント』（単著、早稲田大学出版部、2009年）など。

藍澤淑雄（あいざわ・よしお）＊〈序文・第13章・第15章〉
青年海外協力隊としてパプアニューギニアで活動した後、国際開発に関する調査やプロジェクトに16年間従事。その間に東京大学大学院で博士号（国際協力学）取得。拓殖大学国際学部教授（コミュニティ開発論、国際協力論）。主要業績は『アフリカの零細鉱業をめぐる社会構造―貧困解消に向けたタンザニアの零細鉱業支援のあり方』（単著、日本評論社、2021年）、'Socio-economic linkage of artisanal and small-scale miners in Tanzania'（Journal of International Development, Vol.1、2019年）、'Artisanal and small-scale mining as an informal safety net: Evidence from Tanzania'（Journal of International Development, Wiley, Vol.28 No.7、2016年）など。

工藤尚悟（くどう・しょうご）〈第14章〉
国際教養大学国際教養学部グローバルスタディズ領域・准教授。東京大学大学院新領域創成科学研究科にて、博士号（サステイナビリティ学）を取得。研究テーマは縮小高齢社会における持続可能な地域づくり。秋田と南アフリカのフィールドを往来しながら、異なる風土にある主体の邂逅から生まれる"通域的な学び（Translocal Learning Approach）"というコミュニティ開発の方法論の構築に取り組んでいる。主要業績は、『私たちのサステイナビリティ―まもり、つくり、次世代につなげる』（単著、岩波書店、2022年）、'Translocal learning approach: A new form of collective learning for sustainability'（Resources, Environment and Sustainability, Vol.2、2020年）など。

ポスト資本主義時代の地域主義
──草の根の価値創造の実践

2024年5月10日　初版第1刷発行

編著者	真 崎 克 彦
	藍 澤 淑 雄
発行者	大 江 道 雅
発行所	株式会社 明石書店
	〒101-0021　東京都千代田区外神田6-9-5
電　話	03 (5818) 1171
ＦＡＸ	03 (5818) 1174
振　替	00100-7-24505
	https://www.akashi.co.jp/
装丁	明石書店デザイン室
印刷・製本	モリモト印刷株式会社

（定価はカバーに表示してあります）　　　　　　　　　ISBN978-4-7503-5752-2

新しい国際協力論【第三版】 グローバル・イシューに立ち向かう
山田満、堀江正伸編著 ●2600円

第三世界の農村開発 貧困の解決―私たちにできること
ロバート・チェンバース著 穂積智夫、甲斐田万智子監訳
明石ライブラリー24 ●3390円

参加型開発と国際協力 変わるのはわたしたち
ロバート・チェンバース著 野田直人、白鳥清志監訳
明石ライブラリー104 ●3800円

開発の思想と行動 「責任ある豊かさ」のために
ロバート・チェンバース著 野田直人監訳 中林さえ子、藤倉達郎訳
●3800円

変容する参加型開発 「専制」を超えて
サミュエル・ヒッキィ、ジャイルズ・モハン編著
明石ライブラリー119 真崎克彦監訳 谷口英里訳 ●3900円

グローバル問題とNGO・市民社会
馬橋憲男、高柳彰夫編 ●2600円

開発社会学を学ぶための60冊 援助と発展を根本から考えよう
佐藤寛、浜本篤史、佐野麻由子、滝村卓司編著 ●2800円

開発政治学を学ぶための61冊 開発途上国のガバナンス理解のために
木村宏恒監修 稲田十一、小山田英治、金丸裕志、杉浦功一編著 ●2800円

地球社会と共生 新しい国際秩序と「地球共生」へのアプローチ
福島安紀子 ●2400円

国際開発援助の変貌と新興国の台頭 被援助国から援助国への転換
エマ・モーズリー著 佐藤眞理子、加藤佳代訳 ●4800円

開発援助と人類学 冷戦・蜜月・パートナーシップ
佐藤寛、藤掛洋子編著 ●2800円

激動するグローバル市民社会 「慈善」から「公正」への発展と展開
重田康博 ●2400円

開発なき成長の限界 現代インドの貧困・格差・社会的分断
アマルティア・セン、ジャン・ドレーズ著 湊一樹訳 ●4600円

グローバル時代の「開発」を考える 世界と関わり、共に生きるための7つのヒント
西あい、湯本浩之編著 ●2300円

SDGs時代のグローバル開発協力論 開発援助・パートナーシップの再考
重田康博、真崎克彦、阪本公美子編著 ●2300円

SDGsと地域社会 あなたのまちで人間の安全保障指標をつくろう！宮城モデルから全国へ
高須幸雄、峯陽一編著 ●3200円

〈価格は本体価格です〉